『正法眼蔵』講義 仏性㊤

竹村牧男
Makio Takemura

大法輪閣

凡例

一、本書は、曹洞宗・青松寺（東京都港区愛宕）における「『正法眼蔵』に学ぶ」会（月一回）の講義、第九～二二回分を収録したものである（一～八回は「現成公案」「摩訶般若波羅蜜」）。

一、同会ではテキストとして岩波文庫『正法眼蔵』（水野弥穂子校注）を使用しており、本書でも原文の表記は基本的に同書に準じた。

一、本書の冒頭には本文で講じた箇所の原文を掲載した。原文上に記した数字は、本文中で解説しているページ数を表している。

一、原文の読みがなは基本として岩波文庫『正法眼蔵』に拠る。ただし一般的に読まれるほかの読みがながある場合、冒頭に掲載した原文の箇所に関し、文の右に一般的な読みがな、左に同書の読みがなをカタカナで併記した。（本文中での原文引用箇所では一般的な読みがなのみ記載）

『正法眼蔵』講義◎目次

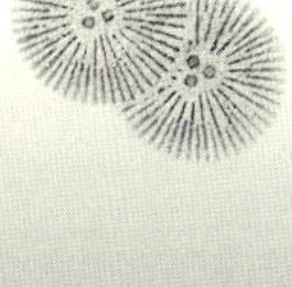

装　丁…清水良洋(Malpu Design)

仏性の巻（上）

正法眼蔵第三《しょうぼうげんぞうだいさん》◎仏《ぶっ》性《しょう》〔原文〕

33

釈迦牟尼仏言《しゃかむにぶつごん》、「一切衆生《いっさいしゅじょう》、悉有仏性《しつうぶっしょう》、如来常住《にょらいじょうじゅう》、無有変易《むうへんやく》」。

これ、われらが大師《だいし》釈尊《しゃくそん》の師子吼《ししく》の転法輪《てんぼうりん》なりといへども、一切諸仏《いっさいしょぶつ》、一切祖師《いっさいそし》の頂𩕳眼睛《ちょうねいげんぜい》《チンニンガン》なり。参学《さんがく》しきたること、すでに二千一百九十年《にせんいっぴゃくきゅうじゅうねん》〈当日本仁治二年辛丑歳〉、正嫡《しょうちゃく》わづかに五十代《ごじゅうだい》〈至先師天童浄和尚〉、西天二十八代《さいてんにじゅうはちだい》、代々住持《だいだいじゅうじ》しきたり、東地二十三世《とうちにじゅうさんせい》、世々住持《せぜじゅうじ》しきたる。十方《じっぽう》の仏祖《ぶっそ》、ともに住持《じゅうじ》せり。

38

世尊道《せそんどう》の「一切衆生《いっさいしゅじょう》、悉有仏性《しつうぶっしょう》」は、その宗旨《しゅうし》《ソウ》いかん。是什麼物恁麼来《ぜそもつもいんもらい》《シシブツ》《是《こ》れ什麼物《なにもの》か恁《いん》麼《も》に来《きた》る》の道転法輪《どうてんぽうりん》なり。あるいは衆生《しゅじょう》といひ、有情《うじょう》といひ、群生《ぐんじょう》といひ、群類《ぐんるい》といふ。悉有《しつう》の言《ごん》は衆生《しゅじょう》なり、群有也《ぐんうなり》。すなはち悉有《しつう》は仏性《ぶっしょう》なり。悉有《しつう》の一悉《いっしつ》を衆生《しゅじょう》といふ。正当恁麼時《しょうとういんもじ》は、衆生《しゅじょう》の内外《ないげ》すなはち仏性《ぶっしょう》の悉有《しつう》なり。単伝《たんでん》する皮肉骨髄《ひにくこつずい》のみにあらず、汝得吾皮肉骨髄《にょとくごひにくこつずい》なるがゆゑに。

57

しるべし、いま仏性《ぶっしょう》に悉有《しつう》せらるゝ有《う》は、有無《うむ》の有《う》にあらず。悉有《しつう》は仏語《ぶつご》なり、仏舌《ぶつぜつ》なり。仏祖眼睛《ぶっそげんぜい》《ガン》なり、衲僧鼻孔《のっそうびくう》《ナッ》なり。悉有《しつう》の言《ごん》、さらに始有《しう》にあらず、本有《ほんぬ》にあらず、妙有等《みょううとう》にあらず、いはんや縁有《えんぬ》《ウ》・妄有《もうう》ならんや。心《しん》・境《きょう》、性《しょう》・相等《そうとう》にかゝはれず。しかあればすなはち、衆生悉有《しゅじょうしつう》の依正《えしょう》、しかしながら業増上力《ごうぞうじょうりき》にあらず、妄縁起《もうえんぎ》にあらず、法爾《ほうに》にあらず、神通修証《じんずうしゅしょう》にあらず。もし衆生《しゅじょう》の悉有《しつう》、それ業増上《ごうぞうじょう》および縁起法爾等《えんぎほうにとう》ならんには、諸聖《しょしょう》の証道《しょうどう》および諸仏《しょぶつ》の菩提《ぼだい》、仏祖《ぶっそ》の眼睛《げんぜい》《ガン》も業増上力《ごうぞうじょうりき》および縁起法爾《えんぎほうに》なるべし。しかあらざるなり。

70 尽界《じんかい》はすべて客塵《かくじん》なし、直下《じきげ》《チョクカ》さらに第二人《だいににん》あらず、直截根源人未識《じきせつこんげんにんみしき》、忙々業識幾時《ぼうぼうごっしききじ》休《きゅう》《直に根源《こんげん》を截《き》るも人未《ひといま》だ識《し》らず、忙々《ぼうぼう》たる業識《ごっしき》幾時《いくどき》か休《きゅう》せん》なるがゆゑに。妄縁起《もうえんぎ》の有《う》にあらず、偏界不曾蔵《へんかいふぞうぞう》《スン》のゆゑに。偏界不曾蔵《へんかいふぞうぞう》《スン》といふは、かならずしも満界是有《まんかいぜう》といふにあらざるなり。偏界我有《へんかいがう》は外道《げどう》の邪見《じゃけん》なり。本有《ほんぬ》の有《う》にあらず、亘古亘今《ごうここごうこん》《カンカン》のゆゑに。始《し》起《き》の有《う》にあらず、不受一塵《ふじゅいちじん》のゆゑに。条々《じょうじょう》の有《う》にあらず、合取《がっしゅ》のゆゑに。無始有《むしう》の有《う》にあらず、是什麼物恁麼来《これなにものかいんもにきたる》《シシモブツライ》のゆゑに。始起有《しきう》の有《う》にあらず、吾常心是道《ごじょうしんぜどう》のゆゑに。まさにしるべし、悉有中《しつうちゅう》に衆生快便難逢《しゅじょうかいべんなんぶ》《ビンフ》なり。悉有《しつう》を会取《えしゅ》《ウイ》することかくのごとくなれば、悉有《しつう》それ透体脱落《とうたいだつらく》《チョウタイトツラク》なり。

82 仏性《ぶっしょう》の言《ごん》をきゝて、学者《がくしゃ》おほく先尼外道《せんにげどう》の我《が》のごとく邪計《じゃけい》《ケ》せり。それ、人《ひと》にあはず、自己《じこ》にあはず、師《し》をみざるゆゑなり。いたづらに風火《ふうか》の動著《どうじゃく》《ジャ》する心意識《しんいしき》を仏性《ぶっしょう》の覚知覚《かくちかく》了《りょう》とおもへり。たれかいふし、仏性《ぶっしょう》に覚知覚了《かくちかくりょう》ありと。覚者知者《かくしゃちしゃ》はたとひ諸仏《しょぶつ》なりとも、仏性《ぶっしょう》は覚知覚了《かくちかくりょう》にあらざるなり。いはんや諸仏《しょぶつ》を覚者知者《かくしゃちしゃ》といふ覚知《かくち》は、なんだちが云《うん》云《ぬん》の邪解《じゃげ》を覚知《かくち》とせず、風火《ふうか》の動静《どうじょう》を覚知《かくち》とするにあらず、たゞ一両《いちりょう》の仏面祖面《ぶつめんそめん》、これ覚知《かくち》なり。

往々《おうおう》に古老先徳《ころうせんとく》、あるいは西天《さいてん》に往還《おうげん》し、あるいは人天《にんでん》を化道《けどう》する、漢唐《かんとう》より宋朝《そうちょう》にいたるまで、稲麻竹葦《とうまちくい》のごとくなる、おほく風火《ふうか》の動著《どうじゃく》《ジャ》を仏性《ぶっしょう》の知覚《ちかく》とおもへる、あはれむべし、学道転疎《がくどうてんそ》なるによりて、いまの失誤《しつご》あり。いま仏道《ぶつどう》の晩学初心《ばんがくしょしん》、しかあるべからず。たとひ覚知《かくち》を学習《がくしゅう》すとも、覚知《かくち》は動著《どうじゃく》《ジャ》にあらざるなり。たとひ動著《どうじゃく》《ジャ》を学習《がくしゅう》すとも、動著《どうじゃく》《ジャ》は恁麼《いんも》にあらざるなり。もし真箇《しんこ》の動著《どうじゃく》《ジャ》を会取《えしゅ》《ウイ》することあらば、真箇《しんこ》の覚知覚了《かくちかくりょう》を会取《えしゅ》《ウイ》すべきなり。仏之与性《ぶっしよしょう》、達彼達此《たっぴたっし》《仏《ぶつ》と性《しょう》と、彼《か》に達《たっ》し、此《これ》に達《たっ》す》なり。仏性《ぶっしょう》かならず悉有《しつう》なり、悉有《しつう》は仏性《ぶっしょう》なるがゆゑに。悉有《しつう》は百雑砕《ひゃくざっさい》《スイ》にあらず、悉有《しつう》は一条鉄《いちじょうてつ》にあらず。拈拳頭《ねんけんとう》《チョウ》なるがゆゑに大小《だいしょう》にあらず。すでに仏性《ぶっしょう》といふ、諸聖《しょしょう》と斉肩《せいけん》なるべからず、仏性《ぶっしょう》と斉肩《せいけん》すべからず。

ある一類《いちるい》おもはく、仏性《ぶっしょう》は草木《そうもく》の種子《しゅうじ》のごとし。法雨《ほうう》のうるひしきりにうるほすとき、芽茎《げきょう》 生長《しょうちょう》し、枝葉花菓《しようけか》もすことあり。果実《かじつ》さらに種子《しゅうじ》をはらめり。かくのごとく見解《けんげ》する、凡夫《ぼんぶ》の情量《じょうりょう》なり。たとひかくのごとく見解《けんげ》すとも、種子《しゅうじ》および花果《けか》、ともに条々《じょうじょう》の赤心《せきしん》なりと参究《さんきゅう》すべし。果裏《かり》に種子《しゅうじ》あり、種子《しゅうじ》みえざれども根茎等《こんきょうとう》を生《しょう》ず。あつめざれどもそこばくの枝条大囲《しじょうだいい》となれる、内外《ないげ》の論《ろん》にあらず、古今《ここん》の時《とき》に不空《ふくう》なり。しかあれば、たとひ凡夫《ぼんぶ》の見解《けんげ》に一任《いちにん》すとも、根茎枝葉《こんきょうしよう》みな同生《どうしょう》し同死《どうし》し、同悉有《どうしつう》なる仏性《ぶっしょう》なるべし。

仏言《ぶつごん》、「欲知仏性義《よくちぶっしょうぎ》、当観時節因縁《とうかんじせついんねん》。時節若至《じせつにゃくし》、仏性現前《ぶっしょうげんぜん》」。

《仏《ほとけ》の言《のたま》わく、「仏性《ぶっしょう》の義《ぎ》を知《し》らんと欲《おも》はば、まさに時節因縁《じせついんねん》を観《かん》ずべし。時節若《じせつも》し至《いた》れば、仏性現前《ぶっしょうげんぜん》す」》

いま「仏性義《ぶっしょうぎ》をしらんとおもはゞ」といふは、たゞ知《ち》のみにあらず、行《ぎょう》ぜんとおもはゞ、証《しょう》せんとおもはゞ、とかんとおもはゞとも、わすれんとおもはゞともいふなり。かの説《せつ》・行《ぎょう》・証《しょう》・亡《もう》・錯《しゃく》《サク》・不錯《ふしゃく》《サク》等《とう》も、しかしながら時節《じせつ》の因縁《いんねん》なり。時節《じせつ》の因縁《いんねん》を観《かん》ずるには、時節《じせつ》の因縁《いんねん》をもて観《かん》ずるなり、払子《ほっす》・拄杖《しゅじょう》等《とう》をもて相観《そうかん》するなり。さらに有漏《うろ》智《ち》・無漏智《むろち》、本覚《ほんがく》・始覚《しがく》、無覚《むかく》・正覚等《しょうがくとう》の智《ち》をもちゐるには観《かん》ぜられざるなり。

122 「当観《とうかん》」といふは、能観《のうかん》・所観《しょかん》にかゝはれず、正観《しょうかん》・邪観等《じゃかんとう》に準《じゅん》ずべきにあらず、これ当観《とうかん》なり。当観《とうかん》なるがゆゑに不自観《ふじかん》なり、不他観《ふたかん》なり、時節因縁聻《じせついんねんにい》なり、超越因縁《ちょうおついんねん》なり。仏性聻《ぶっしょうにい》なり、脱体仏性《だったいぶっしょう》《トッ》なり。仏々聻《ぶつぶつにい》なり、性々聻《しょうしょうにい》なり。

126 「時節若至《じせつにゃくし》」の道《どう》を、古今《ここん》のやから往々《おうおう》におもはく、仏性《ぶっしょう》の現前《げんぜん》する時節《じせつ》の向後《こうご》《キョウコウ》にあらんずるをまつなりとおもへり。かくのごとく修行《しゅぎょう》しゆくところに、自然《じねん》に仏性現前《ぶっしょうげんぜん》の時節《じせつ》にあふ。時節《じせつ》いたらざれば、参師問法《さんしもんぽう》するにも、辨道功夫《べんどうくふう》するにも、現前《げんぜん》せずといふ。恁麼見取《いんもけんしゅ》して、いたづらに紅塵《こうじん》にかへり、むなしく雲漢《うんかん》をまぼる。かくのごとくのたぐひ、おそらくは天然外道《てんねんげどう》の流類《るるい》なり。

131 いはゆる「欲知仏性義《よくちぶっしょうぎ》」は、たとへば「当知仏性義《とうちぶっしょうぎ》」といふなり。「当観時節因縁《とうかんじせついんねん》」といふは、「当知時節因縁《とうちじせついんねん》」といふなり。いはゆる仏性《ぶっしょう》をしらんとおもはば、しるべし、時節因縁《じせついんねん》これなり。「時節若至《じせつにゃくし》」といふは、「すでに時節《じせつ》いたれり、なにの疑著《ぎじゃく》《ジャ》すべきところかあらん」となり。疑著《ぎじゃく》《ジャ》時節《じせつ》さもあらばあれ、還我仏性来《げんがぶっしょうらい》《我《わ》れに仏性《ぶっしょう》を還《かえ》し来《きた》れ》なり。しるべし、「時節若至《じせつにゃくし》」は、十二時中不空過《じゅうにじちゅうふくうか》なり。「若至《にゃくし》」は、「既至《きし》」といはんがごとし。時節若至《じせつにゃくし》すれば、仏性不至《ぶっしょうふし》なり。しかあればすなはち、時節《じせつ》すでにいたれば、これ仏性《ぶっしょう》の現前《げんぜん》なり。あるいは其理自彰《ごりじしょう》なり。おほよそ時節《じせつ》の若至《にゃくし》せざる時節《じせつ》いまだあらず、仏性《ぶっしょう》の現前《げんぜん》せざる仏性《ぶっしょう》あらざるなり。

第十二祖馬鳴尊者《だいじゅうにそめみょうそんじゃ》、十三祖《じゅうさんそ》のために仏性海《ぶっしょうかい》をとくにいはく、「山河大地皆依建立《せんがだいちかいえこんりゅう》、三昧六通由茲発現《さんまいろくずうゆうじほつげん》《山河大地《せんがだいち》皆《みな》依《よ》って建立《こんりゅう》し、三昧六通《さんまいろくずう》茲《これ》に由《よ》って発現《ほつげん》す》」。

しかあれば、この山河大地《せんがだいち》、みな仏性海《ぶっしょうかい》なり。「皆依建立《かいえこんりゅう》」といふは、建立《こんりゅう》せる正当《しょうとう》恁麼時《いんもじ》、これ山河大地《せんがだいち》なり。すでに「皆依建立《かいえこんりゅう》」といふ、しるべし、仏性海《ぶっしょうかい》のかたちはかくのごとし。さらに内外《ないげ》中《ちゅう》間《かん》《ゲン》にかゝはるべきにあらず。恁麼《いんも》ならば、山河《せんが》をみるは仏性《ぶっしょう》をみるなり、仏性《ぶっしょう》をみるは驢腮《ろさい》馬《ば》《メ》觜《し》をみるなり。「皆依《かいえ》」は全依《ぜんえ》なり、依全《えぜん》なりと会《え》《ウイ》取《しゅ》し、不《ふ》会《え》《ウイ》取《しゅ》するなり。

「三昧六通由茲発現《さんまいろくずうゆうじほつげん》」。しるべし、諸三昧《しょざんまい》の発現未現《ほつげんみげん》、おなじく皆依仏性《かいえぶっしょう》なり。全六通《ぜんろくずう》の由茲不由茲《ゆうじふゆうじ》、ともに皆依仏性《かいえぶっしょう》なり。六神通《ろくじんずう》はたゞ阿笈摩教《あぎゅうまきょう》にいふ六神通《ろくじんずう》にあらず。六《ろく》といふは、前三《ぜんさん》々《さん》《ザン》後三《ごさん》々《さん》《ザン》を六神通波羅蜜《ろくじんずうはらみつ》といふ。しかあれば、六神通《ろくじんずう》は明々百草頭《めいめいひゃくそうとう》、明々仏祖意《めいめいぶっそい》なりと参究《さんきゅう》することなかれ。六神通《ろくじんずう》に滞累《たいるい》せしむといへども、仏性海《ぶっしょうかい》の朝《ちょう》宗《そう》に罣礙《けいげ》するものなり。

156

五祖大満禅師、蘄州黄梅人也。無レ父而生、童児得レ道、乃栽松道者也。初在二蘄州西山一栽レ松、遇二四祖出遊一。告二道者一、「吾欲レ伝二法与レ汝、汝已年邁、若待二汝再来一、吾尚遅レ汝」。

《五祖《ごそ》大満禅師《だいまんぜんじ》は、蘄州《きしゅう》黄梅《おうばい》の人《ひと》なり、父《ちち》無《な》くして生《うま》る、童児《どうじ》にして道《みち》を得《え》たり、乃《すなわ》ち栽松道者《さいしょうどうじゃ》なり。初《はじ》め蘄州《きしゅう》の西山《せいざん》に在《あ》りて松《まつ》を栽《う》ゑしに、四祖《しそ》の出遊《しゅつゆう》に遇《あ》ふ。道者《どうじゃ》に告《つ》ぐ、「吾《わ》れ汝《なんじ》に伝法《でんぽう》せんと欲《おも》へば、汝已《なんじすで》に年邁《としす》ぎたり。若《も》し汝《なんじ》が再来《さいらい》を待《ま》たば、吾《わ》れ尚汝《なおなんじ》を遅《ま》つべし」》

158

師諾。遂往二周氏家女一托生。因抛二濁港中一。神物護持、七日不レ損。因収養矣。至二七歳一為二童子一、於二黄梅路上一逢二四祖大医禅師一。

《師《し》、諾《だく》す。遂《つい》に周氏家《しゅうしけ》の女《むすめ》に往《ゆ》いて托生《たくしょう》す。因《ちな》みに濁港《じょくこう》の中《なか》に抛《す》つ。神物護持《じんもつごじ》して七日《なのか》損《そん》ぜず。因《ちな》みに収《と》りて養《やしな》へり。七歳《しちさい》に至《いた》るまで童子《どうじ》たり、黄梅路上《おうばいろじょう》に四祖大医禅師《しそだいいぜんじ》に逢《あ》ふ》

160

祖見レ師、雖二是小児一、骨相奇秀、異二乎常童一。

《祖《そ》、師《し》を見《み》るに、是《こ》れ小児《しょうに》なりと雖《いえど》も、骨相奇秀《こっそうきしゅう》、常《つね》の童《わらわべ》に異《い》なり》

祖《そ》見《みて》問《とうて》曰《いわく》、「汝何姓《汝何《なんじいか》なる姓《しょう》ぞ》」。

師答《しこたえて》曰《いわく》、「姓即有、不㆓是常姓㆒《姓《しょう》は即《すなわ》ち有《あ》り、是《こ》れ常《つね》の姓《しょう》にあらず》」。

祖《そ》曰《いわく》、「是何姓《是《こ》れ何《いか》なる姓《しょう》ぞ》」。

師答《しこたえて》曰《いわく》、「是仏性《是《こ》れ仏性《ぶっしょう》》」。

祖《そ》曰《いわく》、「汝無㆓仏性㆒《汝《なんじ》に仏性《ぶっしょう》無《な》し》」。

師答曰《しこたえていわく》、「仏性空故、所以言㆑無《仏性空《ぶっしょうくう》なる故《ゆえ》に、所以《ゆえ》に無《む》と言《い》ふ》」。

祖識㆓其法器㆒、俾㆑為㆓侍者㆒、後付㆓正法眼蔵㆒。居㆓黄梅東山㆒、大振㆓玄風㆒。

《祖《そ》、其《そ》の法器《ほっき》なるを識《し》つて、侍者《じしゃ》たらしめて、後《のち》に正法眼蔵《しょうぼうげんぞう》を付《ふ》す。黄梅東山《おうばいとうざん》《セン》に居《こ》して、大《おお》きに玄風《げんぷう》を振《ふる》ふ》

しかあればすなはち、祖師《そし》の道取《どうしゅ》を参究《さんきゅう》するに、「四祖《しそ》いはく汝何《にょが》《カ》姓《しょう》」は、その宗《しゅう》《ソウ》旨《し》あり。むかしは何《が》《カ》国《こく》人《にん》《ジン》の人《にん》《ジン》あり、何《が》《カ》姓《しょう》の姓《しょう》あり。なんぢは何《が》《カ》姓《しょう》と為説《いせつ》するなり。たとへば吾亦如是《ごやくにょぜ》、汝亦如是《にょやくにょぜ》と道取《どうしゅ》するがごとし。

五祖《ごそ》いはく、「姓即有《しょうそくう》、不是常姓《ふぜじょうしょう》」。

いはゆるは、有即姓《うそくしょう》は常姓《じょうしょう》にあらず、常姓《じょうしょう》は即有《そくう》に不是《ふぜ》なり。

「四祖《しそ》いはく是《ぜ》何《が》《カ》姓《しょう》」は、何《が》《カ》は是《ぜ》なり、是《ぜ》を何《が》《カ》しきたれり。これ姓《しょう》なり。何《が》《カ》ならしむるは是《ぜ》のゆゑなり。是《ぜ》ならしむるは何《が》《カ》の能《のう》なり。姓《しょう》は是也《ぜや》、何也《がや》《カ》なり。これを蒿湯《こうとう》にも点《てん》ず、茶湯《さとう》にも点《てん》ず、家常《かじょう》の茶飯《さはん》ともするなり。

172
五祖《ごそ》いはく、「是仏姓《ぜぶっしょう》」。

いはくの宗旨《しゅうし》《ソウ》は、是《ぜ》は仏性《ぶっしょう》なりとなり。何《が》《カ》のゆゑに仏《ぶつ》なるなり。是《ぜ》は何姓《がしょう》《カ》のみに究取《きゅうしゅ》しきたらんや、是《ぜ》すでに不是《ふぜ》のとき仏性《ぶっしょう》なり。しかあればすなはち是《ぜ》は何《が》《カ》なり、仏《ぶつ》なりといへども、脱落《だつらく》《トツ》しきたり、透脱《とうだつ》《チョウトツ》しきたるに、かならず姓《しょう》なり。その姓《しょう》すなはち周《しゅう》なり。しかあれども、父《ちち》にうけず祖《そ》にうけず、母氏《ぼし》《モ》に相似《そうじ》ならず、傍観《ぼうかん》に斉肩《せいけん》ならんや。

178
四祖《しそ》いはく、「汝無仏性《にょむぶっしょう》」。

いはゆる道取《どうしゅ》は、汝《なんじ》はたれにあらず、汝《なんじ》に一任《いちにん》すれども、無仏性《むぶっしょう》なりと開演《かいえん》するなり。しるべし、学《がく》すべし、いまはいかなる時節《じせつ》にして無仏性《むぶっしょう》なるぞ。仏頭《ぶっとう》《チョウ》にして無仏性《むぶっしょう》なるか、仏向上《ぶつこうじょう》にして無仏性《むぶっしょう》なるか。七通《しっつう》を逼塞《ひっそく》することなかれ、八達《はったつ》を摸擦《もさく》《ボ》することなかれ。無仏性《むぶっしょう》は一時《いちじ》の三昧《さんまい》なりと修習《しゅじゅう》することもあり。仏性《ぶっしょう》　成仏《じょうぶつ》のとき無仏性《むぶっしょう》なるか、仏性《ぶっしょう》　発心《ほっしん》のとき無仏性《むぶっしょう》なるかと問取《もんしゅ》すべし、道取《どうしゅ》すべし。露柱《ろちゅう》《シュ》をしても問取《もんしゅ》せしむべし、露柱《ろちゅう》《シュ》にも問取《もんしゅ》すべし、仏性《ぶっしょう》をしても問取《もんしゅ》せしむべし。

184 しかあればすなはち、無仏性《むぶっしょう》の道《どう》、はるかに四祖《しそ》の祖室《そしつ》よりきこゆるものなり。黄梅《おうばい》に見聞《けんもん》し、趙州《じょうしゅう》に流通《るづう》し、大潙《だいい》に挙揚《こよう》す。無仏性《むぶっしょう》の道《どう》、かならず精進《しょうじん》すべし、趑趄《しそ》することなかれ。無仏性《むぶっしょう》たどりぬべしといへども、何《が》《カ》なる標準《ひょうじゅん》あり、汝《にょ》なる時節《じせつ》あり、是《ぜ》なる投機《とうき》あり、周《しゅう》なる同生《どうしょう》あり、直趣《じきしゅ》なり。

189 五祖《ごそ》いはく、「仏性空故《ぶっしょうくうこ》、所以言無《しょいごんむ》」。

あきらかに道取《どうしゅ》す、空《くう》は無《む》にあらず。仏性空《ぶっしょうくう》を道取《どうしゅ》するに、半斤《はんきん》といはず、八両《はちりょう》といはず、無《む》と言取《ごんしゅ》するなり。空《くう》なるゆゑに空《くう》といはず、無《む》なるゆゑに無《む》といはず、仏性空《ぶっしょうくう》なるゆゑに無《む》といふ。しかあれば、無《む》の片々《へんぺん》は空《くう》を道取《どうしゅ》する標榜《ひょうぼう》なり、空《くう》は無《む》を道取《どうしゅ》する力量《りきりょう》なり。いはゆるの空《くう》は、色即是空《しきそくぜくう》の空《くう》にあらず。色即是空《しきそくぜくう》といふは、色《しき》を強為《ごうい》《キョウ》して空《くう》とするにあらず、空《くう》をわかちて色《しき》を作家《さけ》《ソカ》せるにあらず。空是空《くうぜくう》の空《くう》なるべし。空是空《くうぜくう》の空《くう》といふは、空裏一片石《くうりいっぺんせき》なり。しかあればすなはち、仏性《ぶっしょう》無《む》と仏性空《ぶっしょうくう》と仏性《ぶっしょう》有《う》と、四祖五祖《しそごそ》、問取道取《もんしゅどうしゅ》。

197 震旦《しんたん》《ダン》第六祖曹谿山大鑑禅師《だいろくそそうけいざんだいかんぜんじ》、そのかみ黄梅山《おうばいざん》に参《さん》ぜしはじめ、五祖《ごそ》とふ、「なんぢいづれのところよりかきたれる」。

六祖《ろくそ》いはく、「嶺南人《れいなんにん》《ジン》なり」。
五祖《ごそ》いはく、「きたりてなにごとをかもとむる」。
六祖《ろくそ》いはく、「作仏《さぶつ》をもとむ」。
五祖《ごそ》いはく、「嶺南人《れいなんにん》《ジン》無仏性《むぶっしょう》、いかにしてか作仏《さぶつ》せん」。

201 この「嶺南人《れいなんにん》《ジン》無仏性《むぶっしょう》」といふ、嶺南人《れいなんにん》《ジン》は仏性《ぶっしょう》なしといふにあらず、嶺南人《れいなんにん》《ジン》は仏性《ぶっしょう》ありといふにあらず、「嶺南人《れいなんにん》《ジン》、無仏性《むぶっしょう》」となり。「いかにしてか作仏《さぶつ》せん」といふは、いかなる作仏《さぶつ》をか期《ご》するといふなり。

202 おほよそ仏性《ぶっしょう》の道理《どうり》、あきらむる先達《せんだち》すくなし。諸阿笈摩教《しょあぎゅうまきょう》および経論師《きょうろんじ》のしるべきにあらず。仏祖《ぶっそ》の児孫《じそん》のみ単伝《たんでん》するなり。仏性《ぶっしょう》の道理《どうり》は、仏性《ぶっしょう》は成仏《じょうぶつ》よりさきに具足《ぐそく》せるにあらず、成仏《じょうぶつ》よりのちに具足《ぐそく》するなり。仏性《ぶっしょう》かならず成仏《じょうぶつ》と同参《どうさん》するなり。この道理《どうり》、よく〳〵参究《さんきゅう》功夫《くふう》すべし。三二十年《さんにじゅうねん》も功夫参学《くふうさんがく》すべし。十聖三賢《じっしょうさんげん》のあきらむるところにあらず。衆生有仏性《しゅじょううぶっしょう》、衆生無仏性《しゅじょうむぶっしょう》と道取《どうしゅ》する、この道理《どうり》なり。成仏以来《じょうぶついらい》に具足《ぐそく》する法《ほう》なりと参学《さんがく》する正的《しょうてき》なり。かくのごとく学《がく》せざるは仏法《ぶっぽう》にあらざるべし。かくのごとく学《がく》せずは、仏法《ぶっぽう》あへて今日《こんにち》にいたるべからず。もしこの道理《どうり》あきらめざるには、成仏《じょうぶつ》をあきらめず、見聞《けんもん》せざるなり。

210 このゆゑに、五祖《ごそ》は向他道《こうたどう》するに、「嶺南《れいなん》人《にん》《ジン》、無仏性《むぶっしょう》」と為道《いどう》するなり。見仏聞法《けんぶつもんぼう》の最《さい》初《しょ》に、難《なん》得《とく》《テ》難聞《なんもん》なるは、「衆生無仏性《しゅじょうむぶっしょう》」なり。或従知識《わくじゅうちしき》、或従経巻《わくじゅうきょうがん》するに、きくことのよろこぶべきは衆生無仏性《しゅじょうむぶっしょう》なり。一切衆生無仏性《いっさいしゅじょうむぶっしょう》を見聞覚知《けんもんかくち》に参飽《さんぽう》せざるものは、仏性《ぶっしょう》いまだ見聞覚知《けんもんかくち》せざるなり。六祖《ろくそ》もはら作仏《さぶつ》をもとむるに、五祖《ごそ》よく六祖《ろくそ》を作仏《さぶつ》せしむるに、他《た》の道取《どうしゅ》なし、善巧《ぜんぎょう》なし。たゞ「嶺南《れいなん》人《にん》《ジン》、無仏性《むぶっしょう》」といふ。しるべし、無仏性《むぶっしょう》の道取聞取《どうしゅもんしゅ》、これ作仏《さぶつ》の直道《じきどう》なりといふことを。しかあれば、無仏性《むぶっしょう》の正当恁麼時《しょうとういんもじ》すなはち作仏《さぶつ》なり。無仏性《むぶっしょう》いまだ見聞《けんもん》せず、道取《どうしゅ》せざるは、いまだ作仏《さぶつ》せざるなり。

217 六祖《ろくそ》いはく、「人有南北《にんうなんぼく》なりとも、仏性無南北《ぶっしょうむなんぼく》なり」。この道取《どうしゅ》を挙《こ》して、句裏《くり》を功《く》夫《ふう》すべし。南北《なんぼく》の言《ごん》、まさに赤心《せきしん》に照顧《しょうこ》すべし。六祖道《ろくそどう》得《とく》《テ》の句《く》に宗《しゅう》《ソウ》旨《し》あり。いはゆる人《ひと》は作仏《さぶつ》すとも、仏性《ぶっしょう》は作仏《さぶつ》すべからずといふ一隅《いちぐう》の構《こう》得《とく》《テ》あり。六祖《ろくそ》これをしるやいなや。
220 四祖五祖《しそごそ》の道取《どうしゅ》する無仏性《むぶっしょう》の道《どう》得《とく》《テ》、はるかに罣礙《けいげ》の力量《りきりょう》ある一隅《いちぐう》をうけて、迦葉仏《かしょうぶつ》および釈迦牟尼仏等《しゃかむにぶつとう》の諸仏《しょぶつ》は、作仏《さぶつ》し転法《てんぽう》するに、「悉有仏性《しつうぶっしょう》」と道取《どうしゅ》する力量《りきりょう》あるなり。悉有《しつう》の有《う》、なんぞ無々《むむ》の無《む》に嗣法《しほう》せざらん。しかあれば、無仏性《むぶっしょう》の語《ご》、はるかに四祖五祖《しそごそ》の室《しつ》よりきこゆるなり。

224 このとき、六祖《ろくそ》その人ならば、この無仏性《むぶっしょう》の語《ご》を功夫《くふう》すべきなり。「有無《うむ》の無《む》はしばらくおく、いかならんかこれ仏性《ぶっしょう》」と問取《もんしゅ》すべし、「なにものかこれ仏性《ぶっしょう》」とたづぬべし。いまの人《ひと》も、仏性《ぶっしょう》とき丶ぬれば、「いかなるかこれ仏性《ぶっしょう》」と問取《もんしゅ》せず、仏性《ぶっしょう》の有無《うむ》等《とう》の義《ぎ》をいふがごとし、これ倉卒《そうそつ》なり。しかあれば、諸無《しょむ》の無《む》は、無仏性《むぶっしょう》の無《む》に学《がく》すべし。

六祖《ろくそ》の道取《どうしゅ》する「人有南北《にんうなんぼく》、仏性無南北《ぶっしょうむなんぼく》」の道《どう》、ひさしく再三撈摝《さいさんろうろく》すべし、まさに撈《ろう》波子《ばす》に力量《りきりょう》あるべきなり。六祖《ろくそ》の道取《どうしゅ》する「人有南北《にんうなんぼく》、仏性無南北《ぶっしょうむなんぼく》」の道《どう》、しづかに拈《ねん》放《ぼう》《ボ》すべし。おろかなるやからおもはくは、人間《にんげん》には質礙《ぜつげ》すれば南北《なんぼく》あれども、仏性《ぶっしょう》は虚《こ》融《ゆう》にして南北《なんぼく》の論《ろん》におよばずと、六祖《ろくそ》は道取《どうしゅ》せりけるかと推度《すいたく》するは、無分《むぶん》の愚蒙《ぐもう》なるべし。この邪解《じゃげ》を抛却《ほうきゃく》《キャ》して、直須勤学《じきしゅごんがく》すべし。

六祖示二門人行昌一云、「無常者即仏性也、有常者即善悪一切諸法分別心也」。

《六祖《ろくそ》、門人行昌《もんじんぎょうしょう》に示《しめ》して云《いわ》く、「無常《むじょう》は即《すなわ》ち仏性《ぶっしょう》なり、有常《うじょう》は即《すなわ》ち善悪一切諸法分別心《ぜんあくいっさいしょほうふんべつしん》なり」》

いはゆる六祖道《ろくそどう》の無常《むじょう》は、外道二乗《げどうにじょう》等《とう》の測度《しきたく》にあらず。二乗外道《にじょうげどう》の鼻祖鼻末《びそびまつ》、それ無常《むじょう》なりといふとも、かれら窮尽《ぐうじん》すべからざるなり。しかあれば、無常《むじょう》のみづから無《む》常《じょう》を説著《せつじゃく》《ジャ》、行著《ぎょうじゃく》《ジャ》、証著《しょうじゃく》《ジャ》せんは、みな無常《むじょう》なるべし。今以現自身得度者《こんいげんじしんとくどしゃ》、即現自身而為《そくげんじしんにい》説法《せっぽう》《今《いま》、自身《じしん》を現《げん》ずるを以《もっ》て得度《とくど》すべき者《もの》には、即《すなわ》ち自身《じしん》を現《げん》じて而《しか》も為《ため》に法《ほう》を説《と》く》なり。これ仏性《ぶっしょう》なり。さらに或現長法身《わくげんちょうほっしん》、或現短法身《わくげんたんほっしん》なるべし。

241 常聖《じょうしょう》これ無常《むじょう》なり、常凡《じょうぼん》これ無常《むじょう》なり。常凡聖《じょうぼんしょう》ならんは、仏性《ぶっしょう》なるべからず。小量《しょうりょう》の愚見《ぐけん》なるべし、測度《しきたく》の管見《かんけん》なるべし。仏者小量身也《ぶっしゃしょうりょうしんや》、性者小量作也《しょうしゃしょうりょうさや》。このゆゑに六《そく》祖道取《そどうしゅ》す、「無常者仏性也《無常《むじょう》は仏性《ぶっしょう》なり》」。

245 常者《じょうは》トハ未転《みてん》なり。未転《みてん》といふは、たとひ能断《のうだん》と変《へん》ずとも、たとひ所断《しょだん》と化《け》すれども、かならずしも去来《こらい》の蹤跡《しょうせき》にかかはれず、ゆゑに常《じょう》なり。

しかあれば、草木叢林《そうもくそうりん》の無常《むじょう》なる、すなはち仏性《ぶっしょう》なり。人物身心《にんもつしんじん》の無常《むじょう》なる、これ仏性《ぶっしょう》なり。国土山河《こくどせんが》の無常《むじょう》なる、これ仏性《ぶっしょう》なるによりてなり。阿耨多羅三藐三菩提《あのくたらさんみゃくさんぼだい》これ仏性《ぶっしょう》なるがゆゑに無常《むじょう》なり、大般涅槃《だいはつねはん》これ無常《むじょう》なるがゆゑに仏性《ぶっしょう》なり。もろ〳〵の二《に》乗《じょう》の小見《しょうけん》および経論師《きょうろんじ》の三蔵《さんぞう》等《とう》は、この六祖《ろくそ》の道《どう》を驚疑怖畏《きょうぎふい》すべし。もし驚疑《きょうぎ》せんことは、魔外《まげ》の類《るい》なり。

252 第十四祖龍樹尊者、梵云㆓那伽閼刺樹那㆒。唐云㆓龍樹亦龍勝㆒、亦云㆓龍猛㆒。西天竺国人也。至㆓南天竺国㆒。彼国之人、多信㆓福業㆒。尊者為説㆓妙法㆒。聞者遞相謂曰、「人有㆓

258 福業一、世間第一。徒言二仏性一、誰能観レ之」。
《第十四祖《だいじゅうよんそ》龍樹尊者《りゅうじゅそんじゃ》、梵《ぼん》に那伽閼刺樹那《なかあらじゅな》と云《い》ふ。唐《とう》には龍樹《りゅうじゅ》また龍勝《りゅうしょう》と云《い》ふ、また龍《りゅう》猛《みょう》と云《い》ふ。西《にし・サイ》天竺国《てんじくこく》の人《ひと》なり。南《みなみ・ナン》天竺国《てんじくこく》に至《いた》る。彼《か》の国《くに》の人《ひと》、多《おお》く福業《ふくごう》を信《しん》ず。尊者《そんじゃ》、為《ため》に妙法《みょうほう》を説《と》く。聞《き》く者《もの》、遞相《たがい》に謂《い》つて曰《いわ》く、「人《ひと》の福業《ふくごう》有《あ》る、世間第一《せけんだいいち》なり。徒《いたず》らに仏《ぶっ》性《しょう》を言《い》ふ、誰《だれ》か能《よ》く之《これ》を観《み》たる」》

尊者曰《そんじゃいわく》、「汝欲レ見二仏性一、先須レ除二我慢一《汝《なんじ》、仏性《ぶっしょう》を見《み》んと欲《おも》はば、先《ま》づ須《すべか》らく我慢《がまん》を除《のぞ》くべし》」。

彼人曰《かのひといわく》、「仏性大耶小耶《仏性大《ぶっしょうだい》なりや小《しょう》なりや》」。

尊者曰《そんじゃいわく》、「仏性非レ大非レ小、非レ広非レ狭、無レ福無レ報、不死不生《仏性《ぶっしょう》は大《だい》に非《あら》ず小《しょう》に非《あら》ず、広《こう》に非《あら》ず狭《きょう》に非《あら》ず、福無《ふくな》く報無《ほうな》く、不死不生《ふしふしょう》なり》」。

彼聞二理勝一、悉廻二初心一。
《彼《かれ》、理《り》の勝《すぐ》れたることを聞《き》いて、悉《ことごと》く初心《しょしん》を廻《めぐ》らす》

262 尊者復於二坐上一現二自在身一、如二満月輪一。一切衆会、唯聞二法音一、不レ観二師相一。
《尊者《そんじゃ》、また坐上《ざじょう》に自在身《じざいしん》を現《げん》ずること、満月輪《まんがちりん》の如《ごと》し。一切衆会《いっさいしゅえ》、唯法音《ただほうおん》のみを聞《き》いて、師相《しそう》を観《み》ず》

於㆓彼衆中㆒、有㆓長者子迦那提婆㆒、謂㆓衆会㆒曰、「識㆓此相㆒否」。
《彼《か》の衆《しゅ》の中《なか》に、長者子迦那提婆《ちょうじゃしかなだいば》といふもの有《あ》り、衆会《しゅえ》に謂《い》つて曰《いわ》く、「此《こ》の相《そう》を識《し》るや否《いな》や」》

衆会曰、「而今我等目所㆑未㆑見、耳無㆑所㆑聞、心無㆑所㆑識、身無㆑所㆑住《而今《いま》我等《われら》目《め》に未《いま》だ見《み》ざる所《ところ》、耳《みみ》に聞《き》く所無《ところな》く、心《こころ》に識《し》る所無《ところな》く、身《み》に住《じゅう》する所無《ところな》し》」。

提婆曰、「此是尊者、現㆓仏性相㆒、以示㆓我等㆒。何以知㆑之。蓋以㆔無相三昧形如㆓満月㆒。仏性之義、廓然虚明《此《こ》れは是《こ》れ尊者《そんじゃ》、仏性《ぶっしょう》の相《そう》を現《げん》じて、以《もっ》て我等《われら》に示《しめ》す。何《なに》を以《もっ》てか之《こ》れを知《し》る。蓋《けだ》し、無相三昧《むそうざんまい》は形《かたち》満月《まんがつ》の如《ごと》くなるを以《もっ》てなり。仏性《ぶっしょう》の義《ぎ》は廓然虚明《かくねんこみょう》なり》」。

言訖輪相即隠。復居㆓本坐㆒、而説㆑偈言、
《言《い》ひ訖《おわ》るに、輪相即《りんそうすなわ》ち隠《かく》る。また本坐《ほんざ》に居《こ》して、偈《げ》を説《と》いて言《いわ》く》

身現㆓円月相㆒、以表㆓諸仏体㆒、
説法無㆓其形㆒、用辯非㆓声色㆒。
《身《み》に円月相《えんがつそう》を現《げん》じ、以《もっ》て諸仏《しょぶつ》の体《たい》を表《ひょう》す、
説法《せっぽう》其《そ》の形《かたち》無《な》し、用《ゆう/ヨウ》辯《べん》は声色《しょうしき》に非《あら》ず》

しるべし、真箇《しんこ》の「用《ゆう/ヨウ》辯《べん》」は「声色《しょうしき》」の即現《そくげん》にあらず。真箇《しんこ》の「説法《せっぽう》」は「無其形《むごぎょう》」なり。尊《そん》

者《じゃ》かつてひろく仏性《ぶっしょう》を為説《いせつ》する、不可数量《ふかすうりょう》《シュ》なり。いまはしばらく一隅《いちぐう》を略挙《りゃくこ》するなり。「汝欲見仏性《にょよくけんぶっしょう》、先須除我慢《せんしゅじょがまん》」。この為説《いせつ》の宗旨《しゅうし》《ソウ》、すごさず辨肯《べんこう》《ハンケン》すべし。「見《けん》」はなきにあらず、その見《けん》これ「除我慢《じょがまん》」なり。「我《が》」もひとつにあらず、「慢《まん》」も多般《たはん》なり、除法《じょほう》また万《ばん》差《しゃ》なるべし。しかあれども、これらみな見仏性《けんぶっしょう》なり。眼見目覩《げんけんもくと》にならふべし。

「仏性非大非小《ぶっしょうひだいひしょう》」等《とう》の道取《どうしゅ》、よのつねの凡夫二乗《ぼんぶにじょう》に例諸《れいしょ》することなかれ。偏枯《へんこ》に仏性《ぶっしょう》は広大《こうだい》ならんとのみおもへる、邪念《じゃねん》をたくはへきたるなり。大《だい》にあらず小《しょう》にあらざらん正当恁麼時《しょうとういんもじ》の道取《どうしゅ》に罣礙《けいげ》せられん道理《どうり》、いま聴取《ちょうしゅ》《チン》するがごとく思量《しりょう》すべきなり。思量《しりょう》なる聴取《ちょうしゅ》を使得《しとく》《ステ》するがゆゑに。

しばらく尊者《そんじゃ》の道著《どうじゃく》《ジャ》する偈《げ》を聞取《もんしゅ》すべし、いはゆる「身現円月相《しんげんえんがっそう》、以表諸仏体《いひょうしょぶったい》」なり。すでに「諸仏体《しょぶったい》」を「以表《いひょう》」しきたれる「身現《しんげん》」なるがゆゑに「円月相《えんがっそう》」なり。しかあれば、一《いっ》切《さい》の長短方円《ちょうたんほうえん》、この身現《しんげん》に学習《がくしゅう》すべし。身《しん》と現《げん》とに転疎《てんそ》なるは、円月相《えんがっそう》にくらきのみにあらず、諸仏体《しょぶったい》にあらざるなり。

愚者《ぐしゃ》おもはく、尊者《そんじゃ》かりに化身《けしん》を現《げん》ぜるを円月相《えんがっそう》といふとおもふは、仏道《ぶつどう》を相承《そうじょう》せざる儻類《とうるい》の邪念《じゃねん》なり。いづれのところのいづれのときか、非身《ひしん》の他現《たげん》ならん。まさにしるべし、このとき尊者《そんじゃ》は高座《こうざ》せるのみなり。身現《しんげん》の儀《ぎ》は、いまのたれ人《びと》も坐《ざ》せるがごとくありしなり。この身《しん》、これ円月相現《えんがつそうげん》なり。

288 身現《しんげん》は方円《ほうえん》にあらず、有無《うむ》にあらず、隠顕《おんけん》にあらず、八万四千蘊《はちまんしせんうん》にあらず、たゞ身現《しんげん》なり。円月相《えんがつそう》といふ、這裏是甚麼処在《しゃりぜじんもしょざい》《シシ》、説細説麤月《せっさいせっそげつ》なり《這裏《しゃり》是《こ》れ甚麼《なに》の処在《しょざい》ぞ、細《さい》と説《と》き、麤《そ》と説《と》くも月《つき》なり》。この身現《しんげん》は、先須除我慢《せんしゅじょがまん》なるがゆゑに、龍樹《りゅうじゅ》にあらず、諸仏体《しょぶったい》なり。「以表《いひょう》」するがゆゑに諸仏体《しょぶったい》を透脱《とうだつ》《チョウトツ》す。しかあるがゆゑに、仏辺《ぶっぺん》にかゝはれず。仏性《ぶっしょう》の「満月《まんがつ》」を「形如《ぎょうにょ》」する「虚明《こみょう》《メイ》」ありとも、「円月相《えんがつそう》」を排列《はいれつ》するにあらず。いはんや「用《ゆう》《ヨウ》辯《べん》」も「声色《しょうしき》」にあらず、「身現《しんげん》」も色心《しきしん》にあらず、蘊処界《うんじょかい》にあらず。蘊処界《うんじょかい》に一似《いちじ》なりといへども「以表《いひょう》」なり、「諸仏体《しょぶったい》」なり。これ説法蘊《せっぽううん》なり、それ「無其形《むごぎょう》」なり。無其形《むごぎょう》さらに「無相三昧《むそうざんまい》」なるとき「身現《しんげん》」なり。

295 一衆《いっしゅ》いま円月相《えんがつそう》を望見《ぼうけん》《モウ》すといへども、「目所未見《もくしょみけん》」なるは、説法蘊《せっぽううん》の転機《てんき》なり、「現自在身《げんじざいしん》」の「非声色《ひしょうしき》」なり。即隠《そくおん》、即現《そくげん》は、輪相《りんそう》の進歩退歩《しんぽたいほ》なり。「復於座上現自在身《ぶおざじょうげんじざいしん》」の正当恁麼時《しょうとういんもじ》は、「一切衆会《いっさいしゅえ》、唯聞法音《ゆいもんほうおん》」するなり、「不覩師相《ふとしそう》」なるなり。

298 尊者《そんじゃ》の嫡嗣《ちゃくし》迦那提婆尊者《かなだいばそんじゃ》、あきらかに満月相《まんがつそう》を「識此《しきし》」し、円月相《えんがつそう》を識此《しきし》し、身現《しんげん》を識此《しきし》し、諸仏性《しょぶっしょう》を識此《しきし》し、諸仏体《しょぶったい》を識此《しきし》せり。入室瀉缾《にっしつしゃびょう》の衆《しゅ》たとひおほしといへども、提婆《だいば》と斉肩《せいけん》ならざるべし。提婆《だいば》は半座《はんざ》の尊《そん》なり、衆会《しゅえ》の導師《どうし》なり、全座《ぜんざ》の分座《ぶんざ》なり。正法《しょうほう》眼蔵《げんぞう》無上《むじょう》大法《だいほう》を正伝《しょうでん》せること、霊山《りょうぜん》に摩訶迦葉《まかかしょう》尊者《そんじゃ》の座元《ざげん》なりしがごとし。

　龍樹《りゅうじゅ》未《み》廻《え》《ウイ》心《しん》のさき、外道《げどう》の法《ほう》にありしときの弟子《でし》おほかりしかども、みな謝遣《しゃけん》しきたれり。龍樹《りゅうじゅ》すでに仏祖《ぶっそ》となれりしときは、ひとり提婆《だいば》を附法《ふほう》の正嫡《しょうちゃく》として、大法眼蔵《だいほうげんぞう》を正伝《しょうでん》す。これ無上仏道《むじょうぶつどう》の単伝《たんでん》なり。しかあるに、僭偽《せんぎ》の邪群《じゃぐん》ままに自称《じしょう》すらく、「われらも龍樹大士《りゅうじゅだいし》の法嗣《はっす》なり」。論《ろん》をつくり義《ぎ》をあつむる、おほく龍樹《りゅうじゅ》の手《て》をかれり、龍《りゅう》樹《じゅ》の造《ぞう》にあらず。むかしすてられし群徒《ぐんと》の、人天《にんでん》を惑乱《わくらん》するなり。仏弟子《ぶつでし》はひとすぢに、提婆《だいば》の所伝《しょでん》にあらざらんは、龍樹《りゅうじゅ》の道《どう》にあらずとしるべきなり。これ正信得及《しょうしんとくぎゅう》なり。しかあるに、偽《ぎ》なりとしりながら稟《ほん》《ヒン》受《じゅ》するものおほかり。謗《ぼう》《ホウ》大般若《だいはんにゃ》の衆生《しゅじょう》の愚蒙《ぐもう》、あはれみかなしむべし。

　迦那提婆《かなだいば》尊者《そんじゃ》、ちなみに龍樹尊者《りゅうじゅそんじゃ》の身現《しんげん》をさして衆会《しゅえ》につげていはく、「此是尊者、現㆓仏性相㆒、以示㆓我等㆒。何以知㆑之。蓋以㆔無相三昧形如㆓満月㆒。仏性之義、廓然虚明《此《こ》れは是《こ》れ尊者《そんじゃ》、仏性《ぶっしょう》の相《そう》を現《げん》じて、以《もっ》て我等《われら》に示《しめ》すなり。何《なに》を以《もっ》てか之《こ》れを知《し》る。蓋《けだ》し、無相三昧《むそうざんまい》は形《かたち》満月《まんがつ》の如《ごと》くなるを以《もっ》てなり。仏性《ぶっしょう》の義《ぎ》は、廓然《かくねん》として虚明《こみょう》《メイ》なり》」。

　いま天上人間《てんじょうにんげん》、大千法界《だいせんほっかい》《ホウ》に流布《るふ》せる仏法《ぶっぽう》を見聞《けんもん》せる前後《ぜんご》の皮袋《ひたい》、たれか道取《どうしゅ》せる、「身現相《しんげんそう》は仏性《ぶっしょう》なり」と。大千界《だいせんかい》にはたゞ提婆尊者《だいばそんじゃ》のみ道取《どうしゅ》せるなり。余者《よしゃ》はたゞ、仏《ぶっ》性《しょう》は眼見耳聞心識等《げんけんにもんしんしきとう》にあらずとのみ道取《どうしゅ》するなり。身現《しんげん》は仏性《ぶっしょう》なりとしらざるゆゑに道取《どうしゅ》せざるなり。祖師《そし》のをしむにあらざれども、眼耳《げんに》ふさがれて見聞《けんもん》することあたはざるなり。身識《しんしき》いまだおこらずして、了別《りょうべつ》することあたはざるなり。無相三昧《むそうざんまい》の形如満月《ぎょうにょまんがつ》なるを望見《ぼうけん》《モウ》し礼拝《らいはい》するに、「目未所覩《もくみしょと》」なり。

「仏性之義《ぶっしょうしぎ》、廓然虚明《かくねんこみょう》《メイ》」なり。

しかあれば「身現《しんげん》」の説仏性《せつぶっしょう》なる、「虚明《こみょう》《メイ》」なり、「廓然《かくねん》」なり。説仏性《せつぶっしょう》の「身現《しんげん》」なる、「以表諸仏体《いひょうしょぶったい》」なり。いづれの一仏二仏《いちぶつにぶつ》か、この以表《いひょう》を仏体《ぶったい》せざらん。仏体《ぶったい》は身現《しんげん》なり、身現《しんげん》なる仏性《ぶっしょう》あり。四大五蘊《しだいごうん》と道取《どうしゅ》し会取《えしゅ》《ウイ》する仏量祖量《ぶつりょうそりょう》も、かへりて身現《しんげん》の造次《ぞうじ》なり。すでに諸仏体《しょぶったい》といふ、蘊処界《うんじょかい》のかくのごとくなるなり。一切《いっさい》の功徳《くどく》、この功徳《くどく》なり。仏《ぶっ》功徳《くどく》はこの身現《しんげん》を究尽《ぐうじん》《キュウ》し、嚢括《のうかつ》するなり。一切無量無辺《いっさいむりょうむへん》の功徳《くどく》の往来《おうらい》は、この身現《しんげん》の一造次《いちぞうじ》なり。

しかあるに、龍樹《りゅうじゅ》・提婆師資《だいばしし》よりのち、三国《さんごく》の諸方《しょほう》にある前代後代《ぜんだいこうだい》、まゝに仏学《ぶつがく》する人物《にんもつ》、いまだ龍樹《りゅうじゅ》・提婆《だいば》のごとく道取《どうしゅ》せず。いくばくの経師論師等《きょうじろんじとう》か、仏祖《ぶっそ》の道《どう》を蹉過《しゃか》《サコ》する。大宋国《だいそうこく》むかしよりこの因縁《いんねん》を画《が》せんとするに、身《しん》に画《が》し心《しん》に画《が》し、空《くう》に画《が》し、壁《へき》に画《が》することあたはず、いたづらに筆頭《ひっとう》に画《が》するに、法座上《ほうざじょう》に如鏡《にょきょう》なる一輪相《いちりんそう》を図《ず》して、いま龍樹《りゅうじゅ》の身現円月相《しんげんえんがっそう》とせり。すでに数百歳《すひゃくさい》の霜華《そうけ》も開落《かいらく》して、人眼《にんげん》の金屑《きんせつ》をなさんとすれども、あやまるといふ人なし。あはれむべし、万事《ばんじ》の蹉跎《さた》たることかくのごときなる。もし身現円月相《しんげんえんがっそう》は一輪相《いちりんそう》なりと会取《えしゅ》せば、真箇《しんこ》の画餅《がびょう》《ワヒン》一枚《いちまい》なり。弄他《ろうた》せん、笑《しょう》也《や》笑《しょう》殺人《さいにん》《セツジン》なるべし。かなしむべし、大《だい》宋《そう》《ウイ》一国《いっこく》の在家出家《ざいけしゅっけ》、いづれの一箇《いっこ》も、龍樹《りゅうじゅ》のことばをきかずしらず、提婆《だいば》の道《どう》を通《つう》ぜずみざること。いはんや身現《しんげん》に親切《しんせつ》ならんや。円《えん》月《がつ》にくらし、満月《まんがつ》を虧闕《きけつ》せり。これ稽古《けいこ》のおろそかなるなり、慕古《ぼこ》いたらざるなり。古《こ》仏新仏《ぶつしんぶつ》、さらに真箇《しんこ》の身現《しんげん》にあうて、画餅《がびょう》《ワヒン》を賞《しょう》翫《がん》《カン》することなかれ。

（下巻につづく）

正法眼蔵講義　第九講

「仏性」の巻〔一〕

今日からは、『正法眼蔵』七十五巻本の第三巻目、「仏性」の巻に入ります。七十五巻本の少なくとも最初の十巻は、おそらく道元禅師が百巻を意図されていた際の、その最初の十巻としてほぼ確定されたものであろうと想像されています。その三番目の巻ですが、非常に長い巻で、道元禅師がいかにこの「仏性」の巻を重視していたかがうかがえます。

そもそも仏性という言葉ですが、たとえばこの巻の最初に示されますように、『涅槃経《ねはんぎょう》』に「一切衆生《いっさいしゅじょう》、悉有仏性《しつうぶっしょう》」と出たりします。この仏性は、如来蔵《にょらいぞう》思想の経論によく出てくる言葉で、サンスクリットでは「ブッダ・ダートゥ」というものです。性《しょう》というと、空性《くうしょう》のシューニャターや、法性《ほっしょう》のダルマターの、ター、つまり抽象名詞を作る語尾のターという言葉が予想されるのですが、いろいろな経論を調べますと、この性の原語はダートゥであるというのが、最近の学界の知見です。ダートゥとは、因という意味です。ですから仏性という言葉の本来の意味は、仏になる因ということになります。仏というのは覚者、悟った人、悟りの智慧を実現した人です。したがって仏性とは、その智慧の因になるわけです。その智慧の因というものをどうとらえるか、これは仏教の学派によって考え方がけっこう違ってきます。

唯識《ゆいしき》ですと、智慧は、はたらきであり、有為《うい》法であって、変化していく世界のものです。そういう有為法の因は、阿頼耶識《あらやしき》にあるという種子《しゅうじ》、これが因だということになるのです。ですから、法相宗《ほっそうしゅう》、唯識では、仏性を悟りの智慧の種子、無漏種子《むろしゅうじ》に求めます。煩悩の漏泄がないという、その無漏の種子というものに求めていくのです。唯識でも、もちろん一方で真如《しんにょ》・法性《ほっしょう》ということもいいます。しかし、それは無為《むい》法です。変化する有為法の世界に対して変化しない無為法の世界です。この両者をまったく分けて見ていきますから、その無為法は悟りの智慧の因にはなりえないのです。ただ、真如・法性はどんな衆生にも行き渡っているものです。それを理としての仏性、「理仏性《りぶっしょう》」といいます。それに対して種子のほうは「行仏性《ぎょうぶっしょう》」、はたらきとしての仏性です。しかも法相宗は「行仏性」である無漏種子、つまり仏の智慧を完成するその因となるものとしての種子を、持っている人と持っていない人とがいると説きます。これは法相宗の考え方なのです。

大乗の悟りの智慧の種子を持っている人、それから声聞《しょうもん》の悟りの智慧の種子を持っている人、縁覚《えんがく》の悟りの智慧の種子を持っている人、それらを複数持っている人、それからいずれの智慧の種子をも全然持っていない人もいる、これが法相宗の考え方です。つまり五姓各別で、「一切衆生、悉有仏性」にはならないわけです。そういう立場に立つものですから、唯識は大乗仏教の中でも低く位置づけられることがしばしばあります。

経典に確かに「一切衆生、悉有仏性」という言葉があるわけですが、唯識では、それは「行仏性」ではなくて「理仏性」である、真如・法性について「一切衆生、悉有仏性」と言っているのだ。しかしそれは、本当は悟りの智慧の因にはならないのだ、と言います。法相宗ではそのように、「行仏性」と「理仏性」とを分けて説明するのです。

それに対して、如来蔵思想のほうでは、真如・法性に仏性を見ます。この真如・法性とは、現象世界の事物がそのものとしての本体を持たない、つまり空である、そのあり方のことです。その空というあり方は、あらゆる現象を貫いて変わらないわけです。その空性について真如とか法性とか呼び、しかも如来蔵思想の場合は、それが智慧でもあるという、そういう見方をするのです。これは「理智《りち》不二《ふに》」といって、理としての真如と智慧とが二つでないという立場なのです。

悟ったとき、おそらくその悟りのただ中においては、時間・空間というものも超え、存在とはたらきとかいう区別も超えた、一つの世界に入るわけです。そこに悟りの智慧の世界がある。しかもそれは時空を超えています。その時空を超えているというところで、ある意味では永遠といえば永遠かもしれません。それを日常の世界の言葉に直したときに、変わらない真如の世界がそのまま智慧であって、そういうものが我々の本性なのだ、その仏の命に我々は貫かれている、抱かれているのだ。しかしながら煩悩が、外から我々に付着していて、この私を貫く仏の命に気づかないでいる。しかし本当は、我々は仏さまの智慧と変わらない智慧を持っているのだ、ということになる。これが如来蔵思想の考え方です。

おそらく事実は、悟りの智慧を開いたときに見た世界をどう説明するかで、唯識のような説明になったり、如来蔵のような説明になったりするのでしょう。悟りの智慧の世界そのものは何とも言えないのです。どこまでもそれそのものを体験しなければならない。ただ、それをなんとかして言葉に乗せようというときに、如来蔵のような説き方になったり、あるいは唯識のような説き方になったりする、ということだろうと思います。

そこで、仏性というのは、仏になる因というのが本来の意味なのですが、如来蔵思想でいいますと、真如・法性が煩悩に覆われている。その煩悩が除かれたときに、その智慧そのものが実現する。その実現する智慧の因は、真如・法性そのものだと見るのです。理智不二としての真如・法性、言い換えれば仏の命、それが仏性だということになるわけです。ですからそれは、唯識でいう種子とはずいぶん性格の違うものになってきます。

ただし、漢語としての仏性という言葉からの印象ですと、それは仏の本性とか、仏の性質とかのように考えられるわけでありまして、禅の世界では仏性というと、仏の因よりも、むしろ仏としての本性、仏としての本質、として受けとめてきたという歴史はあるだろうと思います。そういう状況に対して、道元禅師は仏性というものを取り上げられて、皆さんが考えているような、何か仏の本性とか、真如・法性とか、そのようなものが特別にあるわけではないよと、そういうことをこの「仏性」の巻では語っていかれる。そういう感じを受けます。

「現成公案《げんじょうこうあん》」の巻の最後に、扇を使うところに風性《ふうしょう》常住《じょうじゅう》があるのだ、風も何もないところに風性常住があるということではないのだ、という話がありました。風と風性とは一つである。鳥と空とは一つである。魚と水とは一つである。道元禅師はどうも常にそこを見ていらっしゃる。そう思います。ですから、仏性だけを我々の現実の命と切り離して、それだけを想定したら、それはとんでもない間違いだということになります。では、魚と水が一つであるとか、鳥と空が一つであるとか、そういう形で両者が一つになっていると見ればよいのか。『般若心経《はんにゃしんぎょう》』でいえば、「色即是空《しきそくぜくう》・空即是色《くうそくぜしき》」で、色《しき》と空《くう》は一つである、そこを見ていけばそれでよいのか。しかし道元禅師はそのときに、対象的に色があり、空があって、その両者が一つであるとする見方では、まだまだだと言われます。

「仏性」の巻にも出てきますが、「色即是空、空即是色」というのは、「空即是空」ということだよとか、それは「色即是色」ということだよとも言われています。要するに、対象的にいろいろと考えているうちは、まだ本当の自己そのものには出会わないということです。主体が、主体そのものになり切る、そこで初めて本当の自己に出会うわけですし、そこで初めて仏性というものも自覚されてくることになります。

ですからそれはもうくり返し申しますように、只管打坐《しかんたざ》の中で自覚するしかない世界なのだと思うのです。そこに真実がある。仏性についてああでもない、こうでもないと考えても、みんな当たらないよと、そういうことをずうっと道元禅師はこの巻で言われているような気がします。

全体として、趣旨はだいたいそのようなことではないかと、私は見当をつけています。それでは、本文に入ってみたいと思います。

釈迦牟尼仏言《しゃかむにぶつごん》、「一切衆生《いっさいしゅじょう》、悉有仏性《しつうぶっしょう》、如来常住《にょらいじょうじゅう》、無有変易《むうへんやく》」。

これ、われらが大師釈尊《だいししゃくそん》の師子吼《ししく》の転法輪《てんぽうりん》なりといへども、一切諸仏《いっさいしょぶつ》、一切祖師《いっさいそし》の頂𩕳眼睛《ちょうねいげんぜい》なり。参学《さんがく》しきたること、すでに二千一百九十年《にせんいっぴゃくきゅうじゅうねん》〈当二日本仁治二年辛丑歳一〉、正嫡《しょうちゃく》わづかに五十代《ごじゅうだい》〈至二先師天童浄和尚一〉、西天《さいてん》二十八代《にじゅうはちだい》、代々住持《だいだいじゅうじ》しきたり、東地二十三世《とうちにじゅうさんせい》、世々住持《せぜじゅうじ》しきたる。十方《じっぽう》の仏祖《ぶっそ》、ともに住持《じゅうじ》せり。

「釈迦牟尼仏言《しゃかむにぶつごん》」、釈迦牟尼仏が言われるには。それは『涅槃経』の言葉です。『涅槃経』を誰が作ったか、これはわからないですが、大乗仏教運動を進める、釈尊よりだいぶ後世の人々が作ったものでしょう。しかし仏教の経典はどの経典も、釈迦牟尼仏が説法されたということになっています。「一切衆生《いっさいしゅじょう》、悉有仏性《しつうぶっしょう》、如来常住《にょらいじょうじゅう》、無有変易《むうへんやく》」。書き下し文にしますと、「一切衆生には悉《ことごと》く仏性有り。如来は常住にして、変易《へんやく》有ること無し」。要するに、一切の衆生はみんな仏性を持っていますよというわけです。これは、誰もが仏になる因を持っているというのが原意だろうと思いますが、その仏になる因というのが、『涅槃経』は如来蔵思想の立場のものですから真如・法性であり、しかもそれが智慧そのものも含んでいるということになりまして、みんな仏さまの智慧を持っているということになるわけです。

「如来は常住にして、変易有ること無し」とありましたが、変化することがないというところで如来をとらえたときは、「法身仏《ほっしんぶつ》」でしょうか。仏さまというのは、歴史的にはインドに、紀元前四、五百年ごろ現れたゴータマ・シッダールタ（BC四六三～三八三）、修行して仏になってゴータマ・ブッダになった方、と思われるでしょう。そこから仏教は始まるわけですが、その後の展開の中で、特に大乗仏教では、多数の仏さまを想定し、しかも一人の仏さまを三つの局面から見ていくという「三身説《さんじんせつ》」が現れてきます。三身の第一は「法身《ほっしん》」、ダルマカーヤ。法すなわち真理を身体としている。それから、「報身《ほうじん》」、修行した、その報いとしての身体。これは智慧を完成したところで仏を見ていくものです。それから「化身《けしん》」、変化身です。応身《おうじん》という言葉を使う場合もあります。これは仏の智慧のはたらきによって我々に仏さまの姿が見られてくる、その見られた仏です。形をとって現れた仏が「化身」であります。「報身」は、智慧そのものですから、つかまえることもできないものです。「法身」というのは、要するに真如・法性そのものです。あらゆる存在の本性そのもの。我々もその中にいるのです。ただ、それを知らないわけです。いま修行されている方もいると思いますが、それが完成されていないから報身にはなっていないけれども、そういう人でもどんな人でも法身には貫かれているわけです。

実は法身は、言い換えれば空性《くうしょう》です。空というあり方そのものです。自体を持たないが故に世界は展開していく、その一番の根源です。命そのものと言ってもよいかもしれません。それはしかし限定することができません。あるともないとも言えません。言葉でつかまえることのできないものです。そこをとらえれば、変化もないというようなことになり、常住ということになる。しかし常住とあるからといって、直線的な時間を考えて、その無始から無終まで何か本体あるものとして不変の存在としてある、ということではないでしょう。むしろ時空を超えたところ、そこを常住と言っていると見たほうがよいかもしれません。

以下には、「如来常住、無有変易」のほうは、ひとまず置かれておりまして、あくまでも「一切衆生、悉有仏性」の句を取り上げ、さあ、では仏性とは何か、みんな仏性を持っている、仏さまの命を持っているというけれども、その仏さまの命というのは何か、それを道元禅師がくわしく解説されていくわけであります。

「これ、われらが大師《だいし》釈尊《しゃくそん》の師子吼《ししく》の転法輪《てんぼうりん》なりといへども」、この「一切衆生、悉有仏性」云々という句は、「われらが大師」、私たちの偉大なる先生である釈尊、要するにお釈迦さま、その獅子吼の、ライオンのように堂々と説法された転法輪であるといえども、つまり釈尊の言葉だけれども。しかし、ひとり釈尊の説かれる真理に限らないというのです。

「一切諸仏《いっさいしょぶつ》、一切祖師《いっさいそし》の頂顙眼睛《ちょうねいげんぜい》なり」。「頂顙」の「顙」という字は、むずかしい字です。しかし、たとえば「骨髄」というような言葉があとに出てきます。これは骨とさらに髄ですね。「眼睛」というと、眼があってさらにその瞳。「頂𩕳」というのも、おそらくそのような言葉なのでしょう。頂の中のさらに頂というか。要するに「頂𩕳眼睛」というのは、もう核心中の核心だということを言っているのでしょう。「一切衆生、悉有仏性」、これこそがまさに、「一切諸仏、一切祖師」が言わんとするところの一番核心にあるところ、真理の一番核心となるところだ、仏教のもっとも核心的なる真実である、こう道元禅師は言われているわけです。

「参学《さんがく》しきたること」、この仏教の核心の言葉を代々みんな学んできました。

「すでに二千一百九十年《にせんいっぴゃくきゅうじゅうねん》」、これは、お釈迦さまは紀元前の九四九年に亡くなったという、昔の説によるものです。最近は、中村元《なかむらはじめ》先生などの説として、釈尊が亡くなられたのは、紀元前三百八十三年であったとされていますが、昔は、中国や日本ではもっと前のことと思っていました。そして正法《しょうぼう》千年、像法《ぞうほう》千年が過ぎて、一〇五二年には末法《まっぽう》の世に入るのだと考えられていました。それで平安末大騒ぎになる。そのときに法然上人が出て民衆の救いを訴えたり、いろいろな動きが出てきたわけです。『涅槃経』は、仏滅の年、釈尊が涅槃に入られたときの説法と考えられていたことでしょう。その年から数えて、道元禅師がこの巻を示衆されている年（一二四一〈仁治二〉年）までに二千一百九十年経ったというわけです。ともかく釈尊が「一切衆生、悉有仏性」を説法して以来、仏教徒の方々はずうっとこの言葉を参究してきたというわけです。

「正嫡《しょうちゃく》わづかに五十代《ごじゅうだい》〈至二先師天童浄和尚一〉」。そして、釈尊より法を伝えていく。「正嫡」というのは、世俗の家庭でいいますと、嫡男から嫡男へ、長男から長男へと、ずうっと家系が伝わっていく。

そのように仏の家系も、一番弟子から一番弟子へ、ずうっと「単伝」されてきた。そうして今まで五十代しかない。その五十代というのは、道元禅師の師匠である天童如浄《てんどうにょじょう》禅師までを数えると、そういうことになるのだということです。如浄禅師は、道元禅師がこの巻を書かれたときにはもう亡くなっていたということで、先師と言われております。

「西天《さいてん》二十八代《にじゅうはちだい》、代々住持《だいだいじゅうじ》しきたり」、その五十代の内訳を言いますと、まず西天、これはインドです。釈尊がまず摩訶迦葉《まかかしょう》に法を伝えた。摩訶迦葉から阿難《あなん》に法が伝わった。代々伝わって二十八代あったというのです。その二十八代目が菩提達磨《ぼだいだるま》です。インドから中国へ法を伝えにやって来られた菩提達磨が、第二十八代。この間、代々、住持してきたという。つまり、この言葉に住し続けてきた。直訳するとそういうことになりますが、この言葉を支えとしてきたとか、この言葉を中心に考察してきたとか、修行してきたとか、そのように受けとめればよいだろうと思います。

「東地《とうち》二十三世《にじゅうさんせい》、世々住持《せぜじゅうじ》しきたる」。次に、東地とあるのは中国です。菩提達磨から如浄禅師まで二十三世。そのどの祖師方も、まさにこの「一切衆生、悉有仏性」という、この言葉の中に浸って、そしてそれを究明してきたのだというわけです。

「十方《じっぽう》の仏祖《ぶっそ》、ともに住持《じゅうじ》せり」。そのような、インドから中国へというような話だけではない。東西南北四維上下、ありとあらゆる世界にいらっしゃる諸仏、諸尊、みんなこの句に住してきた。この真理に拠っていくのだというようなことでしょうか。この真理の中にいるのだ。ともかくこれは禅の正法の中でも一番大切な言葉なのだ。この意味を明らめなければ、禅の世界はわからないよ、というような言い方です。「一切衆生、悉有仏性」は非常に重要な言葉だということですが、では、いったいそれはどういうことなのか、ですね。

世尊道《せそんどう》の「一切衆生《いっさいしゅじょう》、悉有仏性《しつうぶっしょう》」は、その宗旨《しゅうし》いかん。是什麼物恁麼来《ぜそもついんもらい》《是《こ》れ什麼物《なにもの》か恁麼《いんも》に来《きた》る》の道転法輪《どうてんぼうりん》なり。あるいは衆生《しゅじょう》といひ、有情《うじょう》といひ、群生《ぐんじょう》といひ、群類《ぐんるい》といふ。

悉有《しつう》の言《ごん》は衆生《しゅじょう》なり、群有也《ぐんうなり》。すなはち悉有《しつう》は仏性《ぶっしょう》なり。悉有《しつう》の一悉《いっしつ》を衆生《しゅじょう》といふ。正当恁麼時《しょうとういんもじ》は、衆生《しゅじょう》の内外《ないげ》すなはち仏性《ぶっしょう》の悉有《しつう》なり。単伝《たんでん》する皮肉骨髄《ひにくこつずい》のみにあらず、汝得吾皮肉骨髄《にょとくごひにくこつずい》なるがゆゑに。

ここは、「悉有仏性」を「悉く仏性有り」と読まないで、「悉有は仏性なり」と読み替えたことで、たいへん有名な箇所です。そこに道元禅師の真骨頂があります。

「世尊道《せそんどう》の『一切衆生《いっさいしゅじょう》、悉有仏性《しつうぶっしょう》』は、その宗旨《しゅうし》いかん」。世尊道の「道」という字ですが、動詞で使うと、「言う」という意味です。しばしば道元禅師は「道得」と言われますが、これは「言った」ということです。ですから「世尊道の」というのは、「世尊が言われた」という意味です。世尊が言われた「一切衆生、悉有仏性」というこの言葉の、その中心となる意味合いというものは、いったいどういうものか。「是《ぜ》什《そ》麼《も》物《もつ》恁《いん》麼《も》来《らい》《是《こ》れ什麼物《なにもの》か恁麼《いんも》に来《きた》る》の道転法輪《どうてんぽうりん》なり」。「是什麼物恁麼来」は、いったい、何者がそのようにやって来たのかということです。「道転法輪なり」の「道」も、やはり「言う」でしょう。つまり言葉による説法だというわけです。そこでそのまま読みますと、「いったい、何者がそうやって来たのかの説法である」ということになりますが、ごく意訳してしまうと、「いったいその説法はどういうことを言おうとして、こんなふうに説かれたのか」という、そのような意味の言葉だと思います。

もう一つは、「是什麼物恁麼来」、これは問いの形ですが、何者が来たのかという、その何者というところに真実の自己、真実の命があるわけです。その真実の命、真実の自己がほとばしった説法なのだとも解しうるでしょう。何者かというところに、我々のふだん日常の分別、はからいを超えた真実の命、真実の自己がいるということが想定されているわけで、それが言っている説法なのだ、まさに真実の自己を言い当てた説法なのだと、こういう意味としても受けとめられるのではないかと思います。両方ありえるのではないかと思うのです。どちらがよいかというと、私はむしろ、いったいこれはどういう意味合いで言われた説法なのかと、全体としてはそう受けとめるのがよいのではないかと思っていますが、どうかわかりません。

参考までに、この、「是什麼物恁麼来」という言葉の出典は、六祖慧能《えのう》の弟子に、南嶽懐譲《なんがくえじょう》という人がおりますが、その南嶽懐譲と六祖慧能の問答です。

南嶽山《なんがくさん》の大慧禅師《だいえぜんじ》、六祖に参ず。祖曰く、「従什麼処来」。師曰く、「嵩山《すうざん》安国師処来」。祖曰く、「是什麼物恁麼来」。師、措《お》くこと罔《な》し。是《ここ》に於て執侍すること八年、方《まさ》に前話を省《あき》らむ。乃《すなわ》ち祖に告げて曰く、「懐譲会《え》し得たり、当《その》初《かみ》来れりし時、和尚某甲を接せし、是什麼物恁麼来を」。祖曰く、「你作麼生会」。師曰く、「説似《せつじ》一物即不中《いちもつそくふちゅう》」。祖曰く、「還仮二修証一否」。師曰く、「修証即不無、染汚即不得」。祖曰く、「祇此不染汚、是諸仏之所護念。汝亦如是、吾亦如是、乃至西天諸祖亦如是」。（『景徳伝燈録』五、他）

「南嶽山《なんがくさん》の大慧禅師《だいえぜんじ》」、大慧禅師は、ふつう、南嶽懐譲といわれる方です。「六祖に参ず」、六祖にお会いして道を尋ねた。道を尋ねるためにお会いした。「祖曰く」、六祖が言うには、「従什麼処来」、いずれのところよりか来たると問うた。いったいお前さんはどこから来たかと、こういう質問をしたのです。よく禅寺では、「どこから来たか」という質問がなされます。臨済宗でも、行脚《あんぎゃ》して逗留するときとか、あるいは新参の者が専門道場に入るときとか、老師さまが、「いったいお前はどこから来たのか」とよく尋ねます。「どこそこの寺の末弟でありまして、そこから来ました」と答えたりするわけです。

しかしその、「どこから来たか」という問いは、はたしてそういうことだけで済むのかどうか。私は何々寺から来ましたとか、行脚の途中で先ほどは静岡にいましたが、今ここにやって来ましたとか、そういう答えで本当に済むのか。いったいどこから来たか、これは実はたいへんな問いを含んでいるわけで、いったいお前さんの命はどこから来て、どこへ行くのか、そこまで実は問うているわけです。我々はだいたい迷っていて、酔生夢死するだけで、どこから来たともわからないし、どこへ行くともわからない。空海の『秘蔵宝鑰《ひぞうほうやく》』の序には、「生まれ生まれ生まれ生まれて、生の始めに暗く、死に死に死に死に死んで、死の終りに冥《くら》し」と、人々はもうどこから来てどこへ行くかまったくわからないままにいると嘆いています。だけどそこを明らめなさいというのが、禅の老師の実は言いたいことなのです。どこから来てどこへ行くのか、それを明らめたら、それこそ生死を脱得するわけです。

「師曰く」、これは懐譲禅師です。懐譲禅師が「嵩山《すうざん》安国師処来」と答えた。嵩山といえば菩提達磨がいたところです。少林寺のあったところです。安国師は、そこの慧安国師という方です。たとえば如浄禅師を浄和尚と如を省いたりしますが、その慧安国師のもとからやって来ましたと、具体的に答えたわけです。そうしたら、すかさず六祖慧能が、「是れ什麽物《なにもの》か恁麽《いんも》に来たる」と問いを発した。お前さんは嵩山から来たと言うが、いったい何者がそうやって来たのかと。はい、私です、とか何か答えそうなものですが、そのときに「師、措くこと罔し」、もうどうにも答えられなかった。その問いに対して手がつけられなかった。

まったくそれに答えられなかったものですから、「是に於《こ こ》いて執侍すること八年」、八年間、六祖慧能についてひたすら道を求めて修行をした。八年したら、「方《まさ》に前話を省《あき》らむ」。前の話というのは「是れ什麼物か恁麼に来たる」という問いのことです。その問いについて、自分ではっきり自覚ができたというわけです。そこで、「乃《すなわ》ち祖に告げて曰く」、六祖に申し上げて「懐譲会《え》し得たり」、わかりましたと提した。「当初《そのかみ》」は、その昔です。「和尚某甲を接せし、是什麼物恁麼来を」。何がわかったのかというと、昔、私がここへ来ましたときに、和尚さんが私を「是れ什麼物か恁麼に来たる」と言って接得された、その言葉について私はわかりましたというわけです。そうしますと六祖が言うには、「你《なんじ》、作麼生《そもさん》か会《え》する」と。いったいお前さんは、それについてどういうふうにわかったのかと、即座に問うた。

そうしますと、南嶽懐譲は、「説似《せつじ》一物即不中《いちもつそくふちゅう》」。「説似」の似るという字は示と同じ意味です。ですから、「一物をも説示したならば、即ち中《あた》らない」、という答えです。ちょっとでも何かこれですと言ったら、もう当たりません。対象的にこれだととらえたら、もうそれはそのように来たったものそのものではないというのです。つまり、主体はまさに主体そのものなのであり、それはとらえられないのです。言葉では言えない。そこに本当の自己がいる。つかまえられないというところに、本当の自己がいる。それは、いわば与えられた命であって、それをただ生きる、そこに命の味わいがあるということです。それをあえて言葉に乗せていくと、たとえば西田幾多郎は、「自己は自己を超えたものにおいて自己を持つ」ということを言ったり、鈴木大拙は、「個と超個は一つである」と言ったりする。私の先師である秋月龍珉は、「一息に超個の個」が実存の真実だということをさかんに言いました。言葉で言えばまたそういう分節をふまえた表現になってくるのですが、しかしもう、ぎりぎりのところは何も言えない。言っても当たらないと、そう答えたのです。

それを六祖は認めて、よし、お前はよくわかった。その、わかったということをふまえて、「還《ま》た修証《しゅしょう》を仮るや」、そのことを修行をして悟ったりしたのかと問うた。修行して悟った、その結果、お前はそれにぶち当たったのかというような質問です。あるいは長年の修行の苦労をいたわったというようなこともあるかもしれません。しかしそれに対して南嶽懐譲は、「修証は即ち無きにあらず、染《ぜん》汚《な》することは即ち得じ」と答えた。これは道元禅師が非常にお好きな言葉です。不染汚の修証、汚されない修証はないわけではありません。実際、修行をする、悟るということがまったくないわけではないのですが、ただ、純一無雑の修証のみです。自分は修行したとか、そんなものにとらわれたら本当の修行にもならない。まったくそういうものにとらわれないところに、本当の修行がある。ですから、私自身、別に修行して悟ったとか、そんなことを言うつもりは毛頭ありません。

この南嶽懐譲の的確な返答を、やはり褒めて六祖が言うには、「祇《た》だ此の不染汚《ふぜんな》、是れ諸仏の護念する所なり」。その不染汚という、それこそが諸仏が大切にお護りしているところなのだ。大事にしているところなのだ。「汝も亦た是《かく》の如し、吾も亦た是の如し」、お前さんもそうだし、私もそうだ。「乃至《ないし》、西天の諸祖も亦た是の如し」。インドの祖師方も、みんな不染汚というところで修行してきたのだ。眼を開けてきたのだ。このような問答です。

これは南嶽懐譲の伝の中に出てくるわけですが、そこに「是什麼物恁麼来」とある。この「是什麼物恁麼来」という、その問いそのものは、実は「説似一物即不中」と一つで、そのまま「説似一物即不中」そのものでもあると見るべきです。その「何者か」というのは、ちょっとでも言ったらもう当たらないというそのものなのだともいえるわけです。とすれば、本文に戻りまして、「是什麼物恁麼来の道転法輪なり」というのは、そういう形での真の主体の表現としての説法なのだ、「説似一物即不中」そのものの説法なのだ。そういうふうに受けとめることもできるわけです。

「あるいは衆生《しゅじょう》といひ、有情《うじょう》といひ、群生《ぐんじょう》といひ、群類《ぐんるい》といふ」。「一切衆生、悉有仏性」と、衆生という言葉がいわれていますが、この衆生という言葉は、「衆《おお》くの生」という意の言葉です。仏教の考え方ですと我々は生死輪廻《しょうじりんね》していくのですから、地獄に生まれるかもしれない、餓鬼《がき》に生まれるかもしれない、畜生《ちくしょう》に生まれるかもしれない。たくさんの生を積み重ねていく存在である、そこを衆生という言葉で表しているわけです。要は生きとし生けるものを衆生というわけです。もとは「サットヴァ」という言葉です。

しかし、それはいわゆる旧訳《くやく》です。玄奘三蔵《げんじょうさんぞう》の訳を新訳、玄奘三蔵以前の訳は旧訳といいますが、旧訳ではサットヴァを衆生と訳した。一方、玄奘三蔵は有情《うじょう》と訳した。これは、心を持てるものというような意味合いで、動物までですね。植物は含まれないことになっています。ですから、衆生は有情と同じことです。そこで、衆生という言葉は他の言葉でいうと、たとえば有情といったりもしますよ、と言われるわけです。それをときには群生ともいいます。群生と、仏教の中でいうかどうかよくわかりませんが、いわないこともないでしょう。あるいは群類ともいいます。生きとし生けるものを表す同じような言葉として、そういうものがありますとの説明です。

「悉有《しつう》の言《ごん》は衆生《しゅじょう》なり、群《ぐん》有《う》也《なり》。すなはち悉有《しつう》は仏性《ぶっしょう》なり。悉有《しつう》の一悉《いっしつ》を衆生《しゅじょう》といふ」。『涅槃経』のこの句は、あくまでも「一切衆生には悉く仏性が有る」という言葉なのですが、ここで道元禅師は「悉有の言は衆生である」と、悉有は衆生であると言い出されております。禅の世界では「拈弄《ねんろう》」ということがあって、拈というのはひねる、弄というのは弄ぶという意味です。つまり言葉をそのままの意味で取らないで、別の角度から取り上げて、そして新たな解釈を示すことによって、自分の見地を示す、そういうことをよくやるのです。ここも「一切衆生には悉く仏性有り」というふつうの読み方をしないで、「悉有の言は衆生なり、群有也」と読まれた。悉有という言葉、それは衆生なのだと解される。またありとあらゆる存在、群有である、と解された。この文脈ですと、群有というのは存在といっても、直接的には生きものを意味すると思います。群生・群類と同じものを言ったのでしょう。悉有というのは、悉くの生きもののことであって、だから衆生のことなのだと、こう解釈されたのですね。

そうして、「すなはち悉有は仏性なり」と、こう読まれたのです。これは結局、ありとあらゆる衆生は仏性である。こういう命題になったわけです。一切衆生が仏性を持つ、というような読み方をすると、何か仏性というものがどこかにあるような気がしてきます。それはやはりまずいわけで、そんなものは妄想にすぎない。本当の真理そのものは、「説似一物即不中」ですから、何も言えないというところにはたらいている、つかまえることのできないその命そのもの、そこに真実があるわけですから。

それなのに、人々はみんな仏性を持っているのです、なんて言ったら、非常に間延びしたことになってしまうわけです。そこで、悉有は仏性であると読む。しかしその悉有というのは第一に衆生のことですから、ありとあらゆる衆生は仏性である、こういうふうに読み込んだわけです。ここの群有も、多くの衆生のことと私は解します。

仏教には存在のありようを示す言葉として、たとえば「実有《じつう》」という言葉があります。これは実体的な存在としての有を意味するときもあり、また、現象界を実質的に構成している存在のことをいう場合もあります。一方、この実有に対しては仮の存在という意味で「仮有《けう》」という言葉があります。その仮の存在を、幻のごとき存在ということで、「幻有《げんう》」といったりもします。あるいはまた、『般若心経』の「色即是空、空即是色」の、空即是色とよみがえったその色を真空妙有《しんくうみょうう》と、「妙有」といったりします。このように、ある存在のありようを示すときに、何々有という言い方がいくつか、仏教の中にはあります。

そうした中で、道元禅師は「悉有」という言葉に着目され、悉有という有があるのだと言われたわけです。それが人間存在、衆生のあり方を表しているのだと、おそらくそういうお考えではないかと思います。その場合の悉有というものは、どういう有なのか。その衆生の存在というもの、人間というものの存在というものをどこでとらえるのか。このとき、対象的に人間をとらえて、その存在のあり方をとらえるという仕方ではないところで、どうも道元禅師はとらえていらっしゃる。言い換えれば自己です。衆生というよりも自己そのもの、人間存在というよりも自己そのもの、その自己そのもののあり方はいかなるあり方であるのか。

本当の自己というものはつかまえられないですよね。『金剛般若経』には、「過去心不可得・現在心不可得・未来心不可得」とあります。過去はとらえられない。未来もとらえられない。では現在はとらえられるか。しかしそれをとらえたらもう過去になる。やはり現在もとらえられない。つまり主体そのもの、それはつかまえることはできないわけです。しかし本当の自己というものは、まさに主体そのものとして生きている、そこに本当の自己がいるわけです。つかまえられたものは鏡に映った自分のようなもので、本当の自分、生きている命そのものというわけにはいかない。そのつかまえられない、しかし、かけがえなく生きている自己そのものの、そのあり方、ありようをどうやって表現するか。実有と言ったらそれが表現できるのか。幻有と言ったらそれが表現できるのか。

道元禅師は、その自己の本当のあり方は悉有という言葉が表しているのだと、あえてこう言われた。この悉有というその有のあり方が、本当の自己のあり方を示す言葉だと言われるのです。では、その悉有というあり方とはどういうものであるかというと、以下にこうでもないよ、ああでもないよ、けっして対象的に、こういう形であるとつかまえられるようなものではないよ、つかまえられない存在だよというふうに運んでいかれます。

「衆生は仏性である」、これは、言葉の表現の構造としては、ある意味では、色は空であると言っているのと似たような構造になっています。「風は風性である」とも同様でしょう。風と風性というのは違うのだけれども一つです。「魚は水である」、「鳥は空である」、そういうのと同じような構造になっているわけです。そういう言い方の中で、自己が自己だけで存在しているのでもない。かといって何か仏性という、超越的な真理みたいなものがどこかにあるわけでもない。自己は自己のままに、しかし仏の命に貫かれている。仏の命は必ず個々の人々の中にはたらいている。そこが、悉有は仏性である。ありとあらゆる衆生は仏性であるということではないかと思います。

しかも、風は風性と別にあるのではないです。風性があれば風はいらないということではない。風が吹いているそのただ中に風性が現実化している。かといって風性というものをどういう形でとらえられるわけでもない。衆生というものもそうです。一人一人かけがえのない命を生きている。かけがえのない命を生きて、形を持って生きているけれども、その命の本質というものはとらえられない、限定できない、形を超えている。形を超えたものとその形とが一つである。その中に本当の命がはたらいている。でも、そういうふうに形あるものと、形なきものとが一つであるといったときに、対象的に何か形あるものを考え、形のないものを考えて、それを結びつけるとなると、それはまたとんでもない筋違いだということになっていく。

だから、悉有というものをどこでとらえるかといったら、自己そのものになり切ったところでとらえるしかないのです。とらえることもできないというところでとらえるというか、そこに仏性が実はまどかにはたらいている、ということがあるのだろうと思います。そこにおいて、「悉有は仏性」だと言われている。道元禅師の体験に即していえば身心脱落《しんじんだつらく》、脱落身心《だつらくしんじん》、そのあり方というものを悉有、あるいは「悉有は仏性」だという言い方の中で表現された、ということなのだと思います。

本当の真理そのものにつき当たっている、そこを出そうとしたら、「説似一物即不中」ですから、何とも言えない。その何とも言えないところを、なんとかして示そうとして道元禅師は、「悉く仏性有り」などという読み方では駄目だ、「悉有は即ち仏性である」と読みなさい、しかも「悉有は仏性である」というその意味は、実はこういうことなのだとさらに解説されていくという、こういう運びになっているわけです。

「悉有の一悉を衆生といふ」。この悉有は衆生なのですから、それはありとあらゆる生きもののはずです。一悉の一をある一部の一と取ると、一悉で「ある一群の全体」となりますが、このときは、「衆生といふ」の衆生を、いわば人間であるというように読んだらよいのではないかなと、私は思うのですけれども。悉有すなわち一切衆生の中の一悉が人間である。その人間というのは仏性と一体化している。そう読めばよいのではないかと思うのです。あるいは「衆生といふ」の衆生を単数と見て、「一切衆生の悉有の一人だけどしかも全体であるのが、一人の衆生である」と読むのがよいかもしれません。もちろん、悉有をありとあらゆる存在ととらえれば、ありとあらゆる存在の中の一つのあるグループを衆生つまり有情というのだ、という解釈もできます。しかしこれまでの全体の流れの中では、悉有というのはあくまでも衆生の集合です。衆生の集合の中の一悉とありますから、たとえば事実上は一箇の人間ということだろうと思うのです。

むしろ一悉の一をすべての一と見て、全部悉く《ことごと》、と見れば、悉有の全体が衆生だという解釈さえ可能でしょう。むしろこの方が筋がとおります。いずれにせよ、この衆生は、けっして抽象的な人間といった意味にとどまらない。それは、具体的な個々の人間のことであり、むしろ自己という存在にきわまるべきものです。

「正当恁麼時《しょうとういんもじ》は」、一人の自己が仏性そのものでもあるという、そのまさにそのときです。個が個を超えるものと一つである、そのまさにそのときです。一人一人が真実の命のあり方の中にある、まさにそのときです。迷いの中で対象的に自己をとらえて、それにくっついて回っているあり方から解放されて、本当の主体そのものに出会って、真実の命そのものを生きているとき。

「衆生《しゅじょう》の内外《ないげ》すなはち仏性《ぶっしょう》の悉有《しつう》なり」。この一人の衆生の個のすべて、つまり個体と環境(正報と依報)のすべて、おそらくはしかも個とその外側のありとあらゆる衆生のすべてが、「すなはち仏性の悉有なり」と言われる。すべては仏性に包摂されているというか、すべては仏性の中にあるというか、仏性によって存在せしめられているというか。仏性の全体が、一人一人の衆生と一体化しているということでしょう。そうやって何か仏性というものを考えてしまうとまずいのですが。そんなふうにどんな人も仏性そのものである。仏性の有の中にあって、一人一人が生きているということでしょう。

なぜそういうことになるのか。

「単伝《たんでん》する皮肉骨髄《ひにくこつずい》のみにあらず、汝得吾《にょとくご》皮肉骨髄《ひにくこつずい》なるがゆゑに」。これだけ読んでもなかなかわかりにくいですが、単伝する云々というのは、実は菩提達磨と弟子の間の問答をふまえているのです。ちょっとその問答を読んでみましょう。

九年に迄《いた》り已《おわ》りて、西のかた天竺《てんじく》に返らんと欲す。乃《すなわ》ち門人に命じて曰く「時将《まさ》に至りぬ矣。汝等盍《なん》ぞ各《おのおの》所得を言はざらんや」。

時に門人道副《どうふく》対《こた》へて曰く、「我が所見の如きは、文字に執せず、文字を離れず、而《しか》も道用《どうゆう》を為す」。師曰く、「汝得吾皮」。

尼総持《にそうじ》曰く、「我が今の所解《しょげ》は、慶喜の阿閦仏《あしゅくぶつ》国を見るに、一見して再見せざるが如し」。師曰く、「汝得吾肉」。

道育《どういく》曰く、「四大本空《しだいもとくう》なり、五陰《ごおん》有《う》に非《あら》ず。而《しか》して我が見処《けんじょ》、一法の得べき無し」。師曰く、「汝得吾骨」。

最後に慧可《えか》、礼拝後依位而立。師曰く、「汝得吾髄」。乃ち慧可を顧みて之に告げて曰く、「昔は如来、正法眼《しょうぼうげん》を以て迦葉大士《かしょうだいし》に付す。展転嘱累《てんでんしょくるい》して我れに至る。我れ今、汝に付す。汝、当《まさ》に護持すべし。並《なら》びに汝に袈裟《けさ》を授けて以て法の信と為《な》す。

(『景徳伝燈録』三)

菩提達磨は、インドから中国へやって来て、面壁《めんぺき》九年したという有名な話があります。達磨さんは九年間中国で坐禅して悟りを開いたのだというように、ときに誤解される場合があるのですが、本当はそうではありません。インドで悟りを開かれて、そしてそれを伝えるために中国へやって来られて、そして面壁九年、じいっと坐って、法を伝えるに足る人間が出てくるのを待っていた。深く釣り針を垂れたということです。しかし「九年に迄《いた》り已《おわ》りて」、九年間、実際は必ずしも坐っているだけではなくて、いろいろ弟子を接得して、教化を果たしたのでしょう。「西のかた天竺《てんじく》に返らんと欲す」、もうインドに帰ろうとした。そこで「門人に命じて曰く『時将《まさ》に至りぬ矣。汝等盍《なん》ぞ各《おのおの》所得を言はざらんや』」。私は帰るときがきた。もうインドへ帰らなければならない。あなた方、どうか自分が得たところを示してみてください。

そのときに「門人道副《どうふく》、対《こた》へて曰く」。まず一人の門人道副が、答えて言うのですね。「我が所見の如きは、文字に執せず、文字を離れず、而《しか》も道用《どうゆう》を為す」と。臨済宗は公案修行をしますが、公案修行では見解《けんげ》つまり自分の理解を老師さまに呈するということをします。我が所見とあるのは、そういうところです。私の見解では、まず文字には執着しない。しかし文字をまったく離れるわけでもありません。しかも道用を為すということですから、衆生を教化するとか、救済するとか、はたらいてやまない。そのときには言葉を用いながらも、人々を方便によって接得します。しかし真理がどこにあるか、それについては文字にとらわれることはありません。私はそこに真理を見ています。こういうことを言った。なかなかよい答えかもしれないとも思うのですが、それに対して菩提達磨は、「汝得吾皮」、お前さんは自分の皮の部分を得た、そういう境界だと認定したのです。

次に、「尼総持《にそうじ》曰く」、尼総持という人です。「我が今の所解《しょげ》は」、私が今わかっているところを言いますと、「慶喜の阿閦仏《あしゅくぶつ》国を見るに、一見して再見せざるが如し」。慶喜というのは、阿難の別名でしょうか。阿閦仏は、東方にいらっしゃる仏さまだといいます。西方には阿弥陀さまがいらっしゃる。阿閦仏国とは阿閦仏の仏国土のことです。それは妙喜とも善快《ぜんかい》とも言うようです。阿弥陀さまの仏国土には極楽という名前があります。薬師《やくし》如来の仏国土は浄瑠璃光土《じょうるりこうど》といいます。それぞれの仏さまはそれぞれの国土に住んでいらっしゃって、それぞれの仏国土に固有名詞があるのです。阿閦仏の国を見て、一回は見るのだけど、もう見ないという。これ、何を言っているのかですね。後ろを振り返らない、跡を留めない、執着しない、何かに住さないというようなところではないでしょうか。どこにも住《とど》まらないというところに、本来の命のはたらきがある。そんなふうに私は受けとめます。それに対して、達磨が、「汝得吾肉」と言った。肉を得たのだから、相当なものですね。

その次には、道育《どういく》という方が立って、次のように言った。「四大本空なり、五陰有に非ず《しだいもとくうなり、ごおんうにあらず》」。四大というのは地大・水大・火大・風大で、物質を構成する元素です。これは本来空である。ものの世界も本来、どこにも実体がない。本体あるものはない。本体はないけれども、千変万化して現象世界が成り立っている。そこに命の世界があるわけです。五陰は五蘊《ごうん》のことで、色《しき》・受《じゅ》・想《そう》・行《ぎょう》・識《しき》です。個体を構成している物質的、心理的要素。心もいくつかの要素に分けて見ていきます。その五陰の一つ一つの要素もまた有ではないという。小乗仏教の場合は、アートマンはないけれども、五蘊ないし世界の構成要素は有だという。ところがそれも有ではない、空だ、一切は空だというわけです。

「而《しか》して我が見処《けんじょ》、一法の得べき無し」。そこで、どんなものも得られるものはないという。何も実体的存在として存在するものはないといってもいいかもしれませんし、対象的につかまえたところには真理はない、ということでもあります。「師曰く、『汝得吾骨』」。これに対しては、達磨は骨を得たと言った。

「最後に慧可《えか》」、これは神光慧可《じんこう》、第二祖となった方です。慧可は、「礼拝後依位而立〈礼拝して後、位に依りて而《しか》も立つ〉」と、すっと立って礼拝して、そのまま菩提達磨のそばに立った。何も言わないで、流れるがごとく、おのずからのごとく礼拝して弟子の位置に立った。今までの人々が言ってきたその真理のありかを、そのまま行為でもって示した。そのまま行じた。『維摩経《ゆいまぎょう》』の維摩の一黙とちょっと似たところがあります。どこにも跡を留めないとか、つかまえられるものは何もないとか、これは説明です。それそのものを行じた。そこに真実、真理そのものがまどかに露わになっているわけで、それしかないです。我々もただ生きて、ただ死ぬしかない。そうしますと、「師曰く、『汝得吾髄』」。達磨は、お前さんは私の一番核心のところをつかまえている、といって誉めたわけです。

そこで「乃ち慧可を顧みて之に告げて曰く」。達磨はそばに立った慧可に向かって告げます。「昔は如来、正法眼《しょうぼうげん》を以て迦葉大士《かしょうだいし》に付す」。釈尊は昔、悟りの眼そのもの、正法の眼、仏智《ぶっち》、仏心といってもよいかもしれません、それを摩訶迦葉にわたされた。これは有名な「拈華微笑《ねんげみしょう》」の公案のことです。釈尊がお花を取り上げて、つまみ上げたところ、みんな黙っていたのですが、ただ一人摩訶迦葉だけが微笑まれた。そのときに法の授受がもう終わったと、釈尊が言われた。これは禅での法の授受の扱いです。

そして「展転嘱累《てんでんしょくるい》して我れに至る」。法を次の世代に伝えてください、頼みますよという、その付《ふ》嘱《しょく》が次から次へと積み重なって、そして私まで来ました。「我れ今、汝に付す」。この正法眼、仏の悟りの智慧そのものを、慧可、あなたに渡すぞ、と言うのです。「汝、当《まさ》に護持すべし」。大切にそれを護ってください。「並《なら》びに汝に袈裟《けさ》を授けて以て法の信と為《な》す」。そして袈裟をも授けよう、これはお前が法を得ているということを証明するものだと、こう言って袈裟を授与したというわけです。達磨の伝記の中にこういう問答があるのです。

『正法眼蔵』に戻りまして、「単伝する皮肉骨髄のみにあらず」、単伝は髄だけかもわかりませんが、菩提達磨が四人の者にそれなりに法を授けた。逆にいえば、四人はなんらか悟りの真実を有していた。それは仏性ですね。四人はなんらか仏性を具えていたということが、達磨のその問答からはいえないこともないので、「汝得吾皮肉骨髄なるがゆゑに」。問答の中では、汝というのは特定されているわけですが、お前さんは、私の皮肉骨髄、つまり仏性を得ている。それは誰に対してもそういうことがいえるのだからと、何かそのような意味ですね。誰でもが、なんらか私の核心を得ている、仏の悟りの智慧のただ中、その仏性を得ているというのです。

要するに、誰もが達磨のいう皮肉骨髄、特に髄、言い換えれば仏性を得ている。ただ、その仏性は、達磨の問答にもあったように、何か真如とか法性だとか、そのようなもので語られるものではなくて、たとえばすっと礼拝して、すっと立つという、そこにあるわけでしょう。しかもそれは、慧可なら慧可が、ある具体的な一人の形を持って、一人の人間として行動している、その全体が仏性といえば仏性だし、慧可といえば慧可であると、そういう仏性なのです。そういう仏の命の中にみんな生きているのだ、そのことを「悉有は仏性なり」と言ったわけです。

この、「悉有は仏性なり」は、その文章の前から読んでいくと、すべての衆生の一人一人は仏性である、自己は仏性でもあるのだ、ということと読めます。仏性であるというのは、仏性そのものを生きているということ。「衆生の内外すなはち仏性の悉有なり」、一人の衆生も他の衆生もすべて、それは環境とともにあるあらゆる衆生がすべて仏性の悉有として存在している。といって仏性という何かがあるわけではないのです。なんでみんなが仏性の悉有だといえるのか、一人一人が仏の命に貫かれているると、なぜそうなのか。それは、「汝」、お前さんといわれる誰もが、実は髄を得ている。修行してやっと得たというよりも、もとより髄を得ている。だからこういうことが言えるのだ、というのでしょう。

ここに、道元禅師の仏性を語るときの基本的なスタンスというか、立場が提示されました。それをふまえて、次にすすみます。

正法眼蔵講義　第一〇講

「仏性」の巻〔二〕

しるべし、いま仏性《ぶっしょう》に悉有《しつう》せらるゝ有《う》は、有無《うむ》の有《う》にあらず。悉有《しつう》は仏語《ぶつご》なり、仏舌《ぶつぜつ》なり。仏祖《ぶっそ》眼睛《げんぜい》なり、衲僧《のっそう》鼻孔《びくう》なり。悉有《しつう》の言《ごん》、さらに始《し》有《う》にあらず、本有《ほんぬ》にあらず、妙有《みょうう》等《とう》にあらず、いはんや縁有《えんぬ》・妄有《もうう》ならんや。心《しん》・境《きょう》、性《しょう》・相《そう》等《とう》にかゝはれず。しかあればすなはち、衆生《しゅじょう》悉有《しつう》の依《え》正《しょう》、しかしながら業増上力《ごうぞうじょうりき》にあらず、妄縁起《もうえんぎ》にあらず、法爾《ほうに》にあらず、神《じん》通修証《ずうしゅしょう》にあらず。もし衆生《しゅじょう》の悉有《しつう》、それ業増上《ごうぞうじょう》および縁起《えんぎ》法爾《ほうに》等《とう》ならんには、諸聖《しょしょう》の証道《しょうどう》および諸仏《しょぶつ》の菩提《ぼだい》、仏祖《ぶっそ》の眼睛《げんぜい》も業増上力《ごうぞうじょうりき》および縁起《えんぎ》法爾《ほうに》なるべし。しかあらざるなり。

「しるべし、いま仏性《ぶっしょう》に悉有《しつう》せらるゝ有《う》は、有無《うむ》の有《う》にあらず」。仏性といって何か形のあるものではないのですが、自己を超えたものにおいて自己として生きている。その主体のただ中に立てば、すべてが自己だということにもなるのです。そのへんが「仏性に悉有せらるゝ」という形で表現されているように思います。

いつも申しますが、お釈迦さまが暁《あ》けの明星を見て悟ったときに、「あっ、自分が光っている」と叫んだという、その端的ですね。それはある意味では悉有の世界です。有《う》といえば一面有だし、しかし、有るという意味での有ではないです。その仏性に悉有せられている。しかし仏性に悉有せられるといっても、何か色も形もない絶対の世界ということではなくて、あくまでも明星が光っているという、その端的。かけがえのない命がはたらいている、その端的。それを「仏性に悉有せらるゝ有」と言われるのでしょう。

これは別に暁けの明星を見なくても、個々の命が自己を超えたものにおいて自己を持つという形で生きている、そのことです。鳥は空の中を飛ぶ、空を離れて鳥はない。魚は水の中を泳ぐ、水を離れて魚はない。我々は仏性というならその仏性の中に生きていて、しかもかけがえのない自己である。その仏性に悉有せられている自己。しかもその主体そのものに立ったときは、一面、絶対境といいますか、そういうところもあるかと思います。そのへんも含んで「悉有せらるゝ」というのです。

その有は、つまり衆生の存在のあり方を意味する悉有という言葉の、その有のあり方はということです。もっと言えば自己そのものです。自己そのものという存在のありようを示す悉有という言葉。その悉有のこの有のあり方は、とつづいていくわけです。仏性に悉有せらるる有というのが悉有でもあるわけでありまして、その有というのはどういうあり方かというと、それは「有無の有にあらず」。けっして、一方的に有るとか、一方的に無いとか、その有ではありませんよというのです。

ですから、「悉有《しつう》は仏語《ぶつご》なり、仏舌《ぶつぜつ》なり」。この悉有という言葉は仏さまの言葉なのだ。悟りの智慧がとらえた有なのだということでしょう。「悉有の言は衆生なり」とありましたが、この、衆生を悉有というあり方で表す、その悉有という言葉は、仏さまの言葉である。おそらく衆生というよりも、もっと言えば自己そのものですね。自己そのものを表す言葉としての悉有。これは日常我々が分別して考えるような、悉《ことごと》く有るとか、何かそういう意味を持った言葉ではなくて、まさに自己の、本来のありようそのものを示している言葉。仏さまの悟りの智慧のもとに照らされた存在のありようを表している「仏語」、あるいは「仏舌」である。この「仏舌」も仏さまの表現だということでよいと思います。

そればかりか、「仏祖眼睛《ぶっそげんぜい》なり」ともあります。眼睛というのは目、さらには瞳ということで、核心ということです。仏という存在の核心そのものを悉有という言葉は表しているのだ。あるいは仏が見た自己そのものの存在のありようの、その核心というものを悉有という言葉は表しているのだ。

「衲僧鼻孔《のっそうびくう》なり」。自分を卑下して衲僧というわけですから、悉有はこの私めの本来の面目である。悉有という言葉で表せるそのあり方、それこそが私の本当のあり方であると、こう言われているわけです。

では、いったい悉有とはどういうあり方なのか、もっとこういうものであるとして端的に説明してほしいと思うのですが、道元禅師のご説明では、悉有というその有は、こういう有でもないし、ああいう有でもない、と否定を連ねていくという形になっていきます。

「悉有《しつう》の言《ごん》、さらに始有《しう》にあらず、本有《ほんぬ》にあらず、妙有等《みょううとう》にあらず、いはんや縁有《えんぬ》・妄有《もうう》ならんや」。悉有という有のあり方、存在のあり方。これ、「ことごとく有る」という意味にはもうとらわれないほうがいいですね。とにかく自己のありようを指し示している言葉だと受けとめて、その悉有ということの言葉は、「始有にあらず」。今までなかったけれども突然ある時から始めて有るというような、そういう存在を意味しているものではない。

我々、自分は生まれる前はなくて、誕生日から我々の存在はある、自己はあると思います。そうすると自己は始有ではないのかと思われるのですが、それは自分というものを対象的にとらえてこの存在はと考えれば、誕生日の前はなかったとか、誕生日のあとはあるとか、始有だとかいうことになります。しかし今ここではたらいている自己そのもの、そのものをとらえようというときには、始めて有るというような言葉ではとらえきれない。

かといって、では、もとからあったものか。本有、これはもとよりあるもの、無始以来存在し続けているもののことです。しかもこの本有というときは、実体的な存在、常恒なる存在として存在しているという意味も一般に含まれているかと思いますが、そういう存在でもない。

あるいは妙有というような言葉で表されるものでもないのだと言われます。妙有といえば、先にもふれた「真空妙有《しんくうみょうう》」という言葉が有名です。『般若心経』では「色即是空《しきそくぜくう》、空即是色《くうそくぜしき》」とあります。形あるもの、現象は本来空である。その空というあり方の中で現象は存在し得ている。だからそれは有るとも言いきれないし、無いとも言いきれない。そこを「真空妙有」、「妙有」と言うわけで、妙有という言葉は一真実を言い当てた言葉とも思われるのですが、その妙有でもない。

まして縁有でも妄有でもありえようがない、と言われる。縁有というのは縁起の中での存在ということでしょう。縁によって初めて有るもの。因縁の中で初めて有るもの。これは、むしろ仏教はさかんにそう言うわけですね。因だけでも果は現れない、縁だけでも果は現れない。因があってなおかつそこに条件が整う、因と縁がそろったときに初めて果がある。すべては縁起だ。そうして存在しえたものが、いわば縁有ということになるのでしょうが、それでもないとさえ言われるのです。ふつうの仏教の説明でしたら、常恒なる自我はないけれども、そこに縁起所生の自己というものはあると、そのような説明がなされるだろうと思うのですが、禅のほうからいえば、それもまだ説明の世界であって、自己の核心、真実には届いていない、ということになります。

あるいは妄有でもない。妄有というのは虚妄なる存在ということでしょう。真実にあるものではないということだと思います。たとえば机はあるか。ふつうは実体的に、机という何か一つのものがあると考えてしまいます。そのように考えられたものは、ある意味で実有です。この場合の実有は、誤って実体視されたものとしての実有です。けれども机は板の寄せ集めにすぎない。あるのは板だけであって、机というものはない。そうすると、机というのは仮の存在だということになって、仮有ということがいわれるわけです。縁起の世界とか、現象世界は仮有です。ふつうの哲学やインドの仏教以外の思想では、いわばものの世界にむしろ実有というか、実体的な存在を想定した。変わらない、常恒なる存在というものをいろいろと想定した。仏教はそういうものは全然ないのだと見ますから、ないのにあると認められたもの、誤って実体視されたものは、虚妄な存在です。仏教からいえば、机という一つのものは、本当はないのにあると考えられたものであり、そういうものは虚妄な存在なのです。

自分というものも同じで、生まれてから今に至るまで変わらない自分というものを考えたとしたならば、それは結局、もう未来永劫、永遠に存在し続けるような実体的存在となんら変わらないものです。ところが我々はそういうものを、なんとなく漠然と無意識のうちに想定して、それにしがみついて、そして、ああでもない、こうでもないと苦しんでいます。我々は、そのつどそのつど、かけがえのない命としてはたらいている。これは事実ですね。けれども変わらない自分というものがあるのか。仏教はそれはないのだと言います。ないにもかかわらず、変わらない自分としてあると考えられたものがあるとすれば、それは虚妄なる存在ということになるわけですから、それは妄有です。

悉有、これは衆生のありようを表す一つの言葉。もっと言えば自己のありようを表す言葉でした。この悉有という有は始有でもない、本有でもない、妙有でもない。まして縁有とか妄有であることがあろうか。いや、けっしてそうではない。妄有でも縁有でもない、と否定されたわけです。そして、この悉有という自己の自己たるあり方、それは、たとえば「心《しん》・境《きょう》、性《しょう》・相等《そうとう》にかゝはれず」。心・境は、わかりやすく言えば、主観と客観というようなところです。あるいは主体と客体。そういう区別、枠組みにはかかわらない。あるいは「性・相」、性は本性、西洋哲学の言葉でいえば、いわば実在です。仏教ではそれを有として見ないで、空性として見ます。相は現象です。実在に対する現象です。本体と現象というような区別にもかかわらないのだ。悉有は、心か。心でもない。対象か。対象でもない。本質・本性か。そういうものでもない。単なる現象か。そういうものでもない。そういう区別・枠組みには一切かかわらないと言われるわけです。対象的につかまえることはできない。一言でいってしまえばそのようなことになってしまうかもしれません。そう言ってしまうとミもフタもないですけれども、まさにそのようなところですね。

「しかあれば」、そうであるので、です。「すなはち、衆生悉有《しゅじょうしつう》の依正《えしょう》」、衆生という悉有、一個の人間としての存在。前からの文脈からいえば、とにかく悉有はすなわち衆生なのですから、衆生即悉有としての悉有です。依正というのは、仏教のテクニカル・タームです。依報《えほう》と正報《しょうぼう》のことで、依報というのは物質的な環境世界、正報というのは身心の個体のことです。報というのは、業の報いによるからで、過去世の業によって、人間なら人間界、餓鬼なら餓鬼界等々、その依報の世界に、その世界の生きものとしての身心つまり正報を得るわけです。

我々は、自分の身体と心だけが自分ではありません。食物を摂取したり、水を飲んだり、あるいは呼吸をしたりと、たえず環境と循環する中で初めて、一個の命が維持されています。ですから本当の自分というのは、単に肉体と心だけではなく、身心が環境と交流している全体が一個の命だと、こういうふうに見ることは十分できるわけです。仏教はたえず衆生はどういう環境に生きているかということを見ています。地獄の生きものは地獄という環境世界に生きている。神々は神々の環境世界に生きている。仏さまは仏国土の中に生きているわけです。

我々が生死輪廻するというのは、単に個体が相続するだけではなくて、次にどの世界に生まれるか、それが過去世の行為によって決まってくるというのが、仏教の考え方です。悪い行いばかりすれば、来世には地獄に生まれるかもしれない。あるいは畜生に生まれるかもしれない。いずれにせよ、業にしたがって、どういう場所に、どういう形をもって生まれるかが決まってくる。それが依報と正報ということになるわけです。

我々は幸い人間界という人間世界の環境に生まれて、五尺の身体、手が二本、足が二本、直立して生きるような生きものとして生まれています。人間でいえば、いわば地球といった環境世界が依報であって、我々の身体と心の活動の全体が正報ということになるわけです。ですから、「衆生悉有の依正」、一個の命のその個体と環境、その全体、それが一人の存在のすべてでもあるわけです。

「しかしながら」というのは、「しかながら」の強調ですね。しかしのあとの「し」は、強めです。そのすべてということ。ですから、衆生は悉有という有のあり方にある。その有のあり方にある衆生のその個体と環境のすべては皆ながら、ということです。それが悉有だということなのですが。

そのすべては「業増上力《ごうぞうじょうりき》にあらず」、本当は依正と言ったのですから、まさに業の力によって実現してくるもの、成立してくるもののはずです。しかし道元禅師が言われるには、そうではないのだと言われるのです。衆生ないし自己ですね。自己の存在のその核心、それは業によって実現したということも超えている。業による説明でもとらえられない。それは、主体そのものですから何とも言えないわけです。あるいは業によって実現したのかもしれないですが、自己そのもののただ中に立ったとき、そういう一切の説明を離れる、脱落するというところがあるわけです。その脱落したというところから、道元禅師はいろいろと言われているのだろうと思います。

「妄縁起《もうえんぎ》にあらず」、あるいはこの個体と環境のすべては、妄縁起によって成立したのでもない。この妄縁起とは、虚妄なる縁起という意味でしょう。『大乗起信論《だいじょうきしんろん》』によりますと、真如法性《しんにょほっしょう》、すなわち本来、清浄なる自性清浄心《じしょうしょうじょうしん》、そこに無明《むみょう》というものがはたらいて、さらに縁起をなして、虚妄なる流転《るてん》が始まる、と説明しています。無明が関わることによって対象的な判断が出てきて、しかもそれにしがみつく。執着が出てきて、そして苦しんでいく。『大乗起信論』を言わないまでも、惑《わく》・業《ごう》・苦《く》の連鎖ですね。惑というのは無明ないし煩悩。それに基づいて、さまざまな執着をおこす。それは業を作っていくわけです。その結果が苦しみの存在になる。これは妄縁起です。それに対して真縁起という言葉があるのかどうかわかりませんが、真縁起ということを想定すれば、それは仏さまの言葉を聞いて、それをかみしめていくことによって無明煩悩から離れていく、これも縁によるわけです。仏さまの縁によってそういう修行が進み、あるいは仏として実現していく。そういう真縁起あるいは浄縁起ということもあるだろうと思いますが、ここでは衆生ですから、六道輪廻している者を想定しているといってもよいかもしれません。

ふつうは、衆生の依報・正報を、ある意味では妄縁起で説明するでしょう。ですが、道元禅師はそれでもないとされる。自己の一番自己そのもの、そのあり方、それをどう言うか一句言ってみよというところです。それは縁起といっても届かないぞと示されているのです。身心脱落《しんじんだつらく》、脱落身心《だつらくしんじん》、その脱落したところです。それは業による説明とか、縁起による説明すらも離れた、絶対なる命といいますか。江戸時代の禅僧、盤珪《ばんけい》禅師も不生《ふしょう》と言われました。一切は不生で調うと言われた、その不生というところは、縁起でも業生《ごっしょう》でも何でもないでしょう。やはり悉有という言葉は、その不生の端的としての、そういう有だということを、道元禅師は以上のような仕方で説明されているのではないでしょうか。

もちろん「法爾《ほうに》にあらず」、法爾というのは、もとよりそうだということ。もとより決まっているということです。それは、縁起有に対し、始めからあってあり続けているものの意になるでしょう。親鸞は自然法爾《じねんほうに》ということを言いました。この言葉には非常に宗教的に深い意味があるわけです。一切の自力を超えたところで、我々が仏にならせていただく。これはもう決まったことなのだ。これは法爾だ。阿弥陀さまの本願でもう決まっている。こういうことをさかんに親鸞は言います。しかしこの自然という言葉は、仏教一般では、縁起ではないという意味なのです。ですから仏教では、本当は自然とか法爾とかいう語はあまりよい言葉ではない。むしろ否定される言葉です。たとえば、縁起を想定しないで、もう初めから展開が決まっているとか、因と縁が合わさらなくても存在がもう決定されているとか、そういうのが自然なのです。したがってそういうことを言うのは、むしろ外道《げどう》であるとされます。「自然外道《じねんげどう》」というように、自然というのはむしろふつう、外道と結びついているのです。これは、縁起とまったく反する考え方をする者ということです。

しかし親鸞は自らの宗教体験の中で、自然法爾と言わざるをえなかった。自分を自分がどうこうする必要はまったくなかった。もうすっかり自分を手放した、そこにおのずからの命が成就していく、そういう世界が展開している。それはそれで素晴らしい世界で、その場合の自然は、「業道自然《ごうどうじねん》」に対して、「願力自然《がんりきじねん》」というような言い方をします。

道元禅師のここの「法爾にあらず」は、ふつう仏教で否定される自然と一緒の法爾ではないということで、もとより決まっている、もとより存在している、そういうものでもないということですね。

あるいは「神通修証《じんずうしゅしょう》にあらず」。ここはちょっとわかりにくいのですが、ごく素直に取れば、神通力によって初めて存在したというような有でもないし、修証によって初めて成立したというような有でもないということでしょう。神通力によって成立した有というのがあるのかどうかよくわかりませんが、ある意味では超能力によって、忽然として存在せしめたとか、そのようなことがあるのかもしれません。変化《へんげ》有とでもいうべきものですね。あるいは修行の中で成立してきた有、そういうことでもないのだ。

こうして、ともかく徹底して、この有でもない、あの有でもないと否定します。考えられ、想定される、あらゆる人間存在のとらえ方、むしろ自己存在のとらえ方を否定していくわけです。

そこで何を言いたいかというと、そういう対象的にとらえないところではたらいている自己そのもの、それをつかまえろということだと、先取りして言えばそういうことだろうと思いますが、それはともかくとして。

「もし衆生《しゅじょう》の悉有《しつう》、それ業増上《ごうぞうじょう》および縁起法爾等《えんぎほうにとう》ならんには」、もし衆生の悉有が、つまり衆生ないし自己の有のあり方が、業の力によって初めて成立したものだとか、あるいは縁起によって初めて成立したものだとか、あるいは法爾で、そのままもとより成立しているものだとするならば、「諸聖《しょしょう》の証道《しょうどう》および諸仏《しょぶつ》の菩提《ぼだい》、仏祖《ぶっそ》の眼睛《げんぜい》も業増上力《ごうぞうじょうりき》および縁起法爾《えんぎほうに》なるべし」。諸聖の証道というのは、諸々の聖者の悟り。「諸聖」というのは、仏になった人もいるかもしれませんが、少なくとも無分別智《むふんべっち》の悟りを開いて、さらに修行している人々のことです。その証道は、悟りの智慧です。あるいは諸仏の菩提。これはもう仏になった人の、その悟りの智慧そのもの。唯識の説明でいえば、八識《はっしき》のうちの意識《いしき》と末那識《まなしき》は修行の段階（十地《じゅっじ》の初地《しょじ》以上）で智慧に変わる。けれども、仏になって初めて阿頼耶識《あらやしき》や五感の眼識《げんしき》・耳識《にしき》・鼻識《びしき》・舌識《ぜつしき》・身識《しんしき》は智慧に変わる。四智円明《しちえんみょう》とか四智円満になる。「諸仏の菩提」というのは、唯識から説明すればそういうところを意味することになるわけですが、要するに円満なる悟りの智慧です。「仏祖の眼睛」は、仏という存在のその核心そのもののことで、やはり悟りの智慧の核心ということです。

そういうものも「業増上力および縁起法爾なるべし」。もし衆生が業増上力で成立するといえば、その仏の核心も業増上力によって実現するということになってしまうでしょう。もし衆生が縁起によって成立するという形で説明するならば、仏祖の核心も縁起の存在だということになってしまうでしょう。あるいは衆生が、もとより法爾に存在しているということでとらえたとするならば、仏祖の核心も法爾だということになってしまう、と批判します。悟りだって、縁起の中で実現するということは、ふつうの仏教の説明ではそうだと思うのです。唯識でいえば、もともと持っている悟りの智慧の無《む》漏種子《ろしゅうじ》の因と、仏さまの教えを聞き、それを考え、さらに修行していく、そういう縁が合わさって、そうして初めて智慧が完成するのですから、仏の智慧だって、業増上力によって実現すると言ってもかまわない、あるいは縁起によって成立すると言っても、場合によってはかまわないと思いますけれども。

　ただ法爾というのは、ふつうの仏教ではちょっとまずいです。ちょっとまずいのですが、如来蔵思想などの説明の仕方になると、自性清浄心《じしょうしょうじょうしん》とか、『涅槃経』の、道元禅師が最初に引用された、「一《いっ》切衆生《さいしゅじょう》、悉有仏性《しつうぶっしょう》、如来常住《にょらいじょうじゅう》、無有変易《むうへんやく》」とあった、その「如来常住、無有変易」には、法爾的なものがあります。この仏の法身《ほっしん》、ダルマカーヤ、それは言い換えれば真如法性ということにもなるのですが、それはある意味では「無有変易」、変化がない。それは法爾と言ってもよいかもしれないですね。衆生についてはなかなか言いにくいかもしれませんが、如来蔵というところで取れば、法爾と言ってもよいかもしれないです。何か業によって初めて成立している存在だとか、縁起によって初めて成立している存在だとか、あるいはまたもとより成立している存在だとか、もし人間というものを、あるいは自己というものをそういうようにとらえたら、仏の、仏祖の核心もそういうことになってしまいますよ、と道元禅師は注意されています。

ところが道元禅師は、「しかあらざるなり」、そうではないのだと言われるのです。つまり仏祖の核心は、縁起にも、業にも、かといって「無有変易」というところにもかかわらない、ということでしょう。逆に、仏の核心がそうであるように、実は衆生のその悉有のあり方というのもまさにそうなのだと、そう言われているのではないでしょうか。自己の核心、自己の本質そのもの、眼睛ですね。それもまた仏祖の眼睛とまったく同じように、業にも、縁起にも、法爾にもかかわらない。そこに自己の本当の面目がある。このことが言いたいことでしょう。「衲僧鼻孔」ともありましたが、ここに本来の面目があるのだ。それをなんとかして伝えたい。自己の本当の姿、道元禅師に言わせれば、身心脱落、脱落身心したその脱落身心、それをなんとかして説明しようとされて、縁起でも法爾でもない、と言われた。これはですから、坐禅の中で体験してつかむしかない。暁けの明星を見たとき、自分が光っているのです。自分が光っているその端的。それはもう、縁起とか何とかを一切離れたところで、しかもはたらいているかけがえのない命である。それをなんとかして伝えようとして、こうでもない、ああでもないと言われているのではないでしょうか。仏祖の核心も、縁起にもかかわらなければ、常住不変、法爾でもないのだというのですから、なんともつかまえようのないところですね。

尽界《じんかい》はすべて客塵《かくじん》なし、直下《じきげ》さらに第二人《だいににん》あらず、直截根源人未《じきせつこんげんにんみ》識《しき》、忙々業識幾時休《ぼうぼうごっしききじきゅう》《直《じき》に根源《こんげん》を截《き》るも人《ひと》未《いま》だ識《し》らず、忙々《ぼうぼう》たる業識《ごっしき》幾時《いくどき》か休《きゅう》せん》なるがゆゑに。妄縁起《もうえんぎ》の有《う》にあらず、偏界不曾蔵《へんかいふぞうぞう》のゆゑに。偏界不曾蔵《へんかいふぞうぞう》といふは、かならずしも満界是有《まんかいぜう》といふにあらざるなり。偏界我有《へんかいがう》は外道《げどう》の邪見《じゃけん》なり。本有《ほんぬ》の有《う》にあらず、亘古亘今《ごうこごうこん》のゆゑに。始起《しき》の有《う》にあらず、不受一塵《ふじゅいちじん》のゆゑに。条々《じょうじょう》の有《う》にあらず、合取《がっしゅ》のゆゑに。無始有《むしう》の有《う》にあらず、是什麼物恁麼来《これなにものかいんもにきたる》のゆゑに。始起有《しきう》の有《う》にあらず、吾常心是道《ごじょうしんぜどう》のゆゑに。まさにしるべし、悉有《しつう》中《ちゅう》に衆生快便難逢《しゅじょうかいべんなんぶ》なり。悉有《しつう》を会取《えしゅ》することかくのごとくなれば、悉有《しつう》それ透体脱落《とうたいだつらく》なり。

本当の衆生や仏祖が、縁起とか業とかにかかわらないというその世界、それをあえてここで言ってみれば、「尽界《じんかい》はすべて客塵《かくじん》なし」、客塵というのは、外来のということで、そのものに本質的でないということです。それで客塵煩悩というのは、そのものに本質的でない、外から付着した煩悩というような意味です。これはもう、ありとあらゆる世界はすべて煩悩を離れている、ということです。ですから自性清浄ということですが、その自性清浄というのは、きれい・汚いをも超えたところ。要するに対象的につかまえるということが超えられている。そこが客塵なしというところでしょう。真理そのもの、自己そのものの、その本体、本質そのものは、対象的につかまえたら、そこに主客が分かれて、主客が分かれたらそこに客というものが出てくるわけです。それ以前のところではたらいている何ものかですね。「什麼物《なにもの》か恁麼《いんも》に来たる」、その什麼物かです。本当の真実、真理の世界に立ったならば、対象的にとらえられているものが一切超えられたところではたらいている、その世界があらわになる。そこが「尽界はすべて客塵なし」でしょう。

「直下《じきげ》さらに第二人《だいににん》あらず」、ふつうは、自分、自分、と何か思いながら行動している。自分というものがやはり対象的に考えられていて、それを、ああでもない、こうでもないと考えながら行動している。けれども、対象的に考えられた自己というのは、鏡に映った自己のようなものですし、本当の自己ではないです。本当の自己そのものに立ったときは、もう第二人もない。第二人がなければ第一人もないのです。それそのものしかないというところだと思いますが、主体そのものが主体そのものとしてただはたらいている。ただはたらいているといっても、それはおそらくおのずから他者への慈悲となって十全にはたらくのだろうと思いますが、そのようなことは、ここではまだふれられていません。ただひとえに「第二人にあらず」というところに本当の自己がいる、それを指し示されているのでしょう。

「直截根源人未識《じきせつこんげんにんみしき》、忙々業識幾時休《ぼうぼうごっしききじきゅう》」、書き下し文に、「直《じき》に根源《こんげん》を截《き》るも人未《ひといま》だ識《し》らず、忙々《ぼうぼう》たる業識幾時《ごっしきいくどき》か休《きゅう》せん」とあります。「截るも」とありますが、直に根源は切断しているのだという意味のようです。本来、直ちに自我の執着の根源は切られている。何かを固く執着していても、本当は空の世界しかないわけで、根源は切断されている。ところがそのことを人は気がつかない。いつまでもいつまでも自分というものを念頭に置いて、それにかかずらわって、くよくよ、くよくよと苦しんでいる。

本当は我々があると思っているような自己などというものはないのです。だから自己に対する執着を手放せばよいのに、人はそれに執します。執着の対象としての自己はもとより存在していないのに、という、そこが直截根源というところでしょう。ところが、ああでもない、こうでもないと、いつもいつも自我にくっついて回って苦しんでいる、その業識はいったい、いつ止むことがあろうかというわけです。

業識という言葉は必ずしも明解な言葉ではないですが、ここでは無明に汚された迷いの心というようなことで見ておけばよいと思います。業識という言葉は『大乗起信論』に出てきます。やはり真如法性に無明が関わって、水が波立つように迷いの識の世界が展開していく。その最初のほうに業識という言葉が出てきて、その場合の業というのは、行為およびその影響力という意味の業ではなくて、起動の意味だとされています。本来、平らかな海が無明の風に吹かれて波立ち始める、その波立ち始めるところを、『起信論』では業識という言葉で言っています。しかしここでは、ものにも執着するかもしれませんが、とりわけ自我に執着して苦しむ、そういう執着を積み重ねていく、その迷いの心と受け取っておけばよいかと思います。

ですから、「直に根源を截るも」というこの読みがよいのかどうか。だけど読みようがないですね。

全体の意味としてはそういうようなことだろうと思います。

それで「なるがゆゑに」、そうであるからこそ、第二人あらずなのだという形になっていて、ちょっとわかりにくいような形になっているかもしれませんが、迷いの認識があるからこそ自我に執着している。それは迷いなのだ、間違った認識なのだ。本来は直に根源を截る、執着しているような自我はまったくないという、そこが本来の姿なのだ。執着すべき自我がまったくないというその真実に生きるとするならば、対象的に自我をとらえないところに、本当の自己がはたらく。そこは「直下さらに第二人あらず」、第二人はいない。本当の自己が本当の自己としてはたらいているだけの世界だ。それを、こういう有であるとか、ああいう有であるとか、説明することがあるが、説明したらもう、本当にはたらいている自己からすべり落ちてしまう。本当にはたらいている自己そのものに立ったときには、何ともそれを説明しようがない。そこが「直下さらに第二人あらず」というところでしょう。

道元禅師に言わせれば「妄縁起《もうえんぎ》の有《う》にあらず」、自己の、しかも主体そのもののその核心、それは妄縁起というようなことで説明できるような世界でもない。そういうものを一切、超えているというわけです。なぜか。

「偏界不曾蔵《へんかいふぞうぞう》のゆゑに」。偏界というのはあまねき世界、世界全体です。それが「かつて蔵《かく》せず」。世界はもとよりあらわになっているから、けっして縁起、しかも虚妄なる縁起によって成立したものではない。無明によって覆われて、それで自分という存在が出てきた、そんなことではない。世界はもとより無明を離れている。覆いを離れている。人のまなこを曇らす、陰《かげ》らす覆いはもとよりない。もとより世界は真理のままに露堂々に現れている。だから、虚妄なる縁起などということはないのだと言われる。「あっ、私が光っている」という、そのただ中に立てば、そういうことになるのかもわからないですね。すべてはもとより明らかであった。そこに自己がいたということなのでしょうね。

我々はどうしても自己やものを対象的にとらえて、執着して、苦しんでいるわけですが、それは虚妄なる無明のなせる業であって、迷いの認識の中でのことにすぎないことであって、本当の世界そのものから言えば、そのようなものは何もないです。真理の世界、諸法実相《しょほうじっそう》の世界だけがあるだけで、イリュージョンの、無明にもとづいて認識されたものはもとよりないです。そこが「偏界かつて蔵せず」です。自己が自己そのものに立ってみれば、それが開けるということでしょう。自己を対象的にとらえる、ものを対象的にとらえる、そこに迷いがある。世界の真実のあり方、有のあり方は、ただすべてがそれぞれそのものとして息づいている、それぞれそのものに安住しているところにある。そこが「悉有」ということにもなるのでしょうが、とにかく、すべては一切隠されたということは、本当はないのだ。

「偏界不曾蔵《へんかいふぞうぞう》といふは、かならずしも満界是有《まんかいぜう》といふにあらざるなり」。しかしそうだからといって、すべての世界がもとより有であるというわけでもない。もとよりという言葉はないのですが、全部の世界が存在そのものである、実有であるというような意味での有でしょうね。「満界は是れ実有なり」というような、すべての世界がそういう有であるというわけではありません。

「偏界我有《へんかいがう》は外道《げどう》の邪見《じゃけん》なり」。我有とあるのは、我《わ》が有であると読まざるをえないでしょうね。すべての世界が、自分のすべてである。しかもそれは実体的な存在として存在していると見ていることを、響かせているのだろうと思いますが、そういうふうにとらえたとすると、それはもう真正な仏教ではない、外道の間違った考えである。

そのように、「偏界かつて蔵せず」ということを持ち出したものですから、誤解を受けてはいけないというので、ちょっと補足説明していますね。

それから、「本有《ほんぬ》の有《う》にあらず」、ふつう、本有というのは、先ほども言いましたように、もとより実体的存在として存在しているということです。そうではないのだと言うのですね。なぜ本有の有ではないか。ここがわかりにくいのですが、「亘古亘今《ごうこごうこん》のゆゑに」とあります。古にわたり今にわたるからであると言われます。どうして古今に通じているから本有でないということになるのか、ある意味ではちょっと矛盾していないだろうかという気もします。けれども、しいて解釈すれば、本有の有という、実体的存在、常恒なる存在としてもとより存在しているようなものではないのだ、なぜならば、そのつどそのつど、たとえば、刹那滅《せつなめつ》ながら相続しているという形で、無始以来無終にわたっているから、と解せましょう。

唯識の阿頼耶識《あらやしき》は、刹那滅といって、刹那刹那生じては滅し、生じては滅しし、しかし一瞬の隙間もなく、無始より無終につながっているといいます。仏教で時間をいうときは、どうしても刹那滅ということになります。刹那滅ながら古から今へ、今から未来へとつながっているものであって、ですから本有、実体的常恒なる存在ではない。こう読めばなんとか説明がつくかと思うのですけれども。

「始起《しき》の有《う》にあらず」、初めて起きた有ではないのだ。今までなかったにもかかわらず、いつか初めて存在することになった、そういう有でもない。その、なぜかの説明が、ここでは「不受一塵《ふじゅいちじん》のゆゑに」、一塵をも受けないからでありますという。これもなかなか難しいですね。

『起信論』では、無明という縁を受けて流転が始まる。このとき、それまではなかったということになるのでしょうか。しかし、無明も無始だろうと思います。忽然念起《こつねんねんき》という言葉があるのですが、その忽然というのは時間の始まりがとらえられないという意味だということですから、無始だということになると思うのです。通俗的な解釈によれば、本来清浄なるところへ、無明が関わることによって迷いの流転が始まる。ところが自己そのものの核心というのは、そういうことにもかかわらない、一塵をも受けない。煩悩をちょっとでも受けるということがないのだ。ですから本来、清浄のところへ煩悩が関わって、初めて迷いだし、そうして成立した自己だというようなことでもないのだ。そのように解釈しておきたいと思います。

「条々《じょうじょう》の有《う》にあらず、合取《がっしゅ》のゆゑに」。条々というのは、個別の、です。悉有というあり方、それは個々の有ということでもない。なぜかというと「合取のゆゑだ」というのです。これはどういうことでしょうか。自己の核心、それは個々別々の存在とか、その集合体とか、そういうようなことではとらえられない。なぜかというと、その悉有という存在のあり方は、衆生というものをそっくりとらえて、そうして言っている有なのだ。合取をそう解しておきたいです。だから個別の存在を個々合わせたような、そういうものではないのだと。このように解釈しておきましょうか。合取、合わせてとありますけれども、何か別のものを合わせてというよりも、全体をそっくりとらえたと、そのように取っておきたいですけれども。道元禅師がどういうつもりで言われたのか、ちょっとわからないところでもあります。

「無始有《むしう》の有《う》にあらず」、始めがない、もとより存在し続けた有だということでもないのだ。始めがないと言って、時間を否定したようですが、始めがないと言ったとたん、やはり時間を直線的に想定して、それを前提として、その上で始めがないという言い方になっている。けれども、それではやはり自己の核心そのものはとらえられない。無始の、昔からずっと存在し続けるような有という形でとらえられるような有でもないということです。

なぜかというと、「是《これ》什麼《なに》物《ものか》恁麼《いんもに》来《きたる》のゆゑに」。この句については前回、すでにご紹介しました。お前さんどこから来たか。「どこそこから来ました」というような答えになったとして、いったいそのようにやって来たもの、それはいったい何ものなのか。要するに、お前さんとはいったい何なのか。お前さんという自己の、その存在の核心はいったい何か。それは「説似《せつじ》一物即不中《いちもつそくふちゅう》」というのが答えでしたね。その問いに回答しようとして、何年苦心したか。そのあげく「説似一物即不中」、ちょっとでもこれですと言おうとしたならば、もう当たりません。それが本来の自己です。それが悉有で、衆生で、自己ですね。悉有は、幻有でもない、妄有でもない、無始有でもない。ちょっとでも言えば当たらないわけですから、というところでしょう。

無始有の有にあらずと言ったので、では始めがあるのか。そうではない、「始起有《しきう》の有《う》にあらず」、初めて起きた存在でもありません。この理由が「吾常心是道《ごじょうしんぜどう》のゆゑに」とあります。これは平常心是《びょうじょうしんぜ》道《どう》のおつもりなのか。それとも本来、平常心とあるのを、あえて吾に直されたのか。

おそらく、平常心是道にしても、吾常心是道にしても同じところでしょう。そのつどそのつどそこに真理がある。お粥を食べる、茶わんを洗う、それをしまう、そのつどそのつど道がある。いつから始まったとか、いつ終わるとかではなくて、そのつどそのつどそこに真実そのものが輝いている。だから始起有の有ではない。いつか始まりがあって、そこから起こって存在した有、そういう形で自己をとらえるというのではなくて、今・ここで行住坐臥《ぎょうじゅうざが》、そのただ中にあなたという存在の、その核心がつかまえられなければならないというのでしょう。

そういうわけで、「一切衆生、悉有仏性」、本来、一切衆生は悉《ことごと》く仏性を有すという言葉であるにもかかわらず、衆生は悉有だと言い、この見方の中で、衆生という存在のあり方を道元禅師は示そうとされた。悉有は仏性だというような言い方をされながら、その悉有すなわち仏性は、これとしてとらえられないものである。実有でもない、仮有でもない、縁有でもない、始有でもない、本有でもない、悉有なのだ。しかもかけがえのない個の命としてはたらいているはずです。けっして個々の命を離れたものとして仏性があるわけではなくて、そのへんも含めて悉有は仏性である。そういう悉有はとにかく、こういう形、ああいう形で考えられるものではないのだというわけです。

こうして、さんざんに否定してきて、一番最後に「まさにしるべし、悉有中《しつうちゅう》に衆生《しゅじょう》快便難逢《かいべんなんぶ》なり。悉有《しつう》を会取《えしゅ》することかくのごとくなれば、悉有《しつう》それ透体脱落《とうたいだつらく》なり」と言われます。「まさにしるべし、悉有中に衆生快便難逢なり」。要するに我々は悉有である。その悉有のただ中にいるわけで、それにすぐには会うことは難しいということなのでしょう。会うことができないというのは悉有そのものだからです。つまり、それそのものですから、会うということがないわけです。それそのものだということは、対象的にとらえることができないということです。だから、「悉有を会取することかくのごとくなれば」、悉有というものを理解するのに、このように理解してくれば、では畢竟《ひっきょう》、悉有とは何か。

道元禅師はここで初めてそれそのものを明らかにされるわけですが、「悉有はそれ透体脱落なり」と示される。結局これを言えばいいわけです。ただこれを言えばよいわけですが、それに来るまでに本有でもない、始有でもない、何でもない、かんでもない、と言われてきて、では悉有は何か、悉有というのは透体脱落ですよと、こう言われるわけです。これはどういうことか。要するに悉有は衆生なり。これは、衆生というのは生きとし生けるものですが、人間存在と言ってもよいのです。だけど、人間存在といってもまだ甘いですね。要するに自己です。悉有は自己だ。その自己の核心のあり方、その自己のあり方というものはどこでどうとらえられるか。それは結局、透体脱落、そこで初めてとらえられるのだぞというわけです。

そこを、説明らしいことを言えば、主観・客観という枠組みを超えて、心・境とか、性・相という枠組みを超えて、自分が自分に対象的に関わるというそのあり方を超えて、自分そのものになったところ、それが透体脱落でしょう。しかも脱落身心として生きている。そこでは鐘がなればゴーン、そのものですね。スズメはチュンチュン、カラスはカアカアそのもの。そこが透体脱落でしょう。それがあなたの本来の面目ですよと、そう言われているのでしょう。しかし、それは説明であって、透体脱落というのは、やはり只管打坐の中で坐禅をして、道元禅師と同じように身心脱落、脱落身心して、そこに到達しなければ本当はわからないのでしょう。でも、そういうことでしょう。

坐禅して、その坐禅のただ中、それそのものになり切ったところ、そこに透体脱落する。そこに本当の命がある。自分というのはつかまえられない。つかまえるそのつかまえる側が自分なのですから、自分というのは自分のものにはできないのです。その自分のものにはできない、ただ、主体となって生きるしかない。そこに仏の命が生きているわけです。自分を超えた命が自分を生きている、それが自分の本当の命であって、そこに落ち着けば生死を超えるわけです。そこに迷いを超出した本当の自己のあり方の自覚が生まれるのだ。そういう自己を自覚すると、おのずから他者に関わっていくような自己がはたらいてくる。それは大乗仏教がいろいろと証言しているところなのです。

そういうわけで、何やかや言ってきましたけれども、衆生は悉有だと道元禅師が読まれたことに基づいて、群有も群生のことであると見て、あえて悉有を衆生でおさえるという読み方をしますが、ではその悉有とはどういう有か。それは透体脱落だ。この簡潔な一句の中に、これまで読んだところはすべて帰せられるだろうと思います。

ともかく、本有でもないと、縁起でもない等と、一切を否定していくわけです。そこに仏の仏たるゆえんというか、核心というか、それを見い出していらっしゃる、と思います。

正法眼蔵講義　第一一講

「仏性」の巻〔三〕

仏性を「透体脱落《とうたいだつらく》なり」と言いきられたその次には、ある意味で如来蔵《にょらいぞう》思想のような形でとらえられた仏性、実際には仏教の中の十分に検討された思想としての如来蔵とは異なる外道《げどう》の考え方を否定されていきます。さらにもう少し先に行きますと、「ある一類おもはく、仏性は草木の種子《しゅうじ》のごとし」とあって、おそらく唯識《ゆいしき》的な無漏種子《むろしゅうじ》に通じるものも否定されていきます。そういうような形で、仏のまさに仏たるそのただ中、仏の核心がどこにあるのか、まさに透体脱落そのもの、自己が自己を脱落して、しかも自己として生きているという、そこにあることを、示そうとされるのだろうと思います。

仏性《ぶっしょう》の言《ごん》をきゝて、学者《がくしゃ》おほく先尼外道《せんにげどう》の我《が》のごとく邪計《じゃけい》せり。それ、

人《ひと》にあはず、自己《じこ》にあはず、師《し》をみざるゆゑなり。いたづらに風火《ふうか》の動著《どうじゃく》する心意識《しんいしき》を仏性《ぶっしょう》の覚知覚了《かくちかくりょう》とおもへり。たれかいふし、仏性《ぶっしょう》に覚知覚了《かくちかくりょう》ありと。覚者知者《かくしゃちしゃ》はたとひ諸仏《しょぶつ》なりとも、仏性《ぶっしょう》は覚知覚了《かくちかくりょう》にあらざるなり。いはんや諸仏《しょぶつ》を覚者知者《かくしゃちしゃ》といふ覚知《かくち》は、なんだちが云云《うんぬん》の邪解《じゃげ》を覚知《かくち》とせず、風火《ふうか》の動静《どうじょう》を覚知《かくち》とするにあらず、たゞ一両《いちりょう》の仏面祖面《ぶつめんそめん》、これ覚知《かくち》なり。

「仏性《ぶっしょう》の言《ごん》をきゝて、学者《がくしゃ》おほく先尼外道《せんにげどう》の我《が》のごとく邪計《じゃけい》せり」。仏性と言ったら、多くの学人が先尼外道という外道の説く我のようなものだと誤解してきたと言われます。何か大我みたいな、常住なる智のようなものを仏性と考えてしまう。それは間違った考えだというわけです。先尼というのは、セーニカの音写で、セーニカは有軍とも勝軍とも訳されます。

「それ、人《ひと》にあはず、自己《じこ》にあはず、師《し》をみざるゆゑなり」。それは、よき先輩・友人に会わず、自己そのものを自覚できず、厳しく指導してくれる師匠に出会わないことによるからだ。

「いたづらに風火《ふうか》の動著《どうじゃく》する心意識《しんいしき》を仏性《ぶっしょう》の覚知覚了《かくちかくりょう》とおもへり」。このへんに先尼外道の考え方が表れております。「風火の動著する心意識」、これはなかなかわかりにくいところですが、「風火」というのはおそらく、我々の身体、個体を構成している要素である「地水火風」のことでしょう。それが動いて心を発動する。つまり我々の、個々の具体的な人間が、いろいろと心をはたらかすことです。人間の個体を構成している元素が、いろいろとはたらきをなして、そして心が現れる。そのような意味であろうと思いますが、そういう通常の人間の、感覚・知覚を仏性の覚知覚了だと、そんなふうに先尼外道は考える。ここには、根本に、そういう何か変わらない智みたいなものがあって、それが日常の知としてはたらくという考えを見ることができます。日常の知は、個体を持っているその制限の中で、あるいは環境との交流の中で、さまざまな状況の中で、いろいろな知として展開していくわけですが、さらにその知の本体としての常住なる智慧みたいなものがあって、それは人間の生死にかかわらず、ずうっと存在し続ける。それが仏性だという考え方です。

この、先尼外道というのは、『涅槃経《ねはんぎょう》』に出てくるらしく、そのへんの内容を、道元禅師は、一つは「即身是仏《そくしんぜぶつ》」の巻で説明されております。もう一つは『辨道話《べんどうわ》』において、やはり説明されております。今は「即心是仏」の巻のほうから、もう少し詳しく先尼外道の考え方がどのようなものであったのか、道元禅師に聞いておきましょう。

仏々祖々、いまだまぬかれず保任《ほうにん》しきたれるは即心是仏《そくしんぜぶつ》のみなり。しかあるを、西天《さいてん》には即心是仏なし、震旦《しんたん》にはじめてきけり。学者おほくあやまるによりて、将錯就錯《しょうしゃくじゅしゃく》せず。将錯就錯せざるゆゑに、おほく外道《げどう》に零落《れいらく》す。

いわゆる即心の話《わ》をきゝて、癡人《ちにん》おもはくは、衆生の慮知念覚の未発菩提心《みほつぼだいしん》なるを、すなはち仏とすとおもへり。これはかつて正師《しょうし》にあはざるによりてなり。

外道のたぐひとなるといふは、西天竺国《にしてんじくこく》に外道あり、先尼《せんに》となづく。かれが見処のいはくは、大道《だいどう》はわれらがいまの身にあり、そのていたらくは、たやすくしりぬべし。いはゆる苦楽をわきまへ、冷煖《れいだん》を自知し、痛癢《つうよう》を了知す。万物にさへられず、諸境にかゝはれず。物《もつ》は去来し境《きょう》は生滅すれども、霊知《りょうち》はつねにありて不変なり。此《この》霊知、ひろく周遍せり。凡聖含霊《ぼんしょうがんりょう》の隔異《きゃくい》なし。そのなかに、しばらく妄法《もうほう》の空花《くうげ》ありといへども、一念相応の智慧《ちえ》あらはれぬれば、物も亡《ぼう》じ、境も滅しぬれば、霊知本性《ほんしょう》ひとり了々として鎮常《ちんじょう》なり。たとひ身相はやぶれぬれども、霊知はやぶれずしていづるなり。たとへば人舎の失火にやくるに、舎主いでてさるがごとし。昭々霊々《りょうりょう》としてある、これを覚者智者の性《しょう》といふ。これをほとけともいひ、さとりとも称ず。自他おなじく具足し、迷悟《めいご》ともに通達せり。万法諸境ともかくもあれ、霊知は境とともならず、物とおなじからず、歴劫《りゃくこう》に常住なり。いま現在せる諸境も、霊知の所在によらば、真実といひぬべし。本性より縁起《えんぎ》せるゆゑには実法なり。たとひしかありとも、霊知のごとくに常住ならず、存没《ぞんもつ》するがゆゑに。明暗にかゝはれず、霊知するがゆゑに。これを霊知といふ。また真我と称じ、覚元《かくげん》といひ、本性と称じ、本体と称ず。かくのごとくの本性をさとるを常住にかへりぬるといひ、帰真の大士といふ。これよりのちは、さらに生死《しょうじ》に流転《るてん》せず、不生不滅《ふしょうふめつ》の性海《しょうかい》に証入するなり。このほかは真実にあらず。この性《しょう》あらはさゞるほど、三界六道は競起《きょうき》するといふなり。これすなはち先尼外道が見なり。

（『正法眼蔵』「即心是仏」）

「仏々祖々、いまだまぬかれず保任《ほうにん》しきたれるは即心是仏《そくしんぜぶつ》のみなり」。禅の祖師方がずうっと伝えてきたのは、即心是仏だけだ、この真理だけだ。「しかあるを、西天《さいてん》には即心是仏なし、震旦《しんたん》にはじめてきけり」。インドではあまりこのことは言わなかった。中国で初めてこれは言い出したことなのだ。「学者おほくあやまるによりて、将錯就錯《しょうしゃくじゅしゃく》せず。将錯就錯せざるゆゑに、おほく外道《げどう》に零落《れいらく》す」。即心是仏というその真理そのものを祖師方は伝えてきたのだが、禅道を参学する人々は、その即心是仏の言葉を聞いて、「将錯就錯せず」。この解釈はなかなか難しいですが全体として、文脈から、誤りだと気づいて正そうとしない、という意味に取っておきます。そうすると通りがいいですから。誤りだと気づいて正そうとしないが故に、仏教から外れて外道に落ちてしまうのだ。しかしこの即心是仏は重要なことなのだ。

「いわゆる即心の話《わ》をきゝて、癡人《ちにん》おもはくは、衆生の慮知念覚の未発菩提心《みほつぼだいしん》なるを、すなはち仏とすとおもへり」。我々の見たり、聞いたり、考えたりの、ごく日常の心理活動、しかもまだ菩提心を発《おこ》していない凡夫の、ごくふつうの日常の感覚・知覚等々がそのまま仏だと、考えてしまう。よく禅では、即心是仏という言葉に対して、惜しい・欲しい・憎い・かわいい、それがそのまま仏なのだ、といって済ますような場合もありますが、道元禅師に言わせれば、それがそのまま仏だの意で、即心是仏だというのは間違いだというわけです。「これはかつて正師《しょうし》にあはざるによりてなり」。それは、正しい師に会わないから、そういう間違いを犯してしまうのだ。そして、「おほく外道に零落す」ということになるわけです。

「外道のたぐひとなるといふは、西天竺国《にしてんじくこく》に外道あり」、中国から見れば西にあるインドの国に外道がいる。「先尼《せんに》となづく」。仏教とは異なる考え方を取る思想家なり、宗教者なりはいろいろといたでしょうが、その中の一つに先尼という者がいる。軍を有するという意味のセーニカの音写で先尼です。「かれが見処のいはくは」、その先尼外道の考え方というものは、「大道《だいどう》はわれらがいまの身にあり」、大いなる道は凡夫のこの私の身にあるのだ。悟りはこの身にあるのだと言ってもよいかもしれません。「そのていたらくは、たやすくしりぬべし」。そのありようは、簡単にわかるはずのものだ。どうしてかと言いますと、「いはゆる苦楽をわきまへ」、苦しい、楽しい、そういうものを別々に感受する。「冷煖《れいだん》を自知し」、冷たい、暖かい、それらをちゃんと自覚する。「痛癢《つうよう》を了知す」。痛いとか、痒《かゆ》いとか、それらを別々に感覚する。そういう、感覚・知覚する心がある。それは「万物にさへられず、諸境にかゝはれず」。抵抗性のあるものに遮られることもない。「物《もつ》は去来し境《きょう》は生滅すれども、霊知はつねにありて不変なり」。物はいろいろ変化したり、対象は生滅したり、世界は生滅変化していくけれども、それを感受する心は不変である。そういう智というもの、心というものがあるのだというわけです。

「此《この》霊知、ひろく周遍せり」。しかもその心は何か個人の中に収まっていないで、普遍的な、宇宙に広がっているような心として考えられていたようです。「凡聖含霊《ぼんしょうがんりょう》の隔異《きゃくい》なし」。しかも凡夫と聖人、あるいは畜生、いずれにも変わりがない、普遍的な智の心である。「そのなかに、しばらく妄法《もうほう》の空《くう》花《げ》ありといへども」、本来はそういう普遍的な智というものが存在していて、それぞれが生命の個体をなして、その中でそれぞれに知覚する。その心のはたらきには、ないものをあると認めたりとか、誤って認識したりすることもあるかもしれないけれども。「一念相応の智慧《ちえ》あらはれぬれば」、その智そのものを、何かのきっかけであるとき自覚すれば。そして、これはある意味では個体として死んだのちというような意味合いもあるでしょう。「物も亡《ぼう》じ、境も滅しぬれば」、物の世界がたとえ滅したとしても、あるいは対象としての世界がなくなったとしても。「霊知本性《ほんしょう》ひとり了々として鎮常《ちんじょう》なり」。智として何かを知覚しているようなはたらきが、ひとり了々としてあって、しかも、本体のように変わらない世界として、存在し続ける。「たとひ身相はやぶれぬれども、霊知はやぶれずしていづるなり」。身体はなくなっても、その本体としての心はまったく傷つくこともない。壊れることもなくして、なくなっていく身体から出ていって、独立して存在し続ける。

「たとへば人舎の失火にやくるに」、たとえば人の家が火を出して焼けてしまった。けれども、「舎主いでてさるがごとし」。だからといってその家の主人まで焼けてしまうということはなく、その主人は火事の家を逃れて存在し続ける。自由にそこから出て存在し続ける。『涅槃経』の先尼外道の説明の中にも、今のような説明がありました。

「昭々霊々《りょうりょう》としてある、これを覚者智者の性《しょう》といふ」。覚者智者というと、何か悟った人というようなことになりますが、そう取ればそう取ってもよいと思いますし、あるいは、ふだん日常の心のはたらきをなすもの、見たり、聞いたり、知覚したり、感覚したりする、そのもののその本性として、霊明なる心の本体みたいなものがあるのだと取ってもよいでしょう。

「これをほとけともいひ、さとりとも称ず」。何か本体的な智みたいなものがあって、それがあるときは個体の中ではたらいて、凡夫の知覚等々のはたらきになるけれども、その個体が死ねば、また独立した智そのものとして常住である、その智の本体、それを仏ともいい、悟りともいうのだ。それを、「自他おなじく具足し、迷悟《めいご》ともに通達せり」。誰もがその同じ智の本体のようなものを具えていて、迷っているものにも、悟っているものにも、ともにその智の本体が浸透している。

「万法諸境ともかくもあれ、霊知は境とともならず、物とおなじからず」、物の世界がどのようにあったとしても、その智の本体というのは、その物の世界とはまったく関係ない。「歴劫《りやくこう》に常住なり」。もう、長い長い、長遠の時間を通して常住であるのだ。「いま現在せる諸境も、霊知の所在によらば、真実といひぬべし」。ただ、いま現れている、いろいろな対象の世界、ものの世界も、その本体の智の、その中にあるのだということになると、そのかぎりにおいてはそれなりに真実のものだということは言えるでしょう。「本性より縁起《えんぎ》せるゆゑには実法なり」。真如随縁というようなこともいわれますが、その智の本体から何か縁起して、世界として展開している、そのかぎりでは実法といっても差し支えないかもしれない。「たとひしかありとも、霊知のごとくに常住ならず」、まあ、そうだとしても、その現象世界、物の世界は、けっしてその智の本体としての、霊知のごとくには常住なものではありません。「存没《ぞんもつ》するがゆゑに」。あるときもあれば、なくなるときもあるのですから、それはあくまでも生滅する世界であって、ただその智の本体そのものは常住なのだと、こういう考え方です。しかも、常住の智の本体は、「明暗にか、はれず」、智の本体そのものは、智として、暗くなったり、明るくなったり、そういうことは一切ない。「霊知するがゆゑに」。たえず智としてはたらいているのだから。「これを霊知といふ。また真我と称じ、覚元《かくげん》といひ、本性と称じ、本体と称ず」。それを別の言葉では「真我」、本当のアートマンといってみたり、覚の根源というような意味合いの言葉で覚元といったり、あるいは本性と呼んだり、本体と呼んだりする。「かくのごとくの本性をさとるを常住にかへりぬるといひ」、凡夫としては、そのつどそのつど現象に関わりながら、感覚・知覚しているのだけれども、何かそういう本性・本体の世界があって、その元の智の本体を自覚する、それが常住に帰るということにもなる。智の本体に合一するというようなことになるのでしょうか。アートマンとブラフマンが合一するような感じです。「帰真の大士といふ」。それこそが真実の世界に帰った偉大な人である。

「これよりのちは、さらに生死《しょうじ》に流転《るてん》せず」、それよりのちは、もう生死輪廻しない。「不生《ふしょう》不滅《ふめつ》の性海《しょうかい》に証入するなり」。不生不滅の広大な本性を悟り、そこに帰入してしまうのだ。「このほかは真実にあらず」。この本性以外は真実ではない。「この性《しょう》あらはさゞるほど、三界六道は競起《きょうき》するといふなり」。それを自覚しないあいだは、欲界・色界・無色界、地獄・餓鬼・畜生・修羅・人間・天上に輪廻してやまないのだ。

以上、「即心是仏」の巻では、こういう考え方が先尼外道の考え方だと、道元禅師はかなり詳しく説明されています。また『辧道話』のほうでも、同じようなことを説明されております。

要するに、かなり普遍的な、しかも常住なる、智の本体みたいなものが想定されていて、それはどういう形で、身体、個体に現れるのかわかりませんが、個々の個体を通してはたらく。個々の個体は、見たり、聞いたりは自分のはたらきだと思っているのだが、それは本当は智の本体がはたらいているのだ。個々の人々が、自分の心のはたらきは、実は智の本体そのものに根ざしていたのだ、それが本当の自分だと、そう気づいて、そこに帰ったときに悟りがある。これが先尼外道の考え方だというわけです。現象世界とは区別された、何か普遍的で、しかも常住不変なる、変わらない、本体的な智、本性的な智というものがあるという、これがどうも先尼外道の考え方のようです。けれども、それは間違っていると道元禅師は言われるのです。

仏教の中でも、時と場合によって、それに近いような言い方がなきにしもあらずですが、しかし、やはり有として、存在として常住なるものというものは、仏教は認めないです。あくまでも、真如とか法性とかいう形で説かれるものは、「空性」を本質としているのです。空性を本質としたもので、それはあくまでも現象世界と一体となっているのです。現象世界と離れて、それとは独自に智の本体がある、実在の世界がある、そういう考え方はまったく仏教ではないです。『大乗起信論』で、「本覚《ほんがく》」というようなことをいって、何かそれに近いような感じも受けますが、本覚はあくまでも「生滅門《しょうめつもん》」の中で説かれる、悟りということの一つの説明の仕方でありまして、その生滅門はそっくり真如門である。真如門はそっくり生滅門である。けっして、生滅門のほかに、常住なる真如門があるというようなことは『起信論』でも説いていないです。道元禅師は、かなりそのへんを強調するような傾向がありまして、風のほかに風性があるわけではないのだ、扇をあおいでいる、そこに風性があるのだということを言われるわけです。

「悉有は仏性なり」という言い方にも、悉有というのは本来、衆生ですから、衆生のほかに何か超越的な仏性があるという考え方は一切、言っているはずがないのです。本来、衆生として生きているそのただ中に、仏性が見い出される。その生きているただ中という、それを、どういう形でとらえるか。対象的にとらえられたものはもう、それは生きているものではないですから、死んだものですから。主体がまさに主体として、そのつど、その今、今、現在にはたらいている、それそのものをとらえる、そこに真実の命といえば真実の命、仏性といえば仏性がある。それをどう表現するかというときに、対象的に考えられたあらゆる有を否定していく。本有でもないとか、縁起有でもない等々と、いろいろと否定して、最終的に「透体脱落だ」と示されていたわけです。透体脱落というところには、けっして常住不変なる何ものかが想定されているわけでもないし、かといって、単純な何か現象世界、単純な無常なる世界だけを言っているのでもない。仏の命、それはとらえられるものではないのですが、その仏の命が我々としてはたらいている。個々かけがえのない命としてはたらいている、その核心です。そこに仏性といえば仏性を指摘する。そういうようなところがあると思うのです。

あとのほうで見ますと、あたかも本当の心は、山であるとか、川であるとか、そのような言い方も道元禅師はされています。言ってみれば、現象世界がそのまま実在であるみたいな、そういう論理を絶えず指摘されながら、しかしその現象世界が実在であるということを、現象と実在を対象的にとらえて、それを結び付けるというのではなくて、今の、直下の、この自己そのものに証していくという、そこに禅的な視点があるのだろうと思います。とにかくその現象世界から独立した、超越した何か真実なるもの、そういうものを想定したら、それはもう迷いだといって、絶えず否定されていくのです。人間と神ということでいえば、人間を超越した絶対者としての神というものを想定するような立場は、やはりまだ徹底していないということになるのだろうと思います。

そういうわけで、先尼外道の考え方は、何か普遍的常恒なる、智の本体みたいなものを想定していて、それが我々の、見たり、聞いたりしてはたらくのだけれども、自己が死んだあともそれは常住であって、自分というのは、むしろその常恒の本体に本当の命があると考えるような立場です。常住不変の、智の本体こそが自分だった、そう気づいたときに悟るのだ。というような考え方をする立場、それが「先尼外道」ということであったわけです。けれども、それはおかしいと道元禅師ははっきり言っていかれるのです。

学人もまた、そういうふうに誤って考えるけれども、「たれかいふし、仏性《ぶっしょう》に覚知覚了《かくちかくりょう》ありと」。「いふし」は「言いし」、のようです。仏性に覚知覚了があると、いったい誰が言ったのか。この、「覚知覚了」というのは、智のはたらきのすべてを含むと考えてもよいかもしれませんし、文脈によりますと、むしろ日常の心的活動とも思えます。日常の心的活動が、仏性にあるとは言えないということは言えるかもしれません。さらに道元禅師は、仏性というのは、そういう智のはたらきで説明しきれるものではないと言われるのです。「悉有は仏性なり」という言い方の中の仏性、それは、自己がまさに自己としてはたらいているそのただ中、ある意味では、純粋経験のそのただ中と言ってもよいのかもしれません。そのただ中では、我々の考えるような智のはたらきというものがあるとは言うこともできない、ということでしょうか。

「覚者知者《かくしゃちしゃ》はたとひ諸仏《しょぶつ》なりとも」、このへんは日常の智というよりも、悟った人とか、智慧のある人という意味で、それはなるほど諸仏かもしれないけれどもというような言い方です。「仏性《ぶっしょう》は覚知《かくち》覚了《かくりょう》にあらざるなり」。覚者知者は仏だと言えるかもしれないが、その覚の核心、ただ中は、覚知とか覚了といって、言うことのできないものだと、こう解釈すればなんとかつながります。どうも道元禅師は、仏性は覚知覚了とは言えない、というところでおさえておられます。

「いはんや諸仏《しょぶつ》を覚者知者《かくしゃちしゃ》といふ覚知《かくち》は、なんだちが云云《うんぬん》の邪解《じゃげ》を覚知《かくち》とせず」、まして諸仏を、覚者知者と仮に言ったとして、その場合の諸仏の覚知、つまり仏の智慧というものは、あなたたちが、ああでもない、こうでもないと誤って解するような知的活動ではないのだ。「風火《ふうか》の動静《どうじょう》を覚知《かくち》とするにあらず」、いわゆる日常の生命活動の、凡夫の見たり、聞いたりのその心的活動、そういうものが仏さまの覚知ではない。それはそうでしょう。仏さまの心的活動、智慧のはたらきというのは、凡夫の知とはまったく異なるものでしょうから。

ここに仏性は覚知覚了ではないということも、一方で言われていました。それは仏性に、あなたたちが考えるような、凡夫の日常の覚知覚了がないということで言われているのか、それをも超えて、仏の智慧すらも仏性にはないという言い方をされているのか。もし後者だとしたら、仏の智慧として対象的にとらえられたもの、考えられたもの、それは仏性、つまり仏のまさに仏たる核心そのものの中にはない、それでは仏性をとらえきれないということで否定したと解せます。仏性そのものは、透体脱落のその端的ですから、ものとも言えないが智慧とも言えない。性とも言えないし相とも言えないです。心とも言えないし境とも言えないというところで、仏性をおさえたわけですから、その意味で覚知覚了もないというほかないです。

あるいは、さらにいえば、確かに「悉有は仏性なり」と言われたわけですが、では仏性はあるかというと、実は透体脱落しかないわけです。その、仏性を仏性としてとらえられないというところでおさえて、「仏性は覚知覚了にあらざるなり」と言ったともいえましょう。ここどう解釈するか、道元禅師にお聞きしてみないとわからないですが。

ともかく、そういう言葉を聞いて、何か自分の日常の活動を超越した世界に、常住不変に横たわるような、しかも智慧みたいなものを考えたら、それはもうまったく間違いである。そういう意味で、仏性に覚知覚了ありと想定したとしたら、それも間違いである、というようなことにもなるのでしょう。仏としての智慧というか、仏としての心的活動、仏としてのはたらき、それはあなたたちが考えるような日常、ふだんの覚知、あるいは夢想した悟り、そういうものとは全然違うのですよと、ここで否定したわけです。

ではいったい、仏の覚知、これはいったい何かということで、最後に「たゞ一両《いちりょう》の仏面《ぶつめん》祖面《そめん》、これ覚知《かくち》なり」と示された。これが覚知なのだと。もし仏の智慧というものがあるとすれば、それはただ一両の仏面祖面だと。一つ二つの、仏の顔・祖師の顔だ。さて、これもまた難しいですね、ここをどういうふうに理解するか。一つには、ともかく仏祖の面、まさに仏祖そのものにほかならないもの、それが覚知だというけとめ方があるでしょう。あるいはまた、仏さまのお顔とか、祖師方のお顔とかを拝見する、それがそのまま覚知ですよ。我々の日常の見たり聞いたりを超えて、何か素晴らしいものがあると思うかもしれないが、実はそれはそうではないのだ。我々がいつも、今ここで見たり聞いたりしている、それが仏の覚知でもあるのだと、そう取っても、面白いのではないかと思いますけれども。

先尼外道は、我々が日常見たり聞いたりする、それが本体としての智、常住不変の本体としての智に根ざしているという、そういう考え方です。そうではなくて、そのときそのときに見たり聞いたり、そのただ中に透体脱落があるのです。今、今、今のその先端、そこに本当の命のはたらいている、真実の世界が実はあるのです。そういう意味で、我々が仏さまを仰ぐとか、祖師方を仰ぐとか、その出会いの場面場面ということ、これは花を見てもよいと思います、山を見てもよいでしょう、それこそが覚知そのものなのだと受けとめられます。これはちょっとひねった解釈ですけれども。

先尼外道のような、何か日常の智とは区別された智の本体というものがあって、それこそが仏性だという考え方は、仏教の中にいながら、時々、考えてしまう場合もありますよね。確かに如来蔵思想とかを学ぶと、どこかに、常住不変の智の本体があるような説明を受けます。仏教の中にいても、先尼外道と変わらないような考え方をしかねないわけです。でも、本当からいうと、如来蔵そのものはけっして現象世界と別個に、独立に考えられたものではないはずなのです。どうしても仏性という言葉を聞くと、何か常住の智、智の本体であるという誤解がしばしば見受けられる。それは違いますよと、こういう形で否定されたわけです。

往々《おうおう》に古老先徳《ころうせんとく》、あるいは西天《さいてん》に往還《おうげん》し、あるいは人天《にんでん》を化道《けどう》する、漢《かん》唐《とう》より宋朝《そうちょう》にいたるまで、稲麻竹葦《とうまちくい》のごとくなる、おほく風火《ふうか》の動著《どうじゃく》を仏《ぶっ》性《しょう》の知覚《ちかく》とおもへる、あはれむべし、学道転疎《がくどうてんそ》なるによりて、いまの失誤《しつご》あり。いま仏道《ぶつどう》の晩学初心《ばんがくしょしん》、しかあるべからず。たとひ覚知《かくち》を学習《がくしゅう》すとも、覚知《かくち》は動著《どうじゃく》にあらざるなり。たとひ動著《どうじゃく》を学習《がくしゅう》すとも、動著《どうじゃく》は恁麼《いんも》にあらざるなり。もし真箇《しんこ》の動著《どうじゃく》を会取《えしゅ》することあらば、真箇《しんこ》の覚知覚了《かくちかくりょう》を会取《えしゅ》すべきなり。仏之与性《ぶっしよしょう》、達彼達此《たっぴたっし》《仏《ぶつ》と性《しょう》と、彼《か》に達《たっ》し、此《これ》に達《たっ》す》なり。仏性《ぶっしょう》かならず悉有《しつう》なり、悉有《しつう》は仏性《ぶっしょう》なるがゆゑに。悉有《しつう》は百雑砕《ひゃくざっさい》にあらず、悉有《しつう》は一条鉄《いちじょうてつ》にあらず。拈拳頭《ねんけんとう》なるがゆゑに大小《だいしょう》にあらず。すでに仏性《ぶっしょう》といふ、諸聖《しょしょう》と斉肩《せいけん》なるべからず、仏性《ぶっしょう》と斉肩《せいけん》すべからず。

「往々《おうおう》に」、昔からです。「古老先徳《ころうせんとく》」、仏道修行をなされた、先輩の修行者の方々。「あるいは西天《さいてん》に往還《おうげん》し」、これはそのまま取りますと、インドに行って帰って来たということです。ブッダのその本質を極めるために、あえてインドまで渡って、そして奥義を究めて帰って来られた。そして、「あるいは人天《にんでん》を化道《けどう》する」、人天は、人間あるいは神々。神々も六道輪廻の中をさまよっている存在ですから、悟りの自覚を得た人は、当然神々をも導いていく。そういう人は、「漢唐《かんとう》より宋朝《そうちょう》にいたるまで」、中国のずっと昔から、道元禅師のいらした時代の中国まで、「稲麻竹葦《とうまちくい》のごとくなる」、これはとにかく数多いということです。昔の漢の時代から仮に宋までの時代をとっても、そんなに多くいたのかなとも思いますが、そういう人はいっぱいいたとされて、「おほく風火《ふうか》の動著《どうじゃく》を仏性《ぶっしょう》の知覚《ちかく》とおもへる」、その方々の大半は、個体の日常の心理現象、見たり聞いたりのはたらきは、実はその個体を超えた、宇宙大の、常住なる智の本体のはたらきである。我々の、見たり聞いたりの奥に、智の本体というものがあるのだと、そう考えている。さらに自分の心理現象を対象化してとらえ、仏性を対象的に想定して、そしてその二つを一つと結びつけている。「あはれむべし」、しかし、かわいそうなことだ。「学道転疎《がくどうてんそ》なるによりて、いまの失誤《しつご》あり」。道を学ぶのがうたた疎《そ》なるによりて、禅の道を学ぶとしても、仏教の道を学ぶとしても、ますますその本質から遠ざかっていく。本当の師に会わないからだ、と言われたいのでしょう。だからこそ、「いまの失誤あり」。そうやって、何か対象的に仏性があるというような考え方、間違った考え方をしてしまうのだ。「いま仏道《ぶつどう》の晩学初心《ばんがくしょしん》、しかあるべからず」。しかし、あなた方、今の、仏道を歩む人々の、晩学というのですから、もうかなり修行も深まった人です。修行してずいぶん時のたつ人、あるいは初心、今から修行する人、どちらにせよ、両方ともこのような考えを持ってはいけないというのが、「しかあるべからず」です。

「たとひ覚知《かくち》を学習《がくしゅう》すとも、覚知《かくち》は動著《どうじゃく》にあらざるなり」。覚知というのは、見聞覚知《けんもんかくち》という言葉がありますこれは唯識《ゆいしき》の文献などにも出てきます。見たり、聞いたり、覚したり、知ったりというのですが、これはすべてむしろ分別の迷いの認識の中のものをいう言葉です。覚知とあるからといって、必ずしもブッダの悟りの智慧を直接意味するとはかぎりません。ですから、「たとひ覚知を学習すとも」というのは、自分たちの、見たり、聞いたり、分別したり、知ったりということがいったい何であるかということを、あなた方は仏典に学び、師に学び、見究めようとするかもしれない、ということ。そうやって学習するかもしれない、あるいは、そうしてわかったつもりでいるかもしれないが、けっして道元禅師の目からすれば、あるいは仏教本来の見方からすれば、「覚知は動著にあらざるなり」。あなた方の見たり聞いたりというのは、あなた方が考えるような何か個体の活動、あるいは生命活動、そういうようなことで説明しきれるものではないのですよ、と言われます。「柳は緑、花は紅」という、そのただ中ですね。それをどうとらえるか。それそのものを、それそのものとしてとらえるというときは、「風火の動著」、身体の活動といって済ませられないです。そういうようなところから、「覚知は動著にあらざるなり」と言って、否定されたのでしょう。

「たとひ動著《どうじゃく》を学習《がくしゅう》すとも、動著《どうじゃく》は恁麽《いんも》にあらざるなり」。たとえ生命活動のはたらきがいかなるものであるかということを、あなた方が見究めようと、学習しようとするとしても、けっしてその生命活動のはたらきというものは、あなた方が考えるようなそういうものではありませんよ。「恁麼にあらざるなり」というのは、そのようなことではないということです。

「もし真箇《しんこ》の動著《どうじゃく》を会取《えしゅ》することあらば、真箇《しんこ》の覚知覚了《かくちかくりょう》を会取《えしゅ》すべきなり」。もし本当のはたらき、あるいは本当の生命活動を、本当に了解することがあったならば、本当の覚知覚了を了解するはずに違いありません。その本当のところというのは何か。それはもう、道元禅師に言わせれば、透体脱落のただ中でしかないでしょう。そこに仏性があるというような心持ちだろうと思います。本当の真箇の動著、生命活動の本当のはたらき、それは本当の智慧、本当の悟りというものでもある。それはけっして常住なるものでもないし、今・ここにはたらいている、そのただ中にあるものです。それは我々の日常の現象世界と別に、どこか真実の世界がある、真理の世界があるということではないです。

ともかく、本当の命のはたらきを了解することがあれば、本当の智慧とか、本当の悟りとか、そういうものも了解するはずです。そこでは、「仏之与性《ぶっしよしょう》、達彼達此《たっぴたっし》なり」。これは、仏は性とともに彼に達し、之に達するのだということになります。仏という智慧のはたらきと、何か本体というものが別にあるのではないのだ。仏と性はもう一つだ。智慧のはたらきと本性は一つであって、一体となって、これにも通達し、あれにも通達する。智のはたらきをはたらかせていく。そのはたらきのただ中以外に、何か本体、本性というようなものがあるわけではない。おそらくそういうことを言われているのではないかと思います。

「仏性《ぶっしょう》かならず悉有《しつう》なり、悉有《しつう》は仏性《ぶっしょう》なるがゆゑに」。仏性というのは必ず悉有であります。悉有は仏性だからです。宇宙の本体というようなことを言えば、それは本体が別にあるということになる。つまり性と相を分けた言い方です、本性があって、それとは別に生滅する現象世界がある。その場合は、現象世界をのぞいたものが本性になる。それだと、存在の全体をつくさないのです。仏性は存在のすべて。ここでは、悉有は有の全体だとすれば、生滅する世界なら生滅する世界の全体をこめて仏性なのだ、そんなふうにも取れます。

悉有というのは、前の教えによると、衆生のことだという定義がありましたから、それをここでも生かすべきだとすれば、仏性は人間で、人間は仏性だ、ということになる。人間と取った場合に、その悉有というものは、こういう有でもない、ああいう有でもないというようなところでとらえようとしていた。それが透体脱落になる。その透体脱落のただ中というのは、たとえば、いつも言いますように、釈尊が暁けの明星を見て悟ったときに、「あっ、私が光っている」と叫んだに違いないという、その釈尊の悟りの世界、それは釈尊という個体の命の核心です。と同時に「あっ、私が光っている」は、ある意味では悉有です。存在のすべて、存在の全体でしょう。その悉有全体、それがしかも透体脱落であるということになるわけです。そういう意味での悉有というのは、全体といっても、純粋経験のただ中みたいな、そういうところになるのではないかと思います。道元禅師の言葉でいえば、透体脱落のその端的、それが悉有である。そこでは仏も性もないわけです。智慧と存在、認識と存在とか、現象と実在とか、そういうことは一切ないわけです。仏は性とともに、彼に達し、之に達す。仏・性も一体となって、一つであって、現象はそのまま本性そのものである。本性はそのまま現象そのものである、そのただ中です。だからそういうことになるのだ、というようなところではないでしょうか。

そういう「悉有《しつう》は」、それは「百雑砕《ひゃくざっさい》にあらず」、多くのものに砕けてしまったような、個々別々の多くのものというわけでもありません。透体脱落のそのただ中だからです。一方、「悉有《しつう》は一条鉄《いちじょうてつ》にあらず」。一条鉄は、ひとすじの鉄という意味ですが、何か有で、存在で固められたものというか、そのようなイメージが私にはあります。存在で固められたような世界でもないのだ。透体脱落とか、純粋経験というのは、かけがえのない個の、今・ここでのはたらきのことなのです。それに対して何か、全体をこめて存在として見るような、有で塗りつぶされたとような、そういう世界でもないのだ。

「拈拳頭《ねんけんとう》なるがゆゑに大小《だいしょう》にあらず」。拳頭というのは、こぶしですね。拈というのは、つまみ上げるとか、ひねるとか、そういう意味です。が、「拈拳頭」ということになると、どういうことになるのか。拳をあげるとか、ひねるとかということになるのか。現実世界でかけがえのない命が、その場その場ではたらいていく、そこに仏性もある、悉有もあるということになるのでしょう。それそのもの、当体そのものは、外から対象的にとらえるものではなくて、たとえば拈拳頭のその動作の、その主体そのもののはたらきです。そのただ中、それはもう大とか小、把握を超えたものです。そこに仏性のありかがあるのだと言われる。これは、我々の現象とか、凡夫の認識がそのまま仏だと言っているのとは違うのです。その現象そのものになりつくすというのでしょうか、拈拳頭なら拈拳頭になりつくすというのでしょうか。色を見、音を聞く刹那、いまだ主観・客観が別れる以前、そこでのかけがえのない個々の一歩一歩、そこに仏性があるということであって、ただ漫然と何でも見たり聞いたりが、そのまま仏だと言っているのとも、またちょっと違うのです。

「すでに仏性《ぶっしょう》といふ、諸聖《しょしょう》と斉肩《せいけん》なるべからず、仏性《ぶっしょう》と斉肩《せいけん》すべからず」。すでに仏性という以上は、もろもろの聖者と肩を並べることはできない。聖というのは仏になる前です。すでに無分別智《むふんべっち》を開いて、十地《じゅっじ》の十段階の修行の初地《しょじ》に入って、それ以後の、仏になるまでの間を聖者というのです。仏性といっている以上はそれは仏の核心なのですから、仏になる以前の、聖者のその境涯と肩を並べるべきのようなものではないのだ。そういったん言っておいて、では聖を超えた仏と同じかというと、仏性とも肩を並べるようなものではないのだ。それは、仏性は、仏性そのものになりつくしたところですから、透体脱落のところですから、比較のしようがないのです。だから仏性とも比較できないのだ。そういうことなのでしょう。しかし、それはあくまでも、その人その人の脚下、即今・此処、今・ここにはたらいている、それそのものなのです。

正法眼蔵講義　第一二講

「仏性」の巻〔四〕

ある一類《いちるい》おもはく、仏性《ぶっしょう》は草木《そうもく》の種子《しゅうじ》のごとし。法雨《ほうう》のうるひしきりにうるほすとき、芽茎《げきょう》生長《しょうちょう》し、枝葉花菓《しようけか》もすことあり。果実《かじつ》さらに種子《しゅうじ》をはらめり。かくのごとく見解《けんげ》する、凡夫《ぼんぶ》の情量《じょうりょう》なり。たとひかくのごとく見解《けんげ》すとも、種子《しゅうじ》および花果《けか》、ともに条々《じょうじょう》の赤心《せきしん》なりと参究《さんきゅう》すべし。果裏《かり》に種子《しゅうじ》あり、種子《しゅうじ》みえざれども根茎等《こんきょうとう》を生《しょう》ず。あつめざれどもそこばくの枝《し》条大囲《じょうだいい》となれる、内外《ないげ》の論《ろん》にあらず、古今《ここん》の時《とき》に不空《ふくう》なり。しかあれば、たとひ凡夫《ぼんぶ》の見解《けんげ》に一任《いちにん》すとも、根茎枝葉《こんきょうしよう》みな同生《どうしょう》し同死《どうし》し、同悉有《どうしつう》なる

仏性《ぶっしょう》なるべし。

「ある一類《いちるい》おもはく、仏性《ぶっしょう》は草木《そうもく》の種子《しゅうじ》のごとし」。ある一類の人々は、仏性は、ちょうど草木の種のようなものだと思う。しかし仏性が主題ですので、それは人間にかかわるもののはずですから、やはり草木の種のようだと言っているのは、仏教の教説の中で仏性を種子と考える立場を指しているだろうと思います。

「法雨《ほうう》のうるひしきりにうるほすとき」、「うるひ」というのは、潤《うるお》いのことでよろしいです。しきりに潤すとき。「法の雨」とは、仏さまがいろいろと説法してくださる、教化してくださることです。やはり仏教というのは、説法を聞くことが根本なのですね。我々はふだん、常識的な言語体系の中で生きているわけですが、それを破って、それを超えたところに真理があるという、その言葉を聞く。日常の言葉の体系を揺るがせ、解体して、そしてリアリティーに出会わせるような言葉、いわば聖なる言葉の体系。それを聞く中で、我々はやはり心が開かれていきます。「聞《もん》・思《し》・修《しゅ》」といいますが、まず聞く。それからそれを考える。心の中でそれを了解する。そして、それを実践する。「聞・思・修」、これは仏道の基本です。やはり聞くということは、非常に重要なことのようです。

唯識《ゆいしき》でも、「正聞熏習《しょうもんくんじゅう》」といい、正しく聞くことが熏習されて智慧が開かれていくのだといいます。何を聞くか、それは説法、仏説にほかなりませんが、それは「法界等流《ほっかいとうる》」のものであるといわれます。真理の世界からそのまま流れ出てきた言葉なのだというのです。キリスト教は、イエスのみが啓示だといいますが、ある意味では、仏典はすべて真理の世界の啓示であると考えられます。それを聞く、それに馴染《なじ》む、そこから我々の迷い、顚倒夢想、逆さまの見方が正されていく、払われていく、ということになるのだろうと思います。仏のほうからいえば、一所懸命、法を説いて、人々を導いているわけです。

その仏さまのはたらきかけを雨にたとえて、しきりに雨が降る。仮に草木を例にとれば、「芽茎《げきょう》生長《しょうちょう》し、枝葉花菓《しようけか》もすことあり」。そのことによって草木の芽、茎などが、だんだん、だんだん伸びてくる。枝葉が茂ってきて、あるいは花が咲き、実がなる。「もす」というのは、茂すで、茂《しげ》るという意味です。元来、種だったものが地中に埋められて、水がかけられると芽が出てくる。さらに、水がかけられて潤されると、少し茎も伸びて葉が茂り、枝も伸びて、やがては花が咲き実がなる。種子の中にすべてが出てくる因がある。我々の仏道に即していえば、仏の智慧を実現するその因となるものが何かあって、それが仏さまの説法を聞くことによって、仏さまの説法に浴《よく》すことによって、だんだん、だんだん成長して、やがては開花するのだ。そういうことがあるだろうというわけです。

「果実《かじつ》さらに種子《しゅうじ》をはらめり」。その実《み》はまた、種になるのだというのですが、唯識の種子などの説に引き当てていうと、種子が現行を生じると、その現行がまた種子を熏習することを意味しているのかもしれません。ただ仏道の世界で考えれば、我々が修行して、智慧が成就して仏になった。仏になったらまた種になるかというと、あまりそういうことは言わないのではないかと思います。しかし自然世界では、実がまた種になることはあるわけです。要するに、仏性はそういう種子のようなもので、すべてがそこから成長していく、その因となるものである。宇宙全体に遍満するような本体というのではなくて、何か個々の、個別の種子のようなものだ。そういうふうに考える人がいる。これはやはり、唯識の種子説などを想定しているのではないかと思われるわけなのです。

「かくのごとく見解《けんげ》する」、そのように理解するとすると、これは、「凡夫《ぼんぶ》の情量《じょうりょう》なり」と断ぜられます。凡夫が迷いの中で量《はか》ったにすぎないことである。迷いの認識の中で、ああだこうだと分別して、そう思ったにすぎないものだというのです。

「たとひかくのごとく見解《けんげ》すとも、種子《しゅうじ》および花果《けか》、ともに条々《じょうじょう》の赤心《せきしん》なりと参究《さんきゅう》すべし」。仏性を、種子だと思うなら思ってもよいけれども、種子はまだまったく潜在的である。花が咲いて実がなった、それが一番究極の世界である、真理が十全に現れた世界であると、そのように思ってはいけない。むしろ種子は種子として、花は花として、実は実として、「ともに条々の赤心なりと参究すべし」です。「条々の」というのは、個々の、それぞれのということ。「赤心なり」は、ふつう真心ということになると思いますが、種子は種子として、もうその種子としての真をつくしている、存在をつくしているということでしょう。花は花として、その花としての存在をつくしている。だから、絶対だということにもなりますね。種子は潜在的で、まだ何も実現していない。不完全な世界である。それがだんだん成長して、最後に完全な世界になる。そして、そういう完全な世界がのちに実現する因というものを仏性と見るような見方は、正しくないというわけです。道元禅師に言わせれば、種子は種子のまま、もう仏性だ。その場合の仏性というのは、仏の端的です。芽は芽として仏の端的。枝は枝として仏の端的である。これは「時間論」などとも関係しますし、「修道論」などとも関係すると思います。

仏道に引き寄せていえば、道元禅師はあくまでも修行と悟りは一つです。修証一等《しゅしょういっとう》です。『弁道話』では、初心の一歩から、仏の本証の全体であるともいわれます。初心は初心ながらに、もう仏そのものだよといわれます。十住《じゅうじゅう》・十行《じゅうぎょう》・十回向《じゅうえこう》・十地《じゅうじ》と、唯識などではそういう修行の段階を説くわけですが、そのどの段階をとっても、仏の全体そのものである、仏の命そのものである。修行だけでなく、「生死は仏の御命なり」で、生死の一歩一歩、一瞬一瞬は、仏の命の全体である。それが仏性ではないか。そういう道元禅師の思いと、指摘とがあると思います。そこを言われているわけです。

もう今・ここに真実があるのに、それを忘れて、何か仏の因があって、それが成長して仏になるという時間的な道のりを、いわば対象的に心の中に描いて、そこに真実があるかのように思う。何か忘れてはいないか。今・ここにいるあなたのそれそのものが仏ではないか、条々の赤心ではないか。ですから、仏性という言葉に引っかかって種子だとか何だとか、いつか仏になるとか、三大阿僧祇劫《さんだいあそうぎごう》をわたれば仏になるとか、そんなこと言っているのは夢を見ているのと一緒である。今・ここに目覚めなさい。今・ここで仏の命そのものを生きているではないか、そこに仏性を見るべきだ。そういうところではないでしょうか。

「果裏《かり》に種子《しゅうじ》あり」、実の中に種がある。どうも、「果実さらに種子をはらめり」とか、「果裏に種子あり」とか、花が咲いてなった実、その実の中に種があるという、そのことがお好きなようですが、その実がまた種になるわけです。「種子《しゅうじ》みえざれども根茎等《こんきょうとう》を生《しょう》ず」。その種から、種にはまったく見ることができなかった根っことか、茎とか、そういうものが生え出てくる。「あつめざれどもそこばくの枝条《しじょう》大囲《だいい》となれる」。別に、種子が何か手を伸ばして、あちこち探して、ほかの枝とか何だとか探して自分にくっつけたわけでもない、ほかから集めてきたわけではないけれども、相当の枝が伸びて大きな木になる。種子の中に、そののちの成長の因があるというわけです。確かにそのことは、「内外《ないげ》の論《ろん》にあらず、古今《ここん》の時《とき》に不空《ふくう》なり」である。「内外の論にあらず」というのは、だいたいの方が、種の内とか種の外とか論ずることができない。その種から木が生長してくる、大きな木が生まれてくる、それは種の内にあったのか、種の外にあったのか、それは議論することができない、議論してもしようがないと解されます。もしかすると仏教の内・仏教の外を論じるまでもなく認めていることであるということかもしれません。「古今の時に不空なり」で、そういう種子が生長して木なり、草なり、そういうものをもたらすということは、必ず実現する。むなしくないことである。いつでもそういうことは確かに実現する。だからそのように、我々の人間が仏道を修行して、やがては悟りを開く、仏果を実現する、それには何か因というものがある。そういう考え方もある意味では成り立つかもしれないですね。

「しかあれば、たとひ凡夫《ぼんぶ》の見解《けんげ》に一任《いちにん》すとも」、因というものも考えられなくもないかもしれない。そういうことであれば、凡夫が仏果に対する仏性というものがあって、それは種子にも想定できるという考えを持つならば持ってもよい。それは任せるが、しかし、その場合でも種子は不完全であり、潜在的である。だんだん、だんだんそれがやがて成長して、遠い未来に仏果になるのだというようなことを夢想しているとするならば、それは究極の仏道の真理の立場そのものからは、もう実《じつ》はずり落ちているのだ。本当の究極の仏道の立場からいえば、種子は種子で絶対、芽は芽で絶対、花は花で絶対、そういう世界があるのだということでしょう。

そこを、「根茎枝葉《こんきょうしよう》みな同生《どうしょう》し同死《どうし》し、同悉有《どうしつう》なる仏性《ぶっしょう》なるべし」と示されます。根も、茎も、枝も、葉もみな同じく生まれ、同じく死するのだ。茎が出たときにはその茎の中に花も果実もある。枝が現れたときは、枝の中に種の分もあれば実の分もある。一つ一つのあり方の中に、その全体が収まっている。そして、「同生し同死し」する。一つ一つが全体だということを「根茎枝葉みな同生し同死し」という言い方で、言われているのだろうと思います。それを、「同悉有なる仏性なるべし」。根は根で悉有である仏性である。茎は茎で悉有である仏性である。枝は枝で悉有である仏性である。葉っぱは葉っぱで悉有である仏性である。いわば絶対といいますか、仏さまの命そのものである。どの時点をとっても仏性そのものである。種子が仏性で、種子が展開すると仏性がなくなって、仏果になるというのではなくて、どの時点も仏性である。その仏性というのは、もう仏そのものですね。その場合、道元禅師が言われる仏性というのは、悉有としての仏性です。

その悉有というのは、たとえば真如法性は現象世界のすべてを貫いている、その悉有、全体の有《う》と見てもよいのですが、ずうっとこの「仏性」の巻の流れを読んできた中では、透体脱落《とうたいだつらく》というのが悉有のその端的ですから、枝は枝で仏の命だ、それを悉有なる仏性だというその悉有というのは、枝が枝になりつくしているその端的です。自己が自己になりつくしているその端的です。自己が自己になりつくすところに透体脱落としての、その当体があるわけです。そこを「同悉有なる仏性なるべし」という言葉で言われていると私は読みたいです。

「根茎枝葉みな同生し同死し、同悉有なる仏性なるべし」。非常に簡単にいえば、「根茎枝葉」というのは、現象の一つ一つです。そのいわば一つ一つがそのまま絶対であって、それはすべて悉有なる仏性である。その悉有なる仏性というのを普遍的な真理といいますか、普遍的な真如法性と見て、空なる現象は、そのまま真如法性である。こう読んでも、それなりに意味は通じるのですが、一つ一つの現象は絶対であるという、そのことが実現するあり方、それが問題です。それは自己ですね。むしろ、自己が自己として絶対であるというそのあり方、それがどこで実現するか、それは透体脱落、自己が自己になりつくすことによって自己を脱落するわけです。「仏道をならふといふは、自己をならふ也。自己をならふといふは、自己をわするゝなり」、そこで万法《まんぽう》に証せらるるわけですから、自己が自己になりつくしたところに仏の命が十全にはたらいている、そこに仏の端的があるというのです。そのことを忘れてはいけないということでしょう。

道元禅師にしてみれば、仏性は種子であるという考え方も、やはりこれは未徹在《みてつざい》、まだ徹底していない、そういって退《しりぞ》けるべきところでしょう。如来蔵思想的な考え方も否定されるべきだし、唯識的な種子の考え方も否定されるべきだといわれるのです。経典には、「一切衆生にはことごとく仏性有り」といっているけれども、道元禅師に言わせれば、実はその仏性というのは、仏の端的そのものをいうべき語であって、それはまさに自己が自己として絶対であるところ、自己が自己になりつくしているところ、そこにあるのですよと、そういうことがテーマになっているわけです。

仏言《ぶつごん》、「欲知仏性義《よくちぶっしょうぎ》、当観時節因縁《とうかんじせついんねん》。時節若至《じせつにゃくし》、仏性現前《ぶっしょうげんぜん》」。

《仏《ほとけ》の言《のたまわ》く、「仏性《ぶっしょう》の義《ぎ》を知《し》らんと欲《おも》はば、まさに時節因縁《じせついんねん》を観《かん》ずべし。時《じ》節若《せつも》し至《いた》れば、仏性現前《ぶっしょうげんぜん》す」》

いま「仏性義《ぶっしょうぎ》をしらんとおもはゞ」といふは、たゞ知《ち》のみにあらず、行《ぎょう》ぜんとおもはゞ、証《しょう》せんとおもはゞ、とかんとおもはゞとも、わすれんとおもはゞともいふなり。かの説《せつ》・行《ぎょう》・証《しょう》・亡《もう》・錯《しゃく》・不錯等《ふしゃくとう》も、しかしながら時節《じせつ》の因縁《いんねん》なり。時節《じせつ》の因縁《いんねん》を観《かん》ずるには、時節《じせつ》の因縁《いんねん》をもて観《かん》ずるなり、払子《ほっす》・拄杖等《しゅじょうとう》をもて相観《そうかん》するなり。さらに有漏智《うろち》・無漏智《むろち》、本覚《ほんがく》・始覚《しがく》、無覚《むかく》・正覚等《しょうがくとう》の智《ち》をもちゐるには観《かん》ぜられざるなり。

「仏言《ぶつごん》、『欲知仏性義《よくちぶっしょうぎ》、当観時節因縁《とうかんじせついんねん》。時節若至《じせつにゃくし》、仏性現前《ぶっしょうげんぜん》』」。〈仏《ほとけ》の言《のたまわ》く〉とありますから、これは経典の文句で、『涅槃経《ねはんぎょう》』だといわれます。しかし『涅槃経』そのものには、「欲知仏性義、当観時節因縁。時節若至、仏性現前」という言葉は、そのままでは出てきません。ただ、『涅槃経』に、それに近い言葉は出てきます。「仏性を見んと欲《ほっ》せば、応当《まさ》に時節形色《じせつぎょうじき》を観察《かんざつ》すべし」とかですね。ちょっと違うのです。それで、取意の文章だといわれます。実は「仏言」としてここに掲げてある文章そのものは、本当は百丈の言葉なのです。それは『聯燈会要』の「潙山章」に出てきます。では、それは「仏言」かということにもなりますが、しかし、道元禅師は禅の祖師方を、ときに古仏と言われたりもするわけです。悟った人の言葉、覚者の言葉ですから、「仏の言く」でもよいでしょう。

「欲知仏性義、当観時節因縁」、〈仏性《ぶっしょう》の義《ぎ》を知《し》らんと欲《おも》はば、まさに時節因縁《じせついんねん》を観《かん》ずべし〉。仏性というものの意味合いを知ろうと思うならば。しかし、それは単に知ろうということではなくて、悟ろうということでしょう。仏性を悟ろうとするならば、「まさに時節因縁を観ずべし」。その悟りというものは、時節因縁で起きてくるのだから、それを観じなさい。ですが、むしろ待ちなさいというような意味での観じなさいでしょう。悟ろう悟ろうと思って坐禅をしては、それが禅定を妨げることになります。そこがなかなか難しいところで、ですから道元禅師は、むしろ悟りを待つなということを厳しく言われました。それで「只管打坐《しかんたざ》」と言われる。いつか因縁が熟して、悟りの時節が来るのだから、とにかく只管打坐しなさいと言われるのです。その時節因縁に任せなさい。〈時節若《じせつも》し至《いた》れば、仏性《ぶっしょう》現前《げんぜん》す〉。もし悟るべき時節が至れば、仏性が現れることでしょう。

すべては時節因縁によることです。過去世に実は修行していたので、この世で簡単に悟りが開けたりする。あるいは過去世では悪いことばっかりしていたから、この世で悔い改めて一心に坐禅しても、結局なかなか開けないとか、そういうことがあるのかもしれません。わかりませんが、すべては時節因縁によるのだから、自分の計らいでなんとかしてできるというものでもないのだから、自ら悟ろうとか、自分の心をなんとかしようとか、あくせく自分の心をどうこうしようと思わないで、坐禅なら坐禅になり切る。只管打坐、その中できっとお悟りの時節が来るから、それをお待ちなさいと、そのような意味の言葉ですね。

実は、このことを道元禅師は、日頃けっこう言われていたと思うのです。やはり禅の修行というものはなかなかむずかしいものですから、坐ればもうすぐにでも悟りが開けるというようなことは、ほとんどないわけです。雲水さんに、しきりに坐禅しろ、坐禅しろと言って、道元禅師は指導されていくわけですが、雲水さんのほうではいったいいつになったらラチがあくのだろうかと、不安も抱えながらの修行だったろうと思います。

そうしたときに道元禅師は、ともかく因縁が熟すれば悟りの開ける時節はあるのだ。だから、悟ろう悟ろうと思って坐ってはいけない。悟りを待つ「待悟禅《たいごぜん》」ではいけない。悟りたい悟りたい、悟れないか悟れないかといって、そればかり気にしながら坐禅をするような坐禅では、本当の坐禅にはならない。ただ坐れ。しかし、ただ坐っていればいつか時節因縁熟して、悟りを開けるときもあるから、とにかく務めなさい。こういうことは『正法眼蔵随聞記《しょうぼうげんぞうずいもんき》』などを見ますと、もう日常的にしばしば道元禅師が言われていたように思います。それと同じような意味合いです。

これは百丈の言葉だということです。この文句を取ってきまして、「いま『仏性《ぶっしょう》義《ぎ》をしらんとおもはゞ』といふは」、そう言っているのは、「たゞ知《ち》のみにあらず」、「知ろうとおもはば」というだけではない。「行《ぎょう》ぜんとおもはゞ」、それもあるし、「証《しょう》せんとおもはゞ」、それもあるし、「とかんとおもはゞとも、わすれんとおもはゞともいふなり」。何かしようとする、そのすべてが、「知らんとおもわば」で代表されているのだ。我々が行為をする、その行為のすべてが何でも含まれますよというところです。「かの説《せつ》・行《ぎょう》・証《しょう》・亡《もう》・錯《しゃく》・不錯《ふしゃく》等《とう》も、しかしながら時節《じせつ》の因縁《いんねん》なり」。「しらんとおもはば」の語に、説くこと、行ずること、証すること、亡は失うことですか、あるいは忘れることですか。さらには誤ること、あるいは誤らないこと等、人間の行為のすべて、何かするすべて。「しかしながら」というのは、「しかながら」を強めたものです。「しかながら」というのは、それらのすべて、という意味です。そのすべてが時節の因縁なのであると言われます。

では、この時節の因縁とは、どういう意味の言葉でしょうか。因縁によって起きてくるような、そのつどそのつどの時節がある。こういうほうがわかりやすいですね。因縁によって純熟する時がある。時が熟する、時熟する。そのことを、「時節の因縁」と言っているのでしょう。すべてはそれだというわけです。

仏教は確かに縁起の世界観を持っていますから、すべては時節の因縁だということは確かでしょう。この縁起という考え方というのは、非常に現代的な考え方だと思います。キリスト教などですと、やはり、全知全能の神がこの世を支配している、神の心のままに世界が動いていくといいます。しかし現代ではなかなかそうは考えられないわけです。かといってすべては偶然のことかというと、そうでもない。やはり原因があって条件があって、そして世界は動いているのだから、まさに世界は縁起でしょう。これは非常に科学的というか、現代的な考え方だと思います。私が行為をするとして、どんな行為をするにしてもその行為をするということは、さまざまな条件と、それから他者とか、場所とか、いろいろな要素の絡み合いの中での、縁起のことであるということになる。確かにそれはそうでしょう、すべては、「時節の因縁なり」です。

本来、百丈の言葉は、悟るということが成就するには、それに適した、それをもたらすような何か因縁があって、それが熟するのだということをいっていたわけですが、それをふまえながら、この現象世界の一つ一つ、我々の行動の一つ一つ、すべては時節の因縁だと、そこへ持ってきたわけです。

そうして、「時節《じせつ》の因縁《いんねん》を観《かん》ずるには、時節《じせつ》の因縁《いんねん》をもて観《かん》ずるなり」と示されます。「現成公案」に、「一方を証するときは一方はくらし」ということが説かれておりました。我々はだいたい、世界を見るときに、見ている主観そのものを忘れています。あるいは科学の世界観では、自分というのは世界の外へ立って、そしてすべてを見渡して、それを対象化して、分割し、支配する。その対象のことはよくわかるのですが、それを見ているものそのもの、主観そのものは気づかれない、無視されている。それは何か世界の外に立つ、固定された視点として想定されているわけです。しかし、我々の自己とか主体というものは、まさに世界の中にあるわけで、時間の中で動いているわけで、因縁の中で動いているわけです。その自己が、その縁起の世界そのものを見る。世界の内にあって世界を見るといいますか、一歩一歩変化していく自己、その変化していく自己に立って、そしてその変化していく世界を見ていく。そういうようなことが「時節の因縁を観ずるには、時節の因縁をもて観ずるなり」の一つに考えられます。

さらに言えば、時節の因縁を観ずるということは、世界が縁起で成り立っているとか、直接的な原因と間接的な原因が相まって、すべて条件が整ったときに結果が現れるのだとか、そのように了解するということではない。「時節の因縁をもて観ずる」、つまり因縁そのものになり切って、その時節の因縁そのものを自覚する。そのとき本当に時節の因縁ということがわかるのですよと、そこまで読めるのではないでしょうか。その時節の因縁そのものになったときに、それそのものを自覚する。そういう仕方の時節の因縁の観というのがあるでしょうということ。もっともそこまでいったら、悟ってしまうわけですね、まさに仏性がわかるのだろうと思いますけれども。

それはどういうことかというと、「払子《ほっす》・拄杖《しゅじょう》等《とう》をもて相観《そうかん》するなり」。払子とは、毛が先に生えていて、本来は虫を払うための道具。老師様がそれを持っていたりします。拄杖とは、本来は杖だったのでしょうか、これも儀礼的にお師家《しけ》さんが持っていたりするものです。お坊さんが持っているような、そういう個々の道具、それを「もて相観するなり」。これはどう読むかです。現象界の各々個別の相において観ずるというようなニュアンスを、相観に読むか、あるいは、相い観ずると読むかです。払子がそこにあるということ自体が、時節因縁そのものなのですが、その払子によって、その時節因縁そのものを相い観ずるという意味で相観すると言ったのかです。しかし、相い観ずるといっても、本当に観じえるのは、払子なら払子になり切ってでしょう。

たとえば、臨済宗の禅の公案などでは、ゴーンという鐘の音を止めてみよとか、川向こうの喧嘩を止めてみよとか、帆掛け船を止めてみよとか、止めてみよというのが多いです。それは、それそのものになりつくすのです。そこで止まるということがありえるわけです。それそのものになりつくすというのは、純粋経験のような世界、主観・客観が未だ分かれざる以前にそれを見ている。これは坐禅の中で初めて体得できる世界かもしれませんが、しかし、ふだんでもそういうことが全然ないわけではないのです。色を見、音を聞く刹那、未だ主観・客観の分かれざる以前という、西田幾多郎が言うような純粋経験の世界。払子によってと言ったときに、対象的に払子を見て、それによって、さらにそれが縁起のものだとか何だとか了解するというのではなくて、払子なら払子になりつくすところに、その払子とともに時節因縁そのものを自覚する。そういうところを、相観という言い方で言われたと受けとめられます。

これは言い換えれば、現在が生起するその現在になり切るところに、時節因縁そのものを知る、そういう仕方で観ずるのだ。それが時節因縁もて観ずるということでもあり、それは具体的には払子・拄杖をもて観ずるということでもある。山を見たら、その山と一つになる、川を見たら川と一つになる。そこに「而今の山水は古仏の道現成である」という、それが開けるということなのでしょう。

「さらに有漏智《うろち》・無漏智《むろち》、本覚《ほんがく》・始覚《しがく》、無覚《むかく》・正覚等《しょうがくとう》の智《ち》をもちゐるには観《かん》ぜられざるなり」。智にもいろいろあるようですが、「智をもちゐるには観ぜられざるなり」につきます。今・ここのそれそのものを離れて、何か悟りの智慧というようなものがあるのではないか、それを実現したら縁起のこともわかるのではないかと、そんなことを思っていたら、いつまでたっても時節因縁は知られない。時節因縁は時節因縁をもて観じなければならないです。その時節因縁は、今・ここに成就しているのです。禅寺の玄関には常に脚下照顧《きゃっかしょうこ》、今・ここを顧みなさい、とあります。そこにもう時節因縁があるわけです。それを自覚する。それに気づかないかぎりは、時節因縁はわからない。そういう意味で何か悟りの智慧とか、仏さまの智慧とか、そういうものを達成したら、そこでわかるだろうというような考え方では、いつまでたってもわからない。基本的にそのような趣旨の中で、有漏智・無漏智等々を用いないと言われた。実際には有漏智というものがあるのかどうか。あるとすれば了解、信解といったものになるかもしれません。だいたい悟りの智慧というのは無漏なのです。この漏というのは、煩悩の漏泄ということ。有漏・無漏とは、煩悩の漏泄があるかないかを表します。そういう仏教の言葉があるわけなのです。悟りの智慧の世界が無漏の世界です。別の言葉でいうと、出世間《しゅっせけん》の世界です。一方、凡夫が仏さまの教えを聞いて、それに馴染んで、それをどんなに了解しても、それはあくまでも有漏にとどまるのです。禅の修行をしても無分別智《むふんべっち》という悟りの智慧がいったんは開かれないかぎりは、無漏の世界には入れない。どこまでたっても有漏なのです。しかし有漏智というのですから、有漏にも智慧があるというような言い方です。唯識でいうと、加行無分別智《けぎょうむふんべっち》というものは説かれます。これは、無漏の無分別智を発《おこ》そうとして修行する、いまだ有漏の段階の智慧のことです。

一方、無漏智はそういう悟りの智慧です。無分別智を開くと、後得智《ごとくち》が生まれる。さらに唯識では、最初、無分別智が開かれるのは第六意識《いしき》、第七末那識《まなしき》で、妙観察智《みょうかんざっち》、平等性智《びょうどうしょうち》が先に実現する。さらに修行を積んで仏さまになりますと、阿頼耶識《あらやしき》は大円鏡智《だいえんきょうち》、大きな丸い鏡のような智慧になる。前五識、五感の識は成所作智《じょうしょさち》、所作を成ずる智慧になる。所作というのは作《な》すべき所、本願に誓ったところ。衆生を救済したい、人々の苦しみをなんとかして取り除きたいと誓ったこと、それを実現・成就する智慧になる。無漏智の内容は、唯識でいうとそういう四智ということになるのです。仏さまになりますと、四智円明《しちえんみょう》ということになります。

あるいは、「本覚・始覚」、本覚は本来悟っている智慧の世界があるのだということで、『大乗起信論』の言葉です。心体、心の本体が念を離れているのが本覚だと、言葉ではそういう説明になっていますが、しかし、これは生滅門の中での本覚で、やはり何か実体的・本体的な、遍満するような、智の本体があるということではないだろうと思います。我々には気づかれないのだけれども、悟りの智慧が我々の中ではたらいている。しかしそれは言語・分別を離れていて、空性にして不生不滅である。そこを本覚と呼んだ、と理解しておきたいと思います。それを、『起信論』の中の別の言葉でいいますと、「真如熏習《しんにょくんじゅう》」といいます。真如はそのまま智慧と一体で、理智不二の何ものかでしょう。それが内から熏習しているのだ。人間の心にはいつもその真如が熏習しているのだ。外からは諸仏、諸尊がはたらきかけてくださる。内からと外からとが相まって、我々の修行が進んでいくのだ。これは如来蔵思想の考え方です。唯識では智慧の因となるものを無漏種子で語ります。種子は潜在的なものであって、本覚とはいわない。しかし如来蔵思想のほうは、理智不二で見て、本来もうすでに悟っているというような言い方をするわけです。それが煩悩に覆われていて自覚されない。そして、修行の中でその世界を自覚する、それが始覚です。

そして「本覚・始覚」と言ったものですから、「無覚・正覚」と言った。無覚といったら悟りがないわけですから、用いるべき智もないというふうに思われますが、何か言葉の続きで無覚と言った。とすれば、これはむしろ無の覚りと見るべきでしょうか。あるいは正覚、正しい悟り、そういう、仏教の中で実現すべき悟り、あるいは本来持っているとかいわれたりする悟りの智慧にいろいろあるのですが、それでもって、この時節因縁を観ずるとしても、それはできない。

ということは、今・ここの自分とは別に、何か悟りの智慧みたいなものを想定して、それを成就したあかつきには時節因縁がわかるだろう、という考えのもとでは、いっこうに時節因縁は自覚されませんよ、問題は、今・ここなのですよということでしょう。時節因縁をもって時節因縁を観ずるのです。自己をもって自己を見るのです、というわけです。その自己をもって自己を見るというのは、自分が自分に対象的に関わって見るのではなくて、自分が自分になりつくしたところで自覚される。自分が自分になりつくしたところというのは、もう只管打坐の端的でしょう。自己が自己になりつくしている。そのときに明星を見て、「あっ、自分が光っている」と叫ぶ世界が現成する。それはある意味では、悉有といえば悉有の世界であり、それを道元禅師は仏性と呼んだりもする。しかし、それはともかくとして、今の現象世界のただ中です。しかも、今・ここです。そこにおいて世界の真実、自己の真実というものが自覚されなければならないのだと言われるのです。

「当観《とうかん》」といふは、能観《のうかん》・所観《しょかん》にかゝはれず、正観《しょうかん》・邪観等《じゃかんとう》に準《じゅん》ずべきにあらず、これ当観《とうかん》なり。当観《とうかん》なるがゆゑに不自観《ふじかん》なり、不他観《ふたかん》なり、時節因縁《じせついんねん》なり、超越因縁《ちょうおついんねん》なり。仏性《ぶっしょう》なり、脱体仏性《だったいぶっしょう》なり。仏々《ぶつぶつ》なり、性々《しょうしょう》なり。

経典には「時節因縁をまさに観ずべし」とあったわけです。そのまさに観ずべし、「当観」、これは中国語としては観察していきなさい、観察すべきだという言葉でしょうが、しかし道元禅師はこれについても独自の読み方をされます。

「『当観《とうかん》』といふは、能観《のうかん》・所観《しょかん》にかゝはれず、正観《しょうかん》・邪観等《じゃかんとう》に準《じゅん》ずべきにあらず、これ当観《とうかん》なり」。まさに観ずべしの「当」は、いわば未来に行為を期待することを意味するわけですが、むしろ観に当たっているというか、観そのものになり切っているというか、それが当観ですよと、こう言われたいのでしょう。ですから、まず能観・所観にかかわらないと示されます。こちら側に見るものがあって、向こう側に見られるものがあって、その中で観というものが行われるのではないのだ。観そのものになり切る、それが当観なのだ、と言われる。これは当観を、観に当たると読まれたのではないでしょうか。まさに観ずべしの当観ではないのだ、観に当たるそのものなのだ、観そのものになるのだ、それが当観ですよ、それが時節因縁そのものなのですよ、と言われるのです。「当観といふは、能観・所観にかゝはれず」、まして、「正観・邪観等に準ずべきにあらず」。これは正しい観である、これは間違っている観である等々、区別して、ああでもないこうでもないと、そんなこと言っている暇はないのです。「当観」といえばもう、観そのもの、そこが当観なのだ。

「当観《とうかん》なるがゆゑに不自観《ふじかん》なり」、その観そのものになり切って、なりつくしたら、いわば脱落するでしょう。「仏道をならふといふは、自己をならふ也。自己をならふといふは、自己をわする、なり」とありました。坐禅して、自己そのものになり切っていたら、自己を忘れる。その世界に入るわけです。ですから、当観であるが故に不自観、自分が何かを観じているということでもないのだ。

まして「不他観《ふたかん》なり」、他者が観ずるということでももちろんない。「時節因縁聻《じせついんねんにい》なり」、その当観そのものがそのまま時節因縁になる。それがそのまま時節因縁そのものです。この時節因縁というのは、縁起ということにもなるわけですが、それはそのまま仏の命そのものでしょう。仏の命の実現、現成である。そういうところがあると思います。そこが、時節因縁と言いながらもまた一方では、「超越《ちょうおつ》因縁《いんねん》なり」と言われるところです。もちろん世界のさまざまな関係の中での一歩一歩なのだけれども、その主体そのものになりつくすときはその因縁も超えて、その自由なる主体そのものとなる。主体がまさに主体であるその主体そのものですね。そこはある意味では超越因縁ということにもなります。「悉有それ透体脱落なり」という、その透体脱落の端的。仏が仏であるその仏の端的です。そこが仏性になる。

「仏性《ぶっしょう》聻《にい》なり、脱体仏性《だったいぶっしょう》なり」。これはつまり仏性そのものである、というようなところでしょう。「脱体仏性なり」、この脱体仏性というのは透体脱落そのものである仏性ということで、よいのではないかと思うのですが。ただ、脱体というのは、確かに全体というような意味に使われる場合もあるようです。

というのも、「鏡清雨滴声《きょうしょううてきしょう》」という公案があります。鏡清《きょうしょう》というお坊さんがいて、ある修行僧に、門の外の音はいったい何かと尋ねたら、雨だれですと言った。しかし鏡清はそれを否定した。では老師は、それを何と言うのですかと聞かれて、そのときに鏡清は「脱体に言うは難しい」、そっくりそのまま、それそのものを言うのは非常に難しいと答えたといいます。「門の外の音は何ぞ」と言って、「雨だれ」と言ったら、自己と雨だれが対象的に分かれてしまう。分かれないところで、雨がぽつんぽつんと落ちているそれを、それそのものになり切っているそこを何と言うかですね。鏡清はそれを問われたときに、「脱体に言うはかたかるべし」、それそのままに言うのは難しいと答えた。そういうときに脱体という言葉が使われるのです。

それはともかく、「脱体仏性なり」。これはしかし、前にありました、「悉有それ透体脱落なり」の、体を透過し脱落するという、その世界のそのものである仏性そのものですよと、そう見てよろしいのではないかと思います。一方、そっくりそのまま仏性であると、そう見てもよいかもわからないです。「当観」、観そのものになり切っているそれそのもの。自己が自己であるそれそのもの。それが時節因縁といえば時節因縁だし、しかし、時節因縁を超えているといえば、時節因縁を超えている。そこに仏性そのものがある。「脱体仏性なり」、そっくりそのまま仏性ですよ。自己はそっくり仏さまの命そのものです。仏の端的です。

「仏々聻《ぶつぶつにい》なり、性々聻《しょうしょうにい》なり」。これは何かわかってわからないような言葉ですね。もうこのへんは解説しないほうがよいのではないかと思います。それそのものだと言っているところではないでしょうか。なお、聻を単独で用いると、「それみよ、そこだ等、端的を指す詞。言外の意を注意詰問する意」ということです(『禅林句集』)。

正法眼蔵講義　第一三講

「仏性」の巻〔五〕

「時節若至《じせつにゃくし》」の道《どう》を、古今《ここん》のやから往々《おうおう》におもはく、仏性《ぶっしょう》の現前《げんぜん》する時節《じせつ》の向後《こうご》にあらんずるをまつなりとおもへり。かくのごとく修行《しゅぎょう》しゆくところに、自然《じねん》に仏性現前《ぶっしょうげんぜん》の時節《じせつ》にあふ。時節《じせつ》いたらざれば、参師問法《さんしもんぼう》するにも、辧道功夫《べんどうくふう》するにも、現前《げんぜん》せずといふ。恁麼見取《いんもけんしゅ》して、いたづらに紅塵《こうじん》にかへり、むなしく雲漢《うんかん》をまぼる。かくのごとくのたぐひ、おそらくは天《てん》然外道《ねんげどう》の流類《るるい》なり。

「『時節若至《じせつにゃくし》』の道《どう》を」、先に出ました「時節若至、仏性現前」は、「時節若し至れば、仏性現前す」より、「時節若し至らば、仏性現前せん」と読みたいところですね。その「道を」というのは、「時節若し至らば」と言ったこと、その言葉という意味合いです。その言葉を、「古今《ここん》のやから往々《おうおう》におもはく」、昔の修行者たちも、今の修行者たちも、だいたいが次のように思う。「仏性《ぶっしょう》の現前《げんぜん》する時節《じせつ》の向後《こうご》にあらんずるをまつなり」と。仏性が現前して、それを自覚する時節が、未来にあるであろう、その時節を待つことだと、そのように、みんな思う。

「かくのごとく修行《しゅぎょう》しゆくところに、自然《じねん》に仏性現前《ぶっしょうげんぜん》の時節《じせつ》にあふ」。時節が熟すれば悟りを開くことができるのだから、それまで悟りのことをとやかく考えることなしに、とにかく修行していく、只管打坐《しかんたざ》していく。そうしていれば、いつしか自然に仏性が現前する時節に会うことができるであろうと、そのように考える。

実は、前にも言いましたように、道元禅師はけっこうそのような仕方で雲水さんを引っ張っていたと私は思うのですが、それはそれとして、今・ここにおいて実は仏性が現前しているということを少しも考えないで、いつか未来に悟れるのではないか、未来に何かよいことがあるのではないか、そのようにのみ考えている。

「時節《じせつ》いたらざれば」、そういうわけだから、時節が来れば悟ることができるのだが、時節が来なければ、いくら修行をしてもラチがあかないと考える。「参師問法《さんしもんぽう》するにも」、師匠に参禅し法を問う、臨済系はよくそういうことをするわけです。公案が与えられて、そしてそれに見解を呈する。それが法理にかなっているかいないか点検される。かなっていれば許されるでしょうが、かなっていなければチリンチリンと鈴を振られて、退かざるをえない。そういう中で道を尋ねていく。あるいは「辨道《べんどう》功夫《くふう》するにも」、辨道功夫のほうも一口にいえば修行ということだと思いますが、どちらかといえば坐禅。心を功夫する、練る、坐禅にいそしむ。こうしてどれほど師に問答をして道を尋ねても、あるいは坐禅しても「現前《げんぜん》せずといふ」。仏性が現前しない。それは努力が足りないからではなくて、時節の問題なのだ、過去世の業というものが関わっているのだというような考え方でしょう。

あるいは外道の中には、運命論ないし決定論で、修行しようが修行しまいが、とにかく人間は苦しみの世界を何千年、何万年過ごすことが決まっているのだ。それが終われば自然に解脱するのだ。だから修行したって修行しなくたって意味がない、そんなことは関係ないのだ。とにかく人間は、何千年、何万年、生死輪廻する中で苦しみをなめて、そのあとにその生死輪廻から解放されるのであり、このことは決まっているのだ、というような考え方をする者もいたのです。要するに自分の意志で、行為で、自分の未来を変えていく、開いていくということは、まったくできないという考え方、行為には意味がないという考え方です。

しかし仏教は、本来はそうではないわけです。善の行為をすれば、より解脱《げだつ》に近い方へ向かっていく、悪の行為をすれば、苦しみの多い世界、地獄・餓鬼《がき》・畜生《ちくしょう》に生まれる、ということをいいまして、だから自分の行為には責任を持たなければいけないと説いた。これはけっこう釈尊の思想の根本をなしているのです。釈尊の仏教はカンマ・ヴァーディン、業論者、行為論者の説といわれたもので、非常に行為を重視しました。行為には必ずその結果がある。善因楽果《ぜんいんらっか》・悪因苦果《あくいんくか》という、その法則があるのだと主張する。これは釈尊の基本的な立場なのです。それに対して、ここで道元禅師が否定的に扱おうとされている立場というのは、何をしたって意味がないと考えるに至ってしまった人です。時節因縁が熟すれば悟れるが、熟さなければ悟れないのだから、何をやっても結局はむなしいというような考えに陥ってしまった人ということで、出ているようです。

「恁麼《いんも》見取《けんしゅ》して」、このように理解して、です。時節が来なければ、どんなに修行してもどうせ開悟はできないのだと思って、ということです。それで修行をやめてしまうという人もいたらしく、それは困るわけです。「いたづらに紅塵《こうじん》にかへり」、紅塵というのは、世間世俗の塵にまみれた生活のこと。つまり修行をやめてしまって、もったいなくもごくふつうの生活をしていく。

「むなしく雲漢《うんかん》をまぼる」。この、「むなしく雲漢をまぼる」というのは、いろいろな人が、いろいろな解釈を言われています。「雲漢」というのは、しれ者のことだとか、何もわからないもののことをいうとか、ほかにも面白い解釈がありますが、水野弥穂子先生によりますと、「天の川」ということのようです。「むなしく」ですから、呆然と天の川を見ているだけということでしょう。手の届かないところにあるきれいな天の川を、ただ呆然と眺めるだけである。自分のこの仏性が現前するかもしれないという、そういう時節を、どうせ自分の手の届かないところにあるのだなあと思って、あきらめ半分で眺めるだけだ。そうして、結局、修行をやめてしまう。

「かくのごとく修行しゆくところに、自然に仏性現前の時節にあふ」ということがわかっていれば、むしろ悟ろう悟ろうという焦った思いなしに、只管打坐《しかんたざ》をひたすら続けていくことができるようにも思うのですが、時節因縁が熟さなければ悟ることができないということを思って、そこで修行をやめてしまう人がいるというわけです。

「かくのごとくのたぐひ、おそらくは天然外道《てんねんげどう》の流類《るるい》なり」。こういう者たちは、天然外道の仲間だ。天然外道というのは、ふつう、このままでもう生死輪廻から解脱している、このままでもう悟りを開いているのだ、修行はいらない、という立場の人です。ですから、時節因縁が熟さなければ悟りを開けない、それなら今、一所懸命修行したってしようがない、やめてしまおうという立場は、このままでよいという天然外道とはまた少し違うような気がします。時節因縁、それはもう決定している。いつかわからないけれど決定している。それに任せて、あくせく自分をどうこうしてもしようがない。そういう意味で修行をやめてしまう。そういう人が描かれていたわけですが、それを道元禅師は、「天然外道の流類」だと言われた。それは、その運命論者、決定論者の立場が、釈尊の行為論者の立場とちょうど対極にある部類の人々だという意味で、天然外道と言われたのでしょう。

これも結局は、「時節若し至らば」と、悟りの時節というのを未来に考える。今・ここの自己に、実は真の仏の命、本当の自己そのものがはたらいている、それそのものをここでつかまえるのではなくて、何か先に、本当の自己が見られるのではないかと思っている。その構図そのものに問題があるわけです。修行をやめることも問題ですが、その前提にある、何か未来に悟れるのではないかと考え、そして、今・ここの自己を忘れてしまう、そこに問題があるということなのです。ですから、そういう考え方をした者は、正しい仏教の立場の者ではない、外道の流類であるというわけです。

いはゆる「欲知仏性義《よくちぶっしょうぎ》」は、たとへば「当知仏性義《とうちぶっしょうぎ》」といふなり。「当観時《とうかんじ》節因縁《せついんねん》」といふは、「当知時節因縁《とうちじせついんねん》」といふなり。いはゆる仏性《ぶっしょう》をしらんとおもはば、しるべし、時節因縁《じせついんねん》これなり。「時節若至《じせつにゃくし》」といふは、「すでに時節《じせつ》いたれり、なにの疑著《ぎじゃく》すべきところかあらん」となり。疑著時節《ぎじゃくじせつ》さもあらばあれ、還我仏性来《げんがぶっしょうらい》《我《わ》れに仏性《ぶっしょう》を還《かえ》し来《きた》れ》なり。しるべし、「時節若至《じせつにゃくし》」は、十二時中不空過《じゅうにじちゅうふくうか》なり。「若至《にゃくし》」は、「既至《きし》」といはんがごとし。時節若至《じせつにゃくし》すれば、仏性不至《ぶっしょうふし》なり。しかあればすなはち、時節《じせつ》すでにいたれば、これ仏性《ぶっしょう》の現前《げんぜん》なり。あるいは其理自彰《ごりじしょう》なり。おほよそ時節《じせつ》の若至《にゃくし》せざる時節《じせつ》いまだあらず、仏性《ぶっしょう》の現前《げんぜん》せざる仏性《ぶっしょう》あらざるなり。

「いはゆる『欲知仏性義《よくちぶっしょうぎ》』は、たとへば『当知仏性義《とうちぶっしょうぎ》』といふなり」。言葉どおりに解せば、「仏性の義を知らんと欲《ほっ》せば」というのは、たとえて言えば、「当《まさ》に仏性の義を知るべし」と言っていることにほかならないのだ、ということになるわけですが、ここで道元禅師は何を言われたいのか、ですね。

「当に仏性の義を知るべし」というのは、本来、未来を志向しているようなところがあるかと思われます。ふつうはそうですね。しかし、「『欲知仏性義』は、たとへば『当知仏性義』といふなり」ということの言い方で、道元禅師はおそらく、「仏性の義を知らんと欲せば」というのは、「今・ここでまさに『仏性』の義を知っている」という、そのことなのだと、言われたいのではないでしょうか。

それはあとのほうから出てくるのですが、仏性の義を「知らんと欲す」というのは、今・ここでのその人の、その一つのあり方です。知ろうと思うということ自体が、時節因縁の中で起きてくることなのです。その時節因縁というところに仏性があるわけですから、ある意味では、仏性の義を「知らんと欲せば」というそこに、もうすでに仏性が現前している。本来はそういうことがあるわけです。仏の世界、仏の命がいろいろな条件の中で、今・ここで、ある一つの形をとった。我々が生きているというのは、いわば自己を超えた仏の命が、そのつどそのつどの自己の形を結んでいく、自己となってはたらいていく。この世の中ではたらいていく、その一つ一つが仏の命である。それをちょっと縁起の世界の地平に直して言えば、時節因縁の一つ一つが「仏性の現前である」と、このような見方になるわけです。「知らんと欲」したのもまた一つの時節因縁であるわけで、その一つの時節因縁というのは、まさに仏性のはたらき、仏性の現れそのものである。そういう意味で、「仏性の義を知らんと欲せば」というのは、たとえば、「当《まさ》に仏性の義を知るべしというなり」である。ただしこの「当に仏性の義を知るべし」というのは、未来のことというよりも、「当」をむしろ当たるの意でとって、それそのものに見るのでしょう。今・ここで「仏性の義を知る」ということに当たっているのであり、もうそれは

「仏性の義」そのものなのだよ、そのことを自覚すべきだよと、むしろそのようなニュアンスだと思います。「仏性の義を知らんと思う」という、その思うこと自体がまさにその仏性の現前そのものなのだと、今・ここで知るべきである。知るべきというか、それそのものがまさに「仏性の義」そのものではないかと、言われているように思います。

また、「『当観時節因縁《とうかんじせついんねん》』といふは、『当知時節因縁《とうちじせついんねん》』といふなり」。「当《まさ》に時節因縁を観ずべし」。これも、本来の言葉の中では、これから、未来に向けて時節因縁を観察していくべきだという意味でしょう。しかしそうではないのだ。この句はいわば、「時節因縁を知るに当たっている」ということなのだ。その観察そのものが、時節因縁そのもの、あるいは仏性そのもの、仏性の現前そのものなのだ、という意味でしょう。そこで「当知時節因縁」というのと変わらないのだと言われる。観察しているということが、本当はまさにその仏性の中で生きているということの自覚そのものの場なのだ。それが自覚できるその場そのものなのだ。そのことを言いたくて、「当知時節因縁」だと言われる。これは本当は、「まさに時節因縁を知るべし」と読まざるをえないのですが、むしろまさに知っているのだというような意味合いで、道元禅師は使われているのではないかと、私は思うのです。

「いはゆる仏性《ぶっしょう》をしらんとおもはば、しるべし、時節因縁《じせついんねん》これなり」。仏性とは何か、それは、時節因縁が仏性なのだと、ここにはっきり言われています。仏教教学を学んでいると、どうしても仏性というと、何か如来蔵みたいなものがあるのではないかとか、あるいは何か智慧の種子《しゅうじ》があるのではないかとか、ついそういうことにからめ取られてしまうわけですが、本当に仏性というものが何かということを知ろうと思えば、時節因縁がそのまま仏性なのだと知らなければならない。縁起の世界の中で、世界全体が重々無尽の縁起の中で生成し変化している、その一つ一つです。一つ一つ時節因縁が熟する、その一つ一つがまさに仏性である。

実は、因縁が熟すとか、時が熟す、「時熟《じじゅく》する」などといいますが、その「時」のありかというのは、今しかないのです。過去はおそらく存在しないでしょう。未来もおそらく存在しないでしょう。時間ということで考えたら、今しかない。その今はどこにあるかというと、実は、自己がいるその場です。ですから、時節因縁といっても、何か世界は縁起の中で動いていくという一般的なこと、あるいは対象的・客観的なことではなく、それをさらに超えて、今・ここのことなのです。今といっても、それも必ずやその人その人にとっての今です。その人その人にとっての今が、今、今、今と動いていく、結ばれていくわけでありまして、それは自己の力によるのではないですね。そういう意味では、すべてが仏の命であるということは言えるわけです。

とはいえ、仏の命という何か超越的な、目に見えない何ものかがどこかにあるというわけでもないのです。あるのは、そのつどそのつどの今しかない。時節因縁しかない。しかしそこに、時節因縁を超えて、時節因縁を熟させていくというか、個々の自己を超えて、個々の自己を生かさせていくというか、そういうことがある。いつも言いますように、西田幾多郎は「自己は自己を超えたものにおいて自己を持つ」と言った、その自己です。あるいは今です。それはかけがえのないある形を持っているわけでありまして、そういう、そのつどそのつどの自己が仏性である。けっして仏性といって、何か現象を離れた実在のような、仏の命、そういうものがあるわけではないのです。かといって、単なる現象が現象だけで存在しているということにもならない。

『般若心経』の言葉でいえば、「色即是空《しきそくぜくう》、空即是色《くうそくぜしき》」で、色は色だけで存在しているわけではない、色は空ということを本質としているからこそ色である。だからといって、空ということが色を離れてどこかにあるわけではない。仏性というものが仏性だけでどこかにあるわけではなく、あくまでも今・ここ、時節因縁のただ中にある。しかし、だからこそ今が今として現成しえている。命が命として成立しえている。けっして自己というものは自己だけで成り立っているものではなくて、自己を超えたものにおいて成り立っている。しかしその自己を超えたものというものが、自己を離れてどこかにあるわけではない。もう何回も言いますが、「現成公案」の最後に説かれた風と風性の話がありましたね。風性というものがどこかにあると思うのはもうまったくの間違いでありまして、扇であおいでいて、そこに風が生まれている、そのただ中に風性があるのです。それとちょうど同じような話で、「仏性をしらんとおもはば、しるべし、時節因縁これなり」と、今・ここに仏の命を証《しょう》するほかないのです。

「『時節若至《じせつにゃくし》』といふは、『すでに時節《じせつ》いたれり、なにの疑著《ぎじゃく》すべきところかあらん』となり」。「時節若《も》し至らば」、これはふつうの読み方をすれば、未来のときに時節がもし来たならばと読むところなのですが、仏さまの言葉としての「時節若至」というのは、もうすでに時節至れりだという。それは「時節若し至らば」と言っているそのただ中に、もう時節が来ているわけで、実は仏性が現前しているのです。実は、仏性のはたらきが、そこにはたらいているわけなのです。ですから、もう時節至れりなのです。いったい何を疑うべきことがあろうか、そういうその「時節若至」なのだ。

「疑著《ぎじゃく》時節《じせつ》さもあらばあれ、還我仏性来《げんがぶっしょうらい》なり」。疑うこともやむをえないでしょう。疑うなら疑ってもよいけれども。「還我仏性来」、これは「還《ま》た我が仏性の来たれるなり」とでも読んだらいいかがでしょう。その疑うのもまた、まさに自己自身の仏性が来たれるというか、至るというか、実現したというか、そうなのだというわけです。「我《わ》が」というところがちょっと気になります。我《わ》がなどという語は、要るのか要らないのかわかりませんが、疑いもまた仏性の現前なのだ。我々の日常の活動の一つ一つが、そのつどそのつどの、而今《にこん》の一つ一つが仏性の現前なのだと、こう言われていると見れば、すんなり読めるように思うのです。なお、ここは「我れに仏性を還《かえ》し来《きた》れ」と読むのがふつうです。ただ、どうもそれでは私にはちょっと意味が通じませんので、それも「また我が仏性の来たれるなり」とあえて読んでみます。確かに「還我……来」は「我に……を還し来たれ」と読むべきなのですが。

「しるべし、『時節若至《じせつにゃくし》』は、十二時中不空過《じゅうにじちゅうふくうか》なり」。時節若し至らばというのは、十二時中不空過である。これ、空《むな》しく「すごさず」と読むか、「すぎず」と読むかですね。ちょっとニュアンスが違ってきます。いずれにしても、「時節若至」は、時節若し至らばと言っているけれども、実はこれは「時節すでに至れり」です。すでに至れりということですから、そのつどそのつど、仏性の現前だということなのです。若し至らばの未来の時にとらわれてはだめだ。若し至らばと言っているそれそのものがもう、仏性の現前じゃないか。そういう意味では、時節若し至らばというのは、もうすでに至れりなのだ。それは時節若し至らばと言っているその今だけではない。いつもいつもが時節すでに至れりなのだ。つまり、いつもいつもが仏性の現前なのだ。自己は自己を超えたものにおいて実は生きているのだ。仏さまの命の中で、常に常に生きているのだということです。ですから、それは「十二時中空しく過ごさずなり」ということになります。「過ぎずなり」のほうが、私はなんとなくぴったりしますが、言いたいことは十二時中、いつでもいつでも仏性の現前である。今は凡夫で修行していて、将来、悟りを開いて空しくすごさないようになるというのではなくて、今・ここで仏の命に預かっての一瞬一瞬である、ということでしょう。

修行についても、道元禅師は「修証一等《しゅしょういっとう》」ということを言われた。修行はそのまま悟りの世界そのものである。悟りの世界はそのまま修行の世界である。だからこそ、「道は無窮《むぐう》である」といわれるのです。それは修行の世界だけではなくて、我々の日常の一瞬一瞬が、あえて言えば、仏の命に運ばれての一瞬一瞬である。そういう意味では、いつもいつも仏性の現前としての、現在、現在、現在の連続である。そこを「十二時中空しく過ぎざるなり」と読みたいのですけれども。

さらに、「『若至《にゃくし》』は、『既至《きし》』といはんがごとし」。「若し至らば」と言っているのは、「すでに至れり」というのと同じなのですよと、これも道元禅師の独特の読み方ですね。

「時節若至《じせつにゃくし》すれば、仏性不至《ぶっしょうふし》なり」。ここは、本当は「若至」は、「既至」なのだけれども、その「若至」を、もし時節が未来に至るというふうに考えるとするならば、それではいつまでたっても仏性には出会えませんよ、未来の自己を夢想して、それにかかわっているというようなことでは、本当の仏の命の世界に出会うことはできませんよと、こういう形で一つ読むことができるのだろうと思います。

もう一つは、「若至」はもう「既至」だ。すでに至れりということなのだ、そう取るとします。そう読むなら、本当は「仏性現前なり」とでも言いたいところを、道元禅師はあえて「仏性不至なり」と言われた。その不至というのは、仏性と一つになる、仏性そのものになり切ったところでおさえれば、至るも至らないもない、来るも来ないもないということになって、「不至なり」と解せます。仏性そのものになり切っているという、そこを「仏性不至なり」と読むことができるかもしれません。

私は、すでに「若至は既至」と言われていたのですが、その次に、「時節若至すれば」と言ったときのこの「若至」は、もし未来に至らばということで、そう考えるならば、それではその仏性には出会えませんよということを言われたのではないかなと思います。

「しかあればすなはち」、そういうわけなので、すなわち、「時節《じせつ》すでにいたれば、これ仏性《ぶっしょう》の現前《げんぜん》なり」。時節はすでに至っている。そのつどそのつど時節因縁の中での自己がいる。縁起の中でそのつどそのつど自己が他者に関わり、世界に関わりしながら生きているのだから、それはすべて仏性の現前なのであります。

「いはゆる仏性をしらんとおもはば、しるべし、時節因縁これなり」なのでした。そういうわけなのですから、「時節すでにいたれば、これ仏性の現前なり」と、おのずからそういうことになるわけです。今ですね。今というのは自己のあるところに今があるわけで、その今しか世界にはないわけです。その今が、今、今、今と動いていく。それはもう時節の因縁です。それは自己を超えた世界から起きてくるわけでありまして、それを一言でいえば、仏さまの命の世界というか、仏性というか、そういうようなことになるわけです。

それが一つですが、同時に、前にも言いましたように、「悉有《しつう》は透体脱落《とうたいだつらく》なり」ということがあったわけでして、時節因縁というのは、結局は今ということになるわけですが、この今というのは、対象的にとらえることはできないのです。今になりつくしてしか、今を自覚することはできないわけです。今になり切る。それは、自己が自己になり切るのです。主体が主体としてはたらいているそのただ中、命が命としてはたらいているそのただ中です。そこに仏の命がはたらいている。自己を透脱して、しかも自己としてはたらいている。そこに自己の本来のあり方、本来の面目というものがある。「身心《しんじん》脱落《だつらく》、脱落身心《だつらくしんじん》」、そこに仏性が見い出される。この仏性というのは、道元禅師に言わせれば、仏になる要因とか、仏としての本性とか、そういうことではなくて、仏である眼睛《げんぜい》です。まさに仏であるということの、その核心です。

そういう意味で、仏性は、そのつどそのつどの現在に見い出されるべきものです。「時節すでにいたれば、これ仏性の現前なり」というのは、そういうところです。今の先端において、自己を透脱して、その自己そのものとしてはたらいている、そのただ中、そこに仏としての存在、本来の自己としての存在そのものが実現している、現成している、そこに仏性の現前ということがある。

「あるいは其理自彰《ごりじしょう》なり」。あるいはそのことわりはおのずから明らかであります。「おほよそ時節《じせつ》の若至せざる時節いまだあらず」、時節が若し至らばという若至なのですが、ここでは若しというのは、もうほとんど意味を失っていて、至るというところに意味をこめているのでしょう。「おほよそ時節の若至せざる時節いまだあらず」、そのつどそのつど時節が至ったときでないものはない。それはただちに「仏性《ぶっしょう》の現前《げんぜん》せざる仏性《ぶっしょう》あらざるなり」と。「仏性の現前せざる時節あらざるなり」でもよいと思うのですが、それではちょっとつまらないと思われたのか、仏性が現前しないような仏性はないのだ。仏性といえば必ず、そのつどそのつどの時節において現前しているのだ。現前というのは、そのつどそのつどの今が結ばれていくということが一つありますし、と同時に、今において自覚されるといいますか、主体そのものにおいて自覚されているということでもあります。対象的にとらえられた、限定されたものではなくて、それそのものが自覚される、そういう形で仏性というものが現前しないことはない。そのことを今の「時節若至……」の言葉に読むべきだという形で、一種の拈弄《ねんろう》ですね、つまり本来の意味を超えた形で読み込みながら、道元禅師のいっそう高い見地に立たれ、そこで言いたいことを示されたわけです。

もともと、「欲知仏性義、当観時節因縁。時節若至、仏性現前」の句は、要するに、悟りというものはどんなに努力したって時節が、縁起が、因縁が熟さなければ悟れないのだ。だから、それはそれとして、とにかく修行しなさい、という意味の言葉だと思うのですが、道元禅師は、そんなことではないのだ、今・ここで仏性が現前している。今・ここだけではない、いつでもである。その、いつでもというのは、その人その人にとっての今以外にはない。そのつどの今以外にはないわけですが、そこに仏性が現前している、仏の命がはたらいている。自己を超えて、自己としてはたらいている。そこをつかまなければ、いつまでたってもラチがあかないではないか、と言われるのです。そこにこの真実があるのだ、それをなんとかして指し示したい。とりわけ仏性という言葉を聞くと、何か仏としての本性みたいなものをどうしても考えてしまう。それを打破して、否定しつくして、そして今・ここの自己そのものですね、今・ここのあなたそのもの、それに目覚めてくださいと、そういうことを強調されているように思います。

それでは次の段に進みたいと思います。

第十二祖《だいじゅうにそ》馬鳴《めみょう》尊者《そんじゃ》、十三祖《じゅうさんそ》のために仏性海《ぶっしょうかい》をとくにいはく、

「山河大地《せんがだいち》皆依《かいえ》建立《こんりゅう》、三昧《さんまい》六通《ろくずう》由茲《ゆうじ》発現《ほつげん》《山河大地《せんがだいち》皆《みな》依《よ》つて建立《こんりゅう》し、三昧《さんまい》六通《ろくずう》茲《これ》に由《よ》つて発現《ほつげん》す》」。

しかあれば、この山河大地《せんがだいち》、みな仏性海《ぶっしょうかい》なり。「皆依建立《かいえこんりゅう》」といふは、建立《こんりゅう》せる正当恁麼時《しょうとういんもじ》、これ山河大地《せんがだいち》なり。すでに「皆依建立《かいえこんりゅう》」といふ、しるべし、

仏性海《ぶっしょうかい》のかたちはかくのごとし。さらに内外中間《ないげちゅうかん》にかゝはるべきにあらず。恁麼《いんも》ならば、山河《せんが》をみるは仏性《ぶっしょう》をみるなり、仏性《ぶっしょう》をみるは驢腮馬觜《ろさいばし》をみるなり。「皆依《かいえ》」は全依《ぜんえ》なり、依全《えぜん》なりと会取《えしゅ》し、不会取《ふえしゅ》するなり。
「三昧六通由茲発現《さんまいろくずうゆうじほつげん》」。しるべし、諸三昧《しょざんまい》の発現未現《ほつげんみげん》、おなじく皆依仏性《かいえぶっしょう》なり。全六通《ぜんろくずう》の由茲不由茲《ゆうじふゆうじ》、ともに皆依仏性《かいえぶっしょう》なり。六神通《ろくじんずう》はたゞ阿笈摩教《あぎゅうまきょう》にいふ六神通《ろくじんずう》にあらず。六《ろく》といふは、前三々後三々《ぜんさんさんごさんさん》を六神通波羅蜜《ろくじんずうはらみつ》といふ。しかあれば、六神通《ろくじんずう》は明々百草頭《めいめいひゃくそうとう》、明々仏祖意《めいめいぶっそい》なりと参究《さんきゅう》することなかれ。六神通《ろくじんずう》に滞累《たいるい》せしむといへども、仏性海《ぶっしょうかい》の朝宗《ちょうそう》に罣礙《けいげ》するものなり。

「第十二祖馬鳴尊者《だいじゅうにそめみょうそんじゃ》、十三祖《じゅうさんそ》のために仏性海《ぶっしょうかい》をとくにいはく」、インドの、釈尊以来第十二祖であるのが馬鳴尊者。第十三祖は、迦毘摩羅《かびまら》尊者という方のようです。馬鳴尊者が迦毘摩羅尊者に、「仏性海をとくにいはく」、仏性の海について説くには、ということですね。実はもともとの文献、『景徳伝燈録《けいとくでんとうろく》』では、「性海」とあるだけです。その性は、本性かもしれない、実性かもしれない、法性かもしれません。すべて同じものですけれども。それについて道元禅師は、あえて「仏性海」と言われまして、そして「山河大地皆依《せんがだいちみなよ》つて建立《こんりゅう》し、三昧六通茲《さんまいろくずうこれ》に由《よ》つて発現《ほつげん》す」と十三祖のために言ったという。仏性海を説いているわけですから、「山河大地は皆、仏性海によりて建立し、三昧六通は仏性海より発現す」ということになります。山河大地は仏性海によって成立している、三昧六通も仏性海によって発現する、すべては仏性海によっているのだと言ったというわけです。

その原典には、「性海」という言葉しか出てこないのですが、仏性が言われていると見まして、ではこの仏性は何かということで、また拈弄されていくわけです。山河は、もちろん山と河ですからよいですね。「三昧六通」、三昧というのは、サマーディという、サンスクリットの言葉を音で写したものでありまして、三という言葉に数の意味はありません。ただの音写です。ところが、三がきたから六というものを考えたのでしょうか。六通のほうの六には意味がありまして、六つの神通力です。一つは「神足通《じんそくつう》」、どこにでも素早く行けるという。それから「天眼通《てんげんつう》」、遠く離れたところのことが見える。あるいは「天耳通《てんにつう》」、遠く離れたところの音が聞こえる。それから「他心通《たしんつう》」、ほかの人の心が読める、何を考えているかわかる。それから、五番目に「宿命通《しゅくみょうつう》」、過去世のことなどがわかってしまう。宿命通という神通力があるということは、やはり、生死輪廻があるということになるのでしょうか。それから、最後は「漏尽通《ろじんつう》」といいまして、煩悩がすっかり離れたところに現れる智慧です。神足通・天眼通・天耳通・他心通・宿命通・漏尽通、六つの神通力がある。これは仏典ではよくいわれることです。実際に禅定《ぜんじょう》を深めていくと、そういう通力というものが具わるようです。もちろんそれにとらわれたりしたら大変なことになる。とんでもない方向へそれたりしかねません。しかしそういうことが現象として起きることは、経験的に事実であると、仏教では修行の積み重ねの中でそう見ているわけです。

実際、あるといえばあるようですね。三島の龍澤寺《りゅうたくじ》というところに昔、山本玄峰《やまもとげんぽう》老師という方がいらして、この方は二十世紀最大の禅者であると謳《うた》われる方です。玄峰老師は侍者に、これから誰それが来るからと、電話も何もないのにそういうことを言うらしいのですね。そうすると必ずその人が現れるというのです。あるときには、今あのへんの松林を歩いている、そのうち来るからと言ったとか。そのような話もないわけではありません。そういう三昧六通も仏性海、仏性によって発現するのだと、こういうことを馬鳴尊者は迦毘羅尊者に言ったといいます。

その言葉を取り上げられまして、「しかあれば、この山河大地《せんがだいち》、みな仏性海《ぶっしょうかい》なり」。もとの、「山河大地皆依建立」、「山河大地はみな仏性海によりて建立す」では、どうも仏性海という基盤があって、それによって山河大地があるというような趣きがなきにしもあらずです。しかし道元禅師は、「しかあれば」、そうであれば、つまりそうであるので、ですね、「この山河大地、みな仏性海なり」。山や河は、それはそのまま仏性海そのものなのだと、このような言い方をされています。

「『皆依建立《かいえこんりゅう》』といふは」、みな仏性海によりて建立すと言っているのは、「建立《こんりゅう》せる正当恁麼時《しょうとういんもじ》、これ山河大地《せんがだいち》なり」。建立せるその、まさにそのとき、それがもう山河大地なのだと言われる。仏性が一つの作用をなす、それがそのまま山河大地なのだ、そういう言い方の中で、山河大地がそのまま仏性だという言い方をされているのだろうと思うのですが、まず仏性があって、それをよりどころとして、山河大地があるというのではなくて、仏性が建立する。時節因縁を結ぶというか、仏性がはたらくというか、それはそのまま山河大地なのだ。その山河大地のほかに仏性があるわけではないという、そういうニュアンスがあるのだろうと思うのです。

「すでに『皆依建立《かいえこんりゅう》』といふ、しるべし、仏性海《ぶっしょうかい》のかたちはかくのごとし」。すでにみな仏性によって建立するという、そう言っている以上は次のように知るべきである。仏性海というものの姿・形というのは、山なら山、河なら河そのものなのだ。山や河を離れて、何か色も形もなき仏性というものがどこかにあるということではない。建立すると言っている以上、仏性海が全体、山や河になりつくして、山や河という、上がとがった三角の形をしている、長い帯のような形をしている。要するに、山や河はそのまま仏性ですよ、ということです。時節因縁はそのまま仏性ですよ、現象世界の一つ一つがそのまま仏性ですよ、というのです。『般若心経』では、「色即是空、空即是色」で、空《くう》はそのまま色《しき》ですよといっていた。ある意味ではそれと同じなわけですが、ただ、色はそのまま空だ、空はそのまま色だという、そのことをどこで見るかなのです。今までの流れでいえば、やはり今の、主体が主体であるというそのただ中、そこで初めてそのことが本当に自覚される、そういう子細はあるのだろうと思いますが、ともかくここでは要するに、仏性海とは何かといえば、それは山や河の形なのだと、そういう意味で、「仏性海のかたちはかくのごとし」。

「さらに内外中間《ないげちゅうかん》にかゝはるべきにあらず」。ふつう、仏性というと、たとえば如来蔵と同じで、人は如来の胎児を内に持っている、というようなことを言うわけです。そういう意味では、仏性は自己の内にあるというような話になります。あるいは逆に、真如法性《しんにょほっしょう》というのは一切の世界を貫いているということになります。その場合、自己の外にあるということになるかもしれません。あるいは自己と世界の中間にあるとか、そのようにいろいろ考えるかもしれませんが、そういうことではないのだというわけです。本当はこの「内外中間」というのは、文脈の中でいうと、仏性と人間というよりも、山や河にとってその内部かその外か、あるいは、山河と世界の中間か、そういうことではないのだというように、むしろ読むべきかもしれません。今は山河大地がテーマですから。しかし人間と仏性ということで考えると、比較的考えやすいですね。内でも外でも中間でもない。自己の中にあるのでもないし、自己の外にあるのでもないし、自己と外の中間にあるわけでもない。しかし今は、山河大地と仏性ということできていますから、仏性は、山の内側、河の内側にあるというわけでもない。山・河の外にあるわけでもない。さらに山河とその他の中間にあるのでもない。要するに言いたいことは、仏性は山そのものである、河そのものであるということです。

「恁麼《いんも》ならば」、そのようであるならば、「山河《せんが》をみるは仏性《ぶっしょう》をみるなり」。山河を見るというのは、実際は仏性を見ることなのだ。「仏性《ぶっしょう》をみるは驢腮馬觜《ろさいばし》をみるなり」。たとえば禅では「見性」といって、何か自己の本性を見る。それは仏性を見るとも考えられているかもしれません。多くの場合、平等一味なる本性を見ることのように考えられているでしょう。見性においてそのようなものを見るのではないかと、夢想されるかもしれませんが、道元禅師に言わせれば、仏性を見るというのは、驢馬のエラですか、顎《あご》か何かですね。あるいは馬の、これ嘴《くちばし》ですけれども、口か何かです。要するに、日常どこにでもあるものを見る、日常眼前のどんな事物にも、そこに仏性を見るということができるのだ、というより、それそのものが仏性なのだと言うのです。

これは汎神論《はんしんろん》のように、すべてが仏さまだ、すべてが神だというのとは、おそらく違うのだろうと思います。「山河をみるは仏性をみるなり」といっても、山を見ることが仏性を見ることとして、その見ることを実現するのはどういう仕方で見るのか。確かに山と離れて仏性というものをどこかに考えるべきではない。山はもうそのまま仏性だと考えるべきでしょうが、その山がそのまま仏性であることを見ることになるような見方、それはどこで成り立つかです。

先ほども「当《まさ》に時節因縁を観ずべし」という、その「当観」というのは、能所にかかわらない、能観・所観にかかわらないと言われていたわけです。道元禅師は、『正法眼蔵』に「山水経《さんすいきょう》」という巻を書かれていまして、「而今《にこん》の山水は、古仏の道現成なり」と書き出されていますね。今・ここでの、「而今の山水は、古仏の道現成なり」。この「道」も、私は「言う」だと思います。けっして「みち」ではないと思います。つまり古仏の説法だ、真理の現成だと言っているわけですが、その「而今の山水」とはいったい何なのか。それは、山が山としてそびえているそのただ中です。今というのは自己がそこにいる、その場ですが、そこにおいて、山が山としてそびえている、その、純粋経験とでもいうべき世界でしょう。西田幾多郎は色を見、音を聞く刹那、いまだ主観客観の分かれざる以前、そこに実在があるということを言ったわけですが、山が山としてそびえていることが、ただちに自己が自己としてあることであるような、その場そのもの、そこで山を見ることが仏性を見ることであるということが実現する。その実現する世界、そこをおさえれば、何を見てもそれは仏性を見ることになるのだ。言い換えれば、そのつどそのつどが、その仏性の現前そのもの、仏さまの命のはたらきそのものの中に生きているのだ。どれをとってもそうなのだということでしょう。

「『皆依《かいえ》』は全依《ぜんえ》なり」、皆依《みなよ》るというのは、すべてのものが仏性に依るということなのだ。全依というのは、むしろ「依全《えぜん》なり」である。あらゆるものは全に依っている。このときの全というのは、仏性ということではないのでしょうか。仏性海と、海という広がりをイメージさせるような言葉をつけてこの仏性を言ったわけで、それはすべてのものを貫いている本性です。しかし、何か有るものとしての本性ではないのですが、そういう意味合いがありますから、それは全といえば全です。すべては全に依っているのだ。全に依っているということは、要するに仏性海に依っているのだということです。依っているといっても、二元的に分かれていて、そして依っているというよりも、仏性は、山なら山になりつくしている。河なら河になりつくしている。今なら今になりつくしている。それが、そのつどそのつど運ばれていくという、その世界です。そこを依全なりと言いまして、そう「会取《えしゅ》し、不会《ふえ》取《しゅ》するなり」。それを了解することもあるし、あるいは了解しないこともあるのだ。了解するというのも仏性の時節因縁、仏性の現前の一つだし、了解しないのも仏性の現前の一つである。どれもが仏性の現前です、ということで「会取し、不会取なり」と言われたのでしょう。会取し、不会取するの、いずれも仏性そのものの現前である。いずれもが時節因縁である。それだけでよろしいかと思います。

「三昧《さんまい》六通《ろくずう》由《ゆう》茲《じ》発現《ほつげん》」。三昧も六神通も、すべては仏性のはたらきであり、むしろ仏性そのものである。「しるべし、諸三昧《しょざんまい》の発現未現《ほつげんみげん》」、三昧にはいろいろあります。王三昧《おうざんまい》といったり、個々三昧といったりするような場合もあります。確かに、たとえば『華厳経《けごんぎょう》』でいいますと、毘盧遮那仏《びるしゃなぶつ》は海印三昧《かいいんざんまい》に入っている。ところが毘盧遮那仏は説法しないです。そのつどそのつど普賢《ふげん》菩薩が説法したり、文殊《もんじゅ》菩薩が説法したり、何とかという名前の菩薩が説法したりする。それらの菩薩はそれぞれ、それぞれの三昧にいったん入って、それから説法をする。その三昧の名前がいろいろとついています。いろいろな三昧がある。それが、現れようが現れまいが、「おなじく皆依仏性《かいえぶっしょう》なり」、すべてはみんな仏性によっているのだ、すべてが仏性のはたらきである。

「全六通《ぜんろくずう》の由茲不由茲《ゆうじふゆうじ》」、先ほど申しましたような、全部で六つの神通力も、これによってはたらく。あるいはこれによらずしてとありますが、要するにはたらかない。神通力がはたらくも、はたらかないもということでしょう。「ともに皆依仏性《かいえぶっしょう》なり」。「ともに皆、仏性によるなり」ですから、「これに由らない」ということは本当はないのですよね。みんなこれによっているわけですから。けれども、「これに由り、これに由らず」とあえて言われたのは、発現未現と同じことで、神通力が行使されようがされまいが、はたらこうが、はたらくまいが、みんな仏性によっているのだ、すべては仏性の世界の中でのことだということでしょう。

「六神通《ろくじんずう》はたゞ阿笈摩教《あぎゅうまきょう》にいふ六神通《ろくじんずう》にあらず」。阿笈摩教は『阿含経《あごんきょう》』で、阿含とはアーガマのことです。アーガマというのは、伝承されたものということで、釈尊がこういうふうに説法されたと伝承されたもの、それを集めたものが、いわゆる『阿含経』といわれるものです。それは、釈尊が説法したものを忠実に記録したものと考えられたものですが、しかし、実際に今日に残っているものは、後世のお弟子さんたちの手が相当に入っており、相当整理されたもので、それをそのまま釈尊が説いたとはとうてい言えないものです。そういう意味では、釈尊は実際にどう説いたのか、それはなかなかつかめないというのが、学者の意見だと思います。聖書も、イエスが本当にバイブルを説いたのか、問題にされます。それはあくまでもお弟子さんがどう聞いたかということを表しているだけであって、イエスの言葉をそのまま残しているとは言いきれないと、聖書学のほうではさかんにそういうことを言うようですが、仏典にも同じような事情はあるかと思います。

その『阿含経』にいう六神通にあらずというのは、先ほど説明したような六つと規定された、そういう神通力ではないのだと言うのです。「六《ろく》といふは、前三々後三々《ぜんさんさんごさんさん》を六神通波羅蜜《ろくじんずうはらみつ》といふ」。前三々後三々というのは、前にいくつもある、後ろにいくつもある、そのようにたくさんあるということでしょう。けっして六つに限られない、たくさんある。そのたくさんの数のいろいろなはたらきを、六神通波羅蜜といっているのだと言われるのでしょう。なぜここで波羅蜜をつけたのかよくわかりませんが、波羅蜜というのは、修証一等《しゅしょういっとう》の世界でありまして、仏さまの悟りの世界の現れです。だから、神通というのも、仏の命の現れだというようなことで、波羅蜜という語をつけられたのかもしれません。よくわかりません。言いたいことは、六神通といったからといって、六に限られない、たくさんのことがある。すべてのはたらきが六神通という言葉の中に含まれているのだということのようです。

「しかあれば」、そうであるので、「六神通《ろくじんずう》は明々百草頭《めいめいひゃくそうとう》、明々仏祖意《めいめいぶっそい》なりと参究《さんきゅう》することなかれ」。

「明々たり百草頭、明々たり仏祖意なり」という禅語があります。臨済のほうの公案修行では、見解《けんげ》を呈すると、そのあとでその見解の心を表す言葉を探して置くということをしたりします。詩の文句とか、禅僧がかつて使った言葉とか、そのうちのちょっとした文句を取ってきて、その心はこういうことですといって、その言葉を置く、これを「著語《じゃくご》」といいます。その著語のために、小さな辞典みたいなものがあって、『禅林句集《ぜんりんくしゅう》』というものがあります。その『禅林句集』でこの句を見ますと、「事事《じじ》物物《もつもつ》これみな祖師の心」という意味の言葉だと出てきます。「祖師の心」というのは、悟りの心といいますか、仏の世界そのものということです。だから「事事物物これ仏性だ」と言っているのと変わらないです。また『禅語字彙《ぜんごじい》』という禅語の辞典があるのですが、これを見ますと、「野末の草の葉先にも明々として仏性は現前せり」とあります。そのように、実際、この句の説明に仏性という言葉が使われているのです。

ですから、「明々たり百草頭、明々たり仏祖意なり」という言葉は、どの一つ一つとっても仏性そのものでありますよと、そういう句と受けとめられるわけです。とすれば、六神通がこれによって発現する、その六神通というのは、およそあらゆるものすべてなのだということで、ここはむしろ「明々百草頭、明々仏祖意なりと参究すべし」でよいのではないかと思われます。ところがここで道元禅師は、そう「参究することなかれ」と言われるのです。一つ一つの事物が祖師の心である仏性であるとは、「参究することなかれ」と言われる。どうしてそのように言われるのかなあと思うのですが、あえてそこに脈絡をつけるとするならば、六というのは六ではないのだ、事事物物の多なのだと、そういうふうに思ってはいけない。六はそのまま多なのだから、そんなふうに百とか何とか言い換える必要はない。六神通というのは、もうそのままで多くのことがそこに含まれている。多くのことをすでに意味しているのだから、六神通は百草頭云々というふうに言い換えて、そして参究しなくてよいのだ。そのように解釈すれば、参究することなかれと言っていることの意味がある程度わかるかなとも思います。道元禅師はなんでこのように言われたのかちょっとわかりかねます。「参究すべし」でよいのではないかと思うのですけれども。

「六神通《ろくじんずう》に滞累《たいるい》せしむといへども」、これは六神通に滞らせるということですね。だから百とか何とか言わないで、六でもういいのだ。ただ、六の中に前三々後三々というものがもうすでに含まれているのだという、その六なのだということなのですが、その六に滞らせ、留まらせる。だから、他にわざわざ百草頭、仏祖意と言うなということなのです。

けれども、その六のままに「仏性海《ぶっしょうかい》の朝宗《ちょうそう》に罣礙《けいげ》するものなり」。これがまた難しい。「朝宗」というのは多くの流れが集まってくるということのようです。宗は大本で、朝は、たとえば中国で皇帝に貢ぎ物をあげるのを朝貢といいますが、海に多くの河から流れが集まってくる。「仏性海」と、海と言っていますから、それにかこつけてといいますか、仏性海に多くの河からあらゆるものが入り込んでくる、流れてくる、ということです。そのことに「罣礙するものなり」。六なら六に留まらせるのだけれども、六のままに、あらゆる事物が仏性海に流れ込む。流れ込むといっても、あらゆる事物と仏性海と分けて考えてはいけないのです。むしろ、あらゆるものが仏性海そのものであるというところを見るべきなのでしょう。そこで仏性にあらゆるものが集まってきているのに罣礙するという。罣礙はふつう、邪魔するというようなことなのですが、これ邪魔するでは意味が取れませんので。それそのものに同化してしまっていること、一体になっていること、の意で、それで罣礙するということと受けとめましょう。

だから、六に留まらせるのだけれども、そのままで、仏性そのものに充当せられているのだ、一体化しているのだ、そのことを了解すべきなのだということでしょう。

最後のほうはちょっと道元禅師の言葉の遊びが過ぎているような気がしますが、むしろ発現しようがしまいが、神通力が発揮されようがされまいが、すべてが仏性の世界の時節因縁であり、一つ一つの、今・ここのそれぞれの形である。逆にそのすべてが、そのつどそのつどの仏の命の世界だ。そこに仏性があるのだ。それ以外に別に何かどこかに仏性があるわけではない。そこで本当の自己、本来の自己ですね、真実の自己に出会いなさい、ということではないかと思います。

正法眼蔵講義　第一四講

「仏性」の巻〔六〕

次は、「五祖大満禅師云々」という、そこからです。五祖弘忍、臨済ではグニンと呼ぶと思います。曹洞宗ではコウニンと呼びますか。その師の四祖と五祖との問答の中で、仏性を究明していかれます。四祖と五祖の問答は、「姓」を巡っての問答になっております。そういう世俗の姓とパラレルに、インド仏教で、種姓《しゅしょう》というものが説かれます。この人の種姓は何であるということによって、その人の宗教的なありようが決まってくるということも、仏教の世界の中でけっこういわれたりしたわけです。もちろん、釈尊自身は、家柄でその人自身が決まるのでなく、行為によってそれは決まるのだと言いました。それは釈尊のインド世俗社会批判なのです。私たちは、そのことをどこまでも尊重すべきです。ただ、そのことをふまえて、個人の仏道上のあり方を、種姓を用いて語ったりしたのでした。

特に唯識思想を唱えた瑜伽行派《ゆがぎょうは》では、「三乗《さんじょう》思想」を唱えています。三乗というのは三つの乗り物で、声聞《しょうもん》乗・縁覚《えんがく》乗・菩薩《ぼさつ》乗のこと。声聞というのは、小乗仏教の修行者のことです。縁覚は、縁に触れて覚るというような意味、あるいは十二縁起を観察して覚るというような意味で、これも小乗の修行者ですが、師につかないで一人で修行をして覚るのだといわれております。そして菩薩は、大乗仏教の修行者です。ある人が声聞の種姓なのか、縁覚の種姓なのか、菩薩の種姓なのか、それによってその人の最後に到達する地点が違ってくる。それが厳然と分かれていると主張するのが、「三乗思想」です。

それに対して「一乗」というのは、いま声聞で修行している人も、縁覚で修行している人も、あるいは、ある種の大乗仏教で修行している人も、やがては一つの真理の世界へ入っていくのだ、という立場です。これが一乗思想、「一仏乗《いちぶつじょう》」でありまして、その場合は、実はどんな人も菩薩の種姓を持っているのだ、本来菩薩の家に生まれたのだ、という考え方になってくるわけです。

そういう意味では、一人一人、一方では世間の名字がありますが、宗教的に見ればみんな実は仏という家の名字を継いでいるのだ、仏という家の名字のもとに生きているのだということになるわけです。「一切衆生《いっさいしゅじょう》、悉有仏性《しつうぶっしょう》」ということは、誰もが仏の種姓であるということです。ただ、本当にブッダの家系に生まれたと言いうるには、おそらく菩提心を発《おこ》すという、その人なりの深い決意・覚悟が必要なのでしょう。それは自分で発すのか、むしろ仏の側より発されるのか。ともかく発菩提心《ほつぼだいしん》があって初めて本当の意味でブッダの種姓を継いだ、名跡を継いだということになってくるのでしょう。

そういう姓名というか、種姓というか、それは仏教の世界の中でもけっこう人間の存在のあり方に関わるテーマとして論じられてきたのでした。それをめぐって四祖と五祖の間に禅問答がなされまして、それを道元禅師はまた、ご自分の独特な立場から解明され、分析されていくわけなのです。

誰もが仏の種姓を持っている、これはもう唯識とかの特別な場合を除いては、天台にせよ華厳にせよ、みんな同じです。ある意味では当然なわけです。問題は、では、その仏とは何かです。それを道元禅師は、たとえば「透体脱落《とうたいだつらく》」といって示されます。それは「只管打坐《しかんたざ》」、打坐の中で坐りきる、死にきる、そのときに自覚されてくる世界です。道元禅師はそこに仏を見られるわけです。それはやはりご自身の体験の、「身心脱落《しんじんだつらく》、脱落身心《だつらくしんじん》」という、そこから発していらっしゃるのだろうと思います。ですから、仏とはこうだよといって、なかなか説明しきれないです。むしろ、自己が自己になり切ったところ、自己が自己そのものである、そこに仏という世界がある。仏の種姓というものも、そのことをふまえて理解しなければなりません。

それをちょっと前置きとしまして、次のところを拝読してまいりたいと思います。まず、問答のところを読んでまいりましょう。

五祖大満禅師《ごそだいまんぜんじ》は、蘄州黄梅《きしゅうおうばい》の人《ひと》なり、父無《ちちな》くして生《うま》る、童児《どうじ》にして道《みち》を得《え》たり、乃《すなわ》ち栽松道者《さいしょうどうじゃ》なり。初《はじ》め蘄州《きしゅう》の西山《せいざん》に在《あ》りて松《まつ》を栽《う》ゑしに、四祖《しそ》の出遊《しゅつゆう》に遇《あ》ふ。道者《どうじゃ》に告《つ》ぐ、「吾《わ》れ汝《なんじ》に伝法《でんぼう》せんと欲《おも》へば、汝已《なんじすで》に年邁《としす》ぎたり。若《も》し汝《なんじ》が再来《さいらい》を待《ま》たば、吾《わ》れ尚汝《なおなんじ》を遅《ま》つべし」

「五祖大満禅師《ごそだいまんぜんじ》は、蘄州黄梅《きしゅうおうばい》の人《ひと》なり」、五祖とは、禅宗の達磨から数えて第五番目の祖師です。その大満禅師、大満弘忍です。六祖慧能《えのう》の師になる方ですが、この方は蘄州黄梅の人であった。湖北《こほく》省の方だということです。「父無《ちちな》くして生《うま》る」、この弘忍は、お父さんがなくて生まれた。イエスさまみたいな方ですね、処女懐胎みたいな。そして、「童児《どうじ》にして道《みち》を得《え》たり」、子どもながらにもうすでに道を得ていた。そういう大器、法器であったといいます。

「乃《すなわ》ち栽松道者《さいしょうどうじゃ》なり」。この大満禅師、弘忍は、実は栽松道者といわれた人でした。「初《はじ》め」、つまりもともと、「蘄州《きしゅう》の西山《せいざん》に在《あ》りて松《まつ》を栽《う》ゑしに」、山村か何かのひなびたところにいたのかもしれません。松を植えていた。なんで松を植えていたのでしょう。松の実でも採ったのでしょうか。禅にはよく松を植えるということが出てきますけれども。

「四祖《しそ》の出遊《しゅつゆう》に遇《あ》ふ」。四祖道信《どうしん》といわれる方です。大医道信。いつもは専門道場で厳しく雲水を指導しているのだろうと思いますが、あるとき行脚《あんぎゃ》の旅か教化《きょうけ》の旅か、外に出かけられた。その道信に五祖はたまたま出会った。「道者《どうじゃ》に告《つ》ぐ」、四祖道信が、松を植えていた前世の五祖弘忍に対して言った。「吾《わ》れ汝《なんじ》に伝法《でんぽう》せんと欲《おも》へば、汝已《なんじすで》に年邁《としす》ぎたり」。一目見て、なかなか法器である、器であるということを見抜いたのでしょう。そこで自分が菩提達磨以来受け継いだ法を、あなたに伝えたい、伝法したいと思ったのだが、それにはあなたはもうあまりにも年を取りすぎている、というのです。「伝法せんと欲へば」という読み方は、思ったのだけれども、そうすると、というような言い方です。昔のある読み方ですと、「吾れ汝に伝法せんと欲うに」とあり、そのほうがちょっと自然のような気がします。「若《も》し汝《なんじ》が再来《さいらい》を待《ま》たば、吾《わ》れ尚汝《なおなんじ》を遅《ま》つべし」。この「再来を待たば」というのも多少わかりにくいですが、昔のテキストでは、「若し汝再来せば」と読んで、それで済ませているものもあります。要するに、あなたがもう一回生まれ変わってくるならば、私はずっとそれを待っている。そして、その上で法を伝えよう。こういうことを、四祖道信が五祖となるべきその前世の者に言ったというわけです。

師《し》、諾《だく》す。遂《つい》に周氏家《しゅうしけ》の女《むすめ》に往《ゆ》いて托生《たくしょう》す。因《ちな》みに濁港《じょくこう》の中《なか》に抛《す》つ。神《じん》物護持《もつごじ》して七日《なのか》損《そん》ぜず。因《ちな》みに収《と》りて養《やしな》へり。七歳《しちさい》に至《いた》るまで童子《どうじ》たり、黄梅路上《おうばいろじょう》に四祖大医禅師《しそだいいぜんじ》に逢《あ》ふ。

「師《し》、諾《だく》す。遂《つい》に周氏家《しゅうしけ》の女《むすめ》に往《ゆ》いて托生《たくしょう》す」。四祖にそう言われて、のちの五祖弘忍、栽松道者は、わかりましたと言って、周という名字の家のある女性のところへ行って、お腹を借りて、その中へ潜り込んで、また生まれ直したということです。周家としては、わけのわからない子だということだったのでしょうか、「因《ちな》みに濁港《じょくこう》の中《なか》に抛《す》つ」。濁港というのは水野弥穂子先生の注にクリークと書いてありますが、クリークとは、川の短い支流とか、特に中国の小川みたいなものをいうらしいです。そういう父なし子であったので、川か何か、運河か何かに捨ててしまったというのです。わけがわからないので気持ちが悪いので、捨ててしまったということでしょう。

ところが、「神物護持《じんもつごじ》して七日《なのか》損《そん》ぜず」。神物は不思議な力を有する目に見えない者というような意味合いでしょうか。その生まれた赤ちゃんをずっと護って七日の間、何の損ねることもなく保っていた。衰弱するようでもなく、けっこう元気にしていたのでしょう。そこで、これは不思議だということになった。昔、江戸時代などで、間引きしてそれでも生きていた場合には、これは生命力のある子だ、不思議な子だ、神さま・仏さまが生かしているのだろうというので、やはり生かしたというようなこともままあったように聞きます。かの山本玄峰老師は、そういう方だったのではないかと思います。

「因《ちな》みに収《と》りて養《やしな》へり」。そこで、もう一度その子をすくい上げて、養ったというわけです。「七歳《しちさい》に至《いた》るまで童子《どうじ》たり」、これどういう意味でしょう。七つになるまでその家の子として育った。八歳になったら大人になったというわけでもないと思いますが。たまたまその七歳のときに、「黄梅路上《おうばいろじょう》に四祖大医禅師《しそだいいぜんじ》に逢《あ》ふ」。黄梅は蘄州という湖北省のある土地の名前です。その「黄梅」という地域の、その路上で、大医禅師にもう一度会いました。大医禅師すなわち四祖道信のほうは、これが生まれ変わりだということを、わかったのかわからないのか。しかし、ともかく尋常ではない、優れた相を示していたわけです。

そこで、

祖《そ》、師《し》を見《み》るに、是《こ》れ小児《しょうに》なりと雖《いえど》も、骨相奇秀《こっそうきしゅう》、常《つね》の童《わらわべ》に異《い》なり。
祖見問曰《そみてとうていわく》、「汝何《なんじいか》なる姓《しょう》ぞ」。
師答曰《しこたえていわく》、「姓《しょう》は即《すなわ》ち有《あ》り、是《こ》れ常《つね》の姓《しょう》にあらず」。
祖曰《そいわく》、「是《こ》れ何《いか》なる姓《しょう》ぞ」。
師答曰《しこたえていわく》、「是《こ》れ仏性《ぶっしょう》」。
祖曰《そいわく》、「汝《なんじ》に仏性無《ぶっしょうな》し」。
師答曰《しこたえていわく》、「仏性空《ぶっしょうくう》なる故《ゆえ》に、所以《ゆえ》に無《む》と言《い》ふ」。
祖《そ》、其《そ》の法器《ほっき》なるを識《し》つて、侍者《じしゃ》たらしめて、後《のち》に正法眼蔵《しょうぼうげんぞう》を付《ふ》す。黄《おう》梅東山《ばいとうざん》に居《こ》して、大《おお》きに玄風《げんぷう》を振《ふる》ふ。

「祖《そ》、師《し》を見《み》るに、是《こ》れ小児《しょうに》なりと雖《いえど》も、骨相奇秀《こっそうきしゅう》、常《つね》の童《わらわべ》に異《い》なり」。これは弘忍の伝記なので、その弘忍を、ここでは師と呼んでいるわけです。そののちに弘忍となるべき者を見るに、子どもなのだけれども、その骨相、顔つきが、奇《くす》しく、秀でている。尋常でない。ふつうの子どもではないということを見て、四祖は弘忍に対して、「汝何《なんじいか》なる姓《しょう》ぞ」と問うた。あなたの名字は何ですか、あなたはどういう家系のものですかと、そういうことを質問したわけです。

そうしますと、弘忍が答えて言うには、「姓《しょう》は即《すなわ》ち有《あ》り、是《こ》れ常《つね》の姓《しょう》にあらず」。名字はあることはありますが、それはふつうの名字ではありませんよと答えた。七歳か八歳ぐらいの童子がそんなことを言ったわけです。

そこで四祖が、「是《こ》れ何《いか》なる姓《しょう》ぞ」。では、いったいどういう名字か、家はどういう名前かと質問しますと、童子が、「是《こ》れ仏性《ぶっしょう》」と答えたのです。この答えは「仏性という名字だ」と、そのままにそう受けとめてよいと思います。ただ、「仏性」の性という字は、女偏の姓、名字の姓と発音はまったく同じです。当時どうだったか知りませんが、先ほど中国語辞典を調べてきましたら、両方とも同じ第四声のシンですね。だから、仏という名字だと、そういう意味も含んでの、仏性だということではないかと思います。

実際問題として、少し先に、「五祖いはく、是仏姓」とあって、こちらの「仏姓」は女偏になっていますね。ですから、「常の名字ではないよ、実に仏という名字だよ」と答えた、本来はそうであったと受けとめるほうが、文脈が通るような気がします。

そこで仏という名字の「仏姓」を「仏性」と一つに見まして、四祖が少しちゃちゃを入れまして、「汝《なんじ》に仏性《ぶっしょう》無《な》し」と言った。これは、その童子が本当にわかっているのか、探りを入れたというところでしょう。

臨済宗の公案修行をしますと、何か一つ公案を通りますと、拶所《さっしょ》というのがあります。本当にそれがわかったのか、目を開いたのか、探りを入れるということをします。これもそのような感じです。私の名字は「仏姓」だよ、だから私は仏性を持っているよ、と答えた童子に対して、お前に仏性なんかあるものかと、ちょっと言ってみたのです。そうしたところ、童子が言うには、「仏性空《ぶっしょうくう》なる故《ゆえ》に、所以《ゆえ》に無《む》と言《い》ふ」。「私に仏性はないとあなたは言ったけれども、その仏性は空であるから、だから無だと言ったのですね」と、そう言って答えたというのです。禅的にいうとこれではちょっとまどろっこしいような気もしないでもないですが、そういう、子どもとしては考えられないような、法理にかなった高度な答えをした。

「祖《そ》、其《そ》の法器《ほっき》なるを識《し》つて、侍者《じしゃ》たらしめて、後《のち》に正法眼蔵《しょうぼうげんぞう》を付《ふ》す」。そこで四祖は、その童子が法の器、法を受け継ぐに足る人材であるということを知って、「侍者たらしめて」、自分の世話係にしまして、そして育てて、そしてそのあとに「正法眼蔵」を渡した。「正法眼蔵」というのは、正法の眼目を蔵《ぞう》した心のことで、要するに悟りの眼目そのものです。法を伝えたということです。有名な「拈華微笑《ねんげみしょう》」。釈尊が花をつまんで取り上げられた。そうしたら摩訶迦葉《まかかしょう》だけがニコッと微笑まれた。そのときに「正法眼蔵涅槃妙心《しょうぼうげんぞうねはんみょうしん》」を、お前に渡したぞという「公案」があります。ここも四祖が五祖に「正法眼蔵」を授けた。「黄梅東山《おうばいとうざん》に居《こ》して、大《おお》きに玄風《げんぷう》を振《ふる》ふ」。そして、成長したのちの五祖弘忍は、黄梅の東山に住して大いに玄風を振るった。禅の教化に力を発揮したということでしょう。こういう問答があるわけでして、これを取り上げながら仏性の核心を道元禅師は明かしていかれるわけです。

しかあればすなはち、祖師《そし》の道取《どうしゅ》を参究《さんきゅう》するに、「四祖《しそ》いはく汝何姓《にょがしょう》」は、その宗旨《しゅうし》あり。むかしは何国人《がこくにん》の人《にん》あり、何姓《がしょう》の姓《しょう》あり。なんぢは何姓《がしょう》と為説《いせつ》するなり。たとへば吾亦如是《ごやくにょぜ》、汝亦如是《にょやくにょぜ》と道取《どうしゅ》するがごとし。

五祖《ごそ》いはく、「姓即有《しょうそくう》、不是常姓《ふぜじょうしょう》」。

いはゆるは、有即姓《うそくしょう》は常姓《じょうしょう》にあらず、常姓《じょうしょう》は即有《そくう》に不是《ふぜ》なり。

「四祖《しそ》いはく是何姓《ぜがしょう》」は、何《が》は是《ぜ》なり、是《ぜ》を何《が》しきたれり。これ姓《しょう》なり。

何《が》ならしむるは是《ぜ》のゆゑなり。是《ぜ》ならしむるは何《が》の能《のう》なり。姓《しょう》は是也《ぜや》、何《が》也《や》なり。これを蒿湯《こうとう》にも点《てん》ず、茶湯《さとう》にも点《てん》ず、家常《かじょう》の茶飯《さはん》ともするなり。

「しかあればすなはち、祖師《そし》の道取《どうしゅ》を参究《さんきゅう》するに」、そういうわけで、この四祖、五祖の問答を考えていくに、まず、「四祖いわく汝いかなる姓ぞ」とあった。それをあえて書き下さずに、「汝何姓《にょがしょう》」と読みまして、「四祖《しそ》いはく汝何姓《にょがしょう》」と言ったとされ、それには「その宗旨《しゅうし》あり」。深い意味がありますよと言われる。宗というのは中心という意味、眼目という意味です。禅宗の一番根本になる核心がこめられた、その言葉ですよというのです。

「汝何姓」は、どうしたって、ごくふつうに取れば、「あなたはどういう姓ですか」という、疑問文ですよね。そこを道元禅師は、いや、そうではないのだ、深い意味があるのだと言われるわけです。「むかしは何国人《がこくにん》の人《にん》あり、何姓《がしょう》の姓《しょう》あり」。実はこれには禅問答があるのです。「汝はいったいどの国の人か」と問うたときに、「何国の人間だ」と。また、「汝の名字は何か」と聞いたのに対して、「何という名字だ」と、そういって答えた者もいたという、そういう問答の先蹤があり、それを言っているのです。何国人という人もいた。何姓という姓もあった。「何」というのは、けっして疑問詞だけではないのだ。むしろ、不定代名詞なのであって、「何」という一つのあるもの、なんらかのものを指し示している、そういう言葉として受けとめなければいけないのだと、そういう読み方をされるわけですね。

実際問題として、「何」という名字はあるのです。中国の人で東北大学に留学された、何燕生《かえんせい》という方がいます。この方は、『正法眼蔵』を研究されていまして、『正法眼蔵』の中国語訳を出版しました。若い中国の研究者が日本に来て、頑張ってやっておられますが、その人は「何」という名字です。

ですから、「なんぢは何姓《がしょう》と為説《いせつ》するなり」と言われる。「汝何姓」と四祖道信が言ったその意味は、「あなたは何姓である」という肯定文だ、疑問文ではなくて肯定文なのだ、そう読まなければいけないのだと言うのです。「為説」というのは、相手の為に説いたのだということです。五祖に対して「あなたは何という姓だろう」と、こう四祖は教えを含めて言ったのだ。こう読まなければいけないというわけです。

「たとへば吾亦如是《ごやくにょぜ》、汝亦如是《にょやくにょぜ》と道取《どうしゅ》するがごとし」。それはあたかも、吾もまたかくの如し、汝もまたかくの如しと言ったのと同様である、と言われます。つまり、それはもう完全に肯定文です、疑問文ではないです。その肯定文と同じなのだというのです。ではその何という姓の「何」とは、いったい何なのかが問題ですが、ともかくここでは、「吾亦如是、汝亦如是と道取する」の句は、第一義的には肯定文だと言っているその意味さえ取ればもうそれでよいだろうと思います。

ただ、「吾亦如是、汝亦如是」と、如是と言っているわけです。それはやはり、「何」というのと響いてるのです。「如是」とは、それそのものというところです。それは有るとも言えない、無いとも言えない。来るとも言えない、行くとも言えない、それそのもの。それをあえて言葉で言おうとしたら、

「如是」と言うしかないというようなところがあります。その、説いて説けないところを、なんとかして言うときに、「如是」と言う。一方、説いて説けないところを、なんとかして表現するときに「何」という言葉で表すこともできます。説いて説けないところというのは、かの「透体脱落」のそのただ中です。自己が自己に対象的に関わるのではない。自己が自己そのものになってはたらいているそのただ中、それそのもの、そこに仏の核心を見る、自己の核心を見る。それそのもの、それを本質としているもの、そういう意味で「何という姓だ」。そういうふうに道元禅師は解説されたわけなのです。ですから「吾亦如是、汝亦如是」と、そこに如是と言っているところに、何かそれこそ宗旨《しゅうし》を響かせているところがあるだろうと思います。

この「吾亦如是、汝亦如是」は、実は道元禅師が非常にお好きな有名な問答に出てくるものです。大《だい》慧《え》禅師すなわち南嶽懐譲《なんがくえじょう》が六祖慧能《えのう》に参じたときの因縁です。六祖慧能から、何ものがそのようにしてやって来たのか。いったい何がそのようにしてきたのかと、そういうふうに問われて、答えられなくて、八年の間、修行に修行を重ねて、あるとき自覚した。そして六祖にもう一度問うてもらって、それに答えた。その答えが、「説似一物即不中《せつじいちもつそくふちゅう》」でした。（本書四〇頁参照）

その問いは、いったい何ものがそのようにして来たのか。そうしてやって来たお前はいったい誰か、何か。要するに、お前とは何かということです。それに対して、考えに、考えに、考えに、考え抜いて、究め、究め、究め、究めて、そしてつかんだ。それは「説似一物即不中」、何かあるものと少しでも説いたら、もうそれは当たりません、これが答えです、というわけです。

六祖が、それは修行して悟ったのかと、聞いたわけですが、そうしたところ南嶽懐譲は、「修証《しゅしょう》は即ち無きにあらず、染汚《ぜんな》することは即ち得じ」と答えます。修行する、悟るということがないわけではないけれども、それを汚すことはしてはならない。修行そのものは汚れのないものである、本来の仏道は修行とか悟るとかにかかわらないものである。悟りを待って修行するという待悟禅《たいごぜん》のようなことになると、いっこうにラチがあかない。その「不染汚」というところ、それが諸仏が護っているところであって、汝もそうだし、実は自分もそうだ。そこに「汝またかくの如し、吾もまたかくの如し」と出てくる言葉なのです。「吾もまたかくの如し、汝もまたかくの如し」ですから、この場合のかくの如しというのは、そのようだ、という意味かもしれません。しかし、「汝亦如是」というような言い方の中で、おのずから「如是」の世界、それはある意味では「説似一物即不中」という、少しでも説いたら当たらないという世界、それそのものを指している言葉を用いて、そしてあなたも私もそこを本来の自己としていると言った、というようにも受けとめられるわけです。

そういう意味で、連想されるのは、「十如是《じゅうにょぜ》」という教理です。『法華経』の「方便品《ほうべんぽん》」には、有名な「唯仏与仏《ゆいぶつよぶつ》、乃能究尽《ないのうぐうじん》、諸法実相《しょほうじっそう》」〈唯、仏と仏とのみ、乃《すなわ》ち能《よ》く諸法の実相を究め尽せばなり〉という言葉があります。では、その諸法実相とは何かというので、「諸法の是の如《かく》きの相」云々と出てきますね、漢文では是の如きの相、「如是相《にょぜそう》」、是の如きの性、「如是性《にょぜしょう》」、是の如きの体、「如是体《にょぜたい》」云々と、十の如是でもって諸法の実相を語るということをします。

これが、天台ではもう一番の根本になります。天台の教理の一番根本になって、しかもこれを転読するのです。たとえば如是相という言葉は相ということで、姿・形を持つというところで読んで、仮だと見る。しかし、それを是相如とひっくり返して読んで、如というところは差別の消えた平等、空性の世界であると、こう読みます。そして、仮の有でもないし、空の無でもない、仮・空が一つに溶け合ったところ、それが相如是だとします。というような形で、転読して読んだりもします。

こうして、「十如是」の、この如是というところに究極の真実の世界がある、そういうことが天台のほうではいわれます。しかし、それは教理の世界であって、禅宗では、如是相とか、如是性とか、いろいろ如是がさまざまに言われたとしても、真理はどこに見いだせるかというと、もう今・ここの、それそのものにしかないです。つまり一つの如是で片づいてしまうのですね。

『法華経』に、十如是とか、何だかんだとかいろいろ言っても、その究極の真理そのものはどこにあるかといえば、ただ一言、如是という、まさにそこにあるではないかということになる。それそのものの世界、それは透体脱落、自己が自己になりつくしたその世界そのもの、それが如是の世界です。それを思うとき、「たとへば吾亦如是、汝亦如是と道取するがごとし」は、私もまた如是だ、汝もまた如是だ、と言っているその如是のところに、それそのものとしての真理の世界そのもの、その人が本当にその人であるその世界そのもの、それを響かせているような気がします。我々はそこに立っている。

お前は本来、それを本質としている者だ。本来仏なのだと、そういう意味で四祖は、お前は何姓だと言ったのだ。四祖は、いったいどういう名字かと聞いたのではなくて、お前は、何とも言えないその真理そのものを本来の自己としている。本来の自己を本来の自己のままに生きる、それを実現すべきそういう人間なのだ、と言って示したのだ。それで「なんぢは何姓と為説するなり」と、こう読み込むわけです。

これに対して、「五祖《ごそ》いはく、『姓即有《しょうそくう》、不是常姓《ふぜじょうしょう》』」。言葉のふつうの意味で、もちろん名字はありますよ、けれどもそれは世間一般の名字ではないのですよと、童子が生意気にも答えたという。ですが、ここもまた、道元禅師は独特の読みをなされるわけです。「いはゆるは」、ここで言いたいことは、「有即姓《うそくしょう》は常姓《じょうしょう》にあらず、常姓《じょうしょう》は即有《そくう》に不是《ふぜ》なり」。まず「有即姓」、有すなわち姓とあります。五祖は「姓即有」〈姓はすなわち有り〉と言ったのでしたが、道元禅師はそれを「有即姓」〈有はすなわち姓なり〉と言い換えておられます。姓即有なら当然、有即姓だろうというようなことで、ひっくり返して「有即姓」と言われたのでしょうか。五祖が「有」と言ったその名字は、ふつうの名字ではない。その有というのはどういう有かといえば、道元禅師に言わせれば、おそらく仏性の「悉有」の有でしょうね。「悉有それ透体脱落なり」という、その悉有でしょう。童子はそれが名字だと言おうとしたのだ。だから、それはふつうの名字ではないことになる。そのことを姓即有すなわち有即姓は示しているのですよと解して示しておられます。

「常姓は即有に不是なり」。常姓、ふつうの名字というのは、即有という有のあり方とは違うものですと言われる。ふつうの名字は即有という仏のあり方を示すものではないと言われたいのでしょう。その場合、この「即有」は「悉有」でもよいわけです。一方、「即有」は実は「有に即す」であるわけで、まさに有そのものに即したところの世界ですから、自己が自己そのものに即したところです。本来の自己が本来の自己として生きているそのただ中、それを本質としている自分であるという、そのことを示そうとしているわけですから、ふつうの名字ではそれは語れないということで、「常姓は即有に不是なり」と述べられた。その五祖の言葉は、実はこういう意味の言葉なのだと、道元禅師は解読されるわけです。

それに対して、「四祖《しそ》いはく是何姓《ぜがしょう》」。これもふつうの問答として受けとめるならば、ふつうの名字ではないよと言ったのに対して、では、それはどういう名字かと聞いた。これがごくふつうの受けとめ方です。ところがそれに対して道元禅師は、「四祖いはく是何姓」。あなたの名字は何姓だぞ、と言った。この言葉の意味は、「何《が》は是《ぜ》なり、是《ぜ》を何《が》しきたれり。これ姓《しょう》なり」と、こういうふうに読むのだと言われます。「何は是なり」。「何」は疑問文ではないのだ。「なに」という疑問の言葉ではなくて、「是れ」と言っている、それを言い表しているのだ。「なに」という疑問詞ではなくて、ある「何」かのものを意味しているのだ。言葉では言えない何ものかを指し示しているのであって、それは是と同じだ。如是の是です。それそのもの、何とも言えない、ただ、これこれ(只這是)という、それのことなのだと言われるのです。「是」というものを、「何」という言葉で言っているのだ。そういう意味で「是を何しきたれり。これ姓なり」。是を何の字で表し、これがその人の姓、その人の素性を表している言葉なのだと言われる。対象的に、限定的にとらえた自分を離れた、それそのものになり切ったところではたらいている主体そのもの、そこにその人その人の本来の自己があるという、それを見るべきだと言われているわけです。

「何《が》ならしむるは是《ぜ》のゆゑなり」。言葉で言えない、しかし「何」としか言えないことを表すのは、「是」、それそのものに真理があるという、そのことの故だ。それだから「何」ということになるのだ。あるいはまた、「是《ぜ》ならしむるは何《が》の能《のう》なり」。あるいは是であるのは、対象的に意味を表す言葉を超えて、それそのものがそれそのものとしてはたらいている、その「何」のはたらきのゆえなのだ。

「姓《しょう》は是《ぜ》也《や》、何《が》也《や》なり」。したがって、その人の名字、実はその人の本質をつくもの、それはまさに「是」であり「何」であるのだ。その言葉で説けないというあり方も、いろいろなあり方が考えられますが、要するに道元禅師に言わせれば、「透体脱落」、そこです。そこを言葉で説けないと言っている。それをあえて言葉で表すときに、「是」と言ったり「何」と言ったりする。その透体脱落というところに実現する命、それがある意味では仏そのものです。誰もが坐禅の中でそれを実現することができる、自覚することができるのです。誰もがそれを姓として、種姓として担っているのです。

たびたび申しますが、仏教は、家柄ではなく、行為がその人の本質を決めるというのが根本です。ただ、ここでは、種姓という概念を用いつつ、人の真実の自己がどこにあるか、そのことを示そうとしているわけです。

「姓は是也、何也なり」。その、対象的にとらえられない、生きてやまない命、それはしかし、何か現実世界を超えたところ、超越したところにあるのではないのです。生死のほかに涅槃があるわけではなくて、生死のただ中に涅槃がある。本来の自己として実現した自己は、おのずから現実世界を生きていくのです。
さらに、これを「是也、何也」といって、それだけですますこともできない。それそのものを「蒿湯《こうとう》にも点《てん》ず、茶湯《さとう》にも点《てん》ず、家常《かじょう》の茶飯《さはん》ともするなり」。「蒿湯」というのは、よもぎのお茶のことらしいです。よもぎのお茶を点《た》てる。あるいは茶湯にも点ず。これもお茶を点てると考えればよいでしょう。「家常の茶飯ともするなり」。日常の生活を生きていくのだ。自分自分と思って、その自分によりどころを置いて、そこから生きるのではなくて、自分を手放したところから、この世界を生きて、そして、しかもそれにとらわれない。名利にとらわれないことはもちろん、自分が何かをしたという、その何かをしたということにもとらわれないで、ただ生きて、生き抜く、そこに禅的な味わいというものがあるのではないでしょうか。西田幾多郎の言葉でいえば、平常底《びょうじょうてい》です。「平常心是道《びょうじょうしんぜどう》」とか、禅の語録にはよくそういうことが出てきますね。眠くなったら眠るのだ、手洗いへ行きたくなったら行くのだ、そこに道がある。というようなことをさかんに言いますが、自己を超えた自己が、現実世界の中ではたらいていく。

五祖《ごそ》いはく、「是仏姓《ぜぶっしょう》」。
いはくの宗旨《しゅうし》は、是《ぜ》は仏性《ぶっしょう》なりとなり。何《が》のゆゑに仏《ぶつ》なるなり。是《ぜ》は何《が》姓《しょう》のみに究取《きゅうしゅ》しきたらんや、是《ぜ》すでに不是《ふぜ》のとき仏性《ぶっしょう》なり。しかあればすなはち是《ぜ》は何《が》なり、仏《ぶつ》なりといへども、脱落《だつらく》しきたり、透脱《とうだつ》しきたるに、かならず姓《しょう》なり。その姓《しょう》すなはち周《しゅう》なり。しかあれども、父《ちち》にうけず祖《そ》にうけず、母氏《ぼし》に相似《そうじ》ならず、傍観《ぼうかん》に斉肩《せいけん》ならんや。

そして「五祖《ごそ》いはく、『是仏姓《ぜぶっしょう》』」。問答の流れのふつうの解釈からいえば、お前の名字は、ではいったい何なのだと聞かれて、「仏という名字だ」と言った。ここでは女偏の姓になっているわけですが、しかし発音は、立心偏の性とまったく同じなのです。その辺が絡み合って問答が進んでいるという、そういう形になっています。「是仏姓」「仏という名字だ」ということ、みんな仏の子だということ、これは、教理的にはいくらでも言えるのです。「一切衆生、悉有仏性」とか、「一乗」とか。問題はその仏をどこでとらえるか、どこで実現するかです。ともあれ、この童子はそう言った。

「いはくの宗旨《しゅうし》は」、「是仏姓」と言ったその根本の意味は、「是《ぜ》は仏性《ぶっしょう》なりとなり」。それは「是れ（それは）仏姓だ」と言っているのではなくて、「是が仏性」だと言ったのだ。それはむしろ「如是が仏だ」というように考えたらよろしいのではないでしょうか。仏姓は仏性でもありますが、それはむしろ「仏の核心」と受けとめるべきです。「是仏姓」とは、「是即仏性」を意味しているというのです。

それにしても、ここでなぜ「仏姓」を仏性だと言えるのか。言い換えれば、人間はなぜ仏というものを本来の命としていると言えるのか。もっと言えば、自己が仏だというのはどこで言えるのか。「何《が》のゆゑに仏《ぶつ》なるなり」。いったいどうして仏であると言えるのか。あなたも実は仏なのだけど、ではどうして仏だと言えるのか。それは「何」を姓としているからこそ仏なのだと言われます。

「是《ぜ》は何姓《がしょう》のみに究取《きゅうしゅ》しきたらんや」。この「是」という、これは「何」という姓でのみに究め取るべきものであろうか。この問答をもう一回振り返りますと、まず「汝何姓」とあって、それに対して「姓即有、不是常姓」と答えて、そのあとに「是何姓」というのがあって、それに対して「是仏性」と答えられた。「是何姓」は本来ならばどういう名字ですかと聞いた。しかし道元禅師に言わせれば、これは「何」という姓である。「何」であり、如是であり、仏であるという、その仏の姓であると言ったのと同じだと言われる。それを受けて、「是仏性」は、「何」にも等しい「是」が仏性であると答えたと解される。こういう流れになっているわけです、「是何姓」と言われた、そこにそれを受けて「是仏性」と言ったこの「是仏性」、これは何姓の何のみで明かされるべきものであろうか。いや、そうではないのだと言うのです。

「是《ぜ》すでに不是《ふぜ》のとき仏性《ぶっしょう》なり」。この、不是のときというのは、「不是常姓」と言ったときです。「姓即有、不是常姓」と五祖が答えた。この不是というところに、もうすでに仏であるということが表されていたのだ。道元禅師に言わせれば、もうずうっと前から、「汝何姓」という、汝は何姓であるといった、そのときからもうすでに、あなたは仏性である、仏というものを名字としているということが言われて、明らかになっているし、そしてまた「不是常姓」と答えた、その常の姓ではないと言っているところに、実は、仏を種姓としているということがすでに明らかになっていたのだというのです。ただしこの不是は、常姓の否定だけでなくあらゆる限定の否定なのでしょう。八不にも等しいとうけとめるべきだというのでしょう。

「しかあればすなはち是《ぜ》は何《が》なり、仏《ぶつ》なりといへども」、そういうわけで是と言っているのは、言葉で対象的に、限定的にとらえることができないという、そこに主体が主体そのものとしてはたらいている、それそのものを表そうとしている。それは不是でもあるわけです。そのことであるのだから、それが「何」ということでもあるのだ。そういう意味で是は「何」である。それを「仏なり」、仏と言ってもよい。仏なりといへども、しかし「脱落《だつらく》しきたり」。「仏」と言ってもよいのだけれども、本当の本当のところは、「仏」とも言えない。「仏」はもちろんですが、「何」とか「是」とも言えない。まさに否定そのものです。脱落というそのただ中、実はそのことを言っているのだ。「何」という言葉でも、実はとらえることができない世界のことなのだ。「何」というのは、ある意味では限定しないという意味で、言葉で何かを限定する世界に対しては、一つの真理に近づいているかもしれませんが、しかし、その「何」というものをなんらかでも対象的に考えたとしたならば、それはまだ徹底していないです。言葉で説けない世界を一応、「是」と言い、「何」と言う。そういう形でなんとかして示そうとしてきた。そこを仏と言ってもよいのですが、けれども本当の仏の世界そのものは、さらに不是なのであり、つまり脱落ですよというわけです。「脱落しきたり」と、これは「悉有はそれ透体脱落なり」と言われたのをまたここでも確認しているということになるだろうと思います。

ふだん我々はどうしても自分というものを対象的にとらえて、そしてそれにしがみついて、なんとかしてそれを保全しようとして悩むわけですが、そういう対象的にとらえた自分というものを手放したときに、それはある意味では主客二元の枠組みを超えていく。そこが脱落というところでしょう。それはもう何回も言っていますが、自己が本来の自己そのものになりつくしたところ、主体が主体そのものになりつくしたところです。主体が主体になりつくしたということは、鐘が鳴ればゴーンと、それそのものになりつくしている世界です。やはり西田の純粋経験、そういう世界になってくるだろうと思います。ですから、脱落したからといって虚無に入るとか、何もないということではないです。さらに言えば、分別してもよいし、考えてもよい。考えたら考えるに徹しているそのただ中です。考えに考え抜いているそのただ中、むしろそこにこの脱落の世界がある。ですから大拙は、「無分別の分別」ということを言う。脱落といったからといって、虚空の世界か何かに入り込んだというようなことではない。まさに現実の世界そのもののただ中にあって、はたらき抜いている。しかもそれにとらわれないという世界ではないでしょうか。

「透脱《とうだつ》しきたるに、かならず姓《しょう》なり。その姓《しょう》すなはち周《しゅう》なり」。だから透脱する。自己が自己を超える。超えるのだけれども、「かならず姓なり」。何か現実にある形を持って、そこに生きるわけです。「その姓すなはち周なり」と。現実世界の中で、具体的な個体として、ある名字を有して、社会的にも個の命を発揮していく。けれどもその個の命の根源、出所は個を超えたところから発して、そしてその個を生き抜く。このとき、透脱してしかも自己そのものとして、現実世界の中ではたらいていく。自分自分と思ったものを手放した、その自己を超えたところからはたらく命を自覚して、その中でこの世の中を生きていく。

ただ、その周という名字がよくできているわけでありまして、周遍するというような意味合いも、ちょっと響かせているという読み方も当然ありえます。宇宙全体が自己そのものになっている、そういう意味も汲めるかもしれません。道元禅師はよく「尽十方界真実人体《じんじっぽうかいしんじつにんたい》」とも言われます。しかし、私はむしろ「周」は「個」、「透脱」は「超個」、個を超えたもの、インディヴィデュアルとトランスインディヴィデュアル、しかも個と超個が一つのところに命をみるという、そこを私は読みたいですけれども。ですから、周でなくてもどんな名字でもよいと私は思うのですが、たまたま周という名字だけに、そういう広がりも出てくるかもしれません。

そうなのだけれども、「父《ちち》にうけず祖《そ》にうけず、母氏《ぼし》に相似《そうじ》ならず」、要するに、ごくふつうの、世間一般に生きている個々人と同じというわけではありませんよということでしょう。「傍観《ぼうかん》に斉肩《せいけん》ならんや」。傍らで見ている人、世間のごく一般の人です。そばにいるごく世間一般の人が、この者とどうして肩を並べることができましょうか。自己を超えたところにおいて自己を持つという、その真実の自己を自覚した人と、そうではなくて自我に関わって、そこから脱却できないままさまよっている人と、そこは大きな違いがあるということになるわけです。

四祖《しそ》いはく、「汝無仏性《にょむぶっしょう》」。

いはゆる道取《どうしゅ》は、汝《なんじ》はたれにあらず、汝《なんじ》に一任《いちにん》すれども、無仏性《むぶっしょう》なりと開演《かいえん》するなり。しるべし、学《がく》すべし、いまはいかなる時節《じせつ》にして無仏性《むぶっしょう》なるぞ。仏頭《ぶっとう》にして無仏性《むぶっしょう》なるか、仏向上《ぶつこうじょう》にして無仏性《むぶっしょう》なるか。七通《しっつう》を逼塞《ひっそく》することなかれ、八達《はったつ》を摸揉《もさく》することなかれ。無仏性《むぶっしょう》は一時《いちじ》の三昧《さんまい》なりと修習《しゅじゅう》することもあり。仏性成仏《ぶっしょうじょうぶつ》のとき無仏性《むぶっしょう》なるか、仏性発心《ぶっしょうほっしん》のとき無《む》仏性《ぶっしょう》なるかと問取《もんしゅ》すべし、道取《どうしゅ》すべし。露柱《ろちゅう》をしても問取《もんしゅ》せしむべし、露《ろ》柱《ちゅう》にも問取《もんしゅ》すべし、仏性《ぶっしょう》をしても問取《もんしゅ》せしむべし。

「四祖《しそ》いはく、『汝無仏性《にょむぶっしょう》』」。これは、本来の禅問答の私の解釈では、とりあえず、四祖は、お前に仏性なんかないぞと言っておいて、童子の知見に探りを入れた、こう読みたいわけですが、ところがこれも道元禅師からすれば、全然、違う意味になってくるということになります。「いはゆる道取《どうしゅ》は」、こういうふうに言ったその言葉は、「汝《なんじ》はたれにあらず、汝《なんじ》に一任《いちにん》すれども、無仏性《むぶっしょう》なりと開演《かいえん》するなり」。お前さんは周何々とか、竹村何々とか、佐藤何々とか、鈴木何々とか、本来そういう者ではない、「たれにあらず」。しかし「汝に一任すれども」、一応、「たれにあらず」と言ったのですが、その上でお前さんが周と言いたいなら、それでもよいけれども、とにかくお前は無仏性なのだ、そう開演したのだ。そう、五祖弘忍の真理を明かしたのだというのです。もちろんここで、「無仏性」というのは、仏性が無いと言ったのではないです。「無」というところに仏の世界がある。これは「是」とか、「何」とかいう語で指し示したものを、この場合は「無」という言葉で示したということです。無なるその仏、それを本質としているものだ。そのように明かしたのだ。そう道元禅師は読まれるわけです。

「しるべし、学《がく》すべし、いまはいかなる時節《じせつ》にして無仏性《むぶっしょう》なるぞ」。五祖弘忍は、まだ子どもなのですが、さあ、道信によって無仏性だと開演された。これは実は我々一人一人が、無仏性だと開演されたということでもあります。この私が無仏性だと言われたということでもあるわけです。その無仏性というのは、仏性が無いといって悲観すべきことではなくて、無という言葉で表されるような仏の世界、それを本質としているものだ、と示されたということです。それであるならば、では、いつどこでその仏性を自覚できるのか、その仏性を生きているといえるのか、それを見究めるべきである。要するに自己は仏だという、その仏だという世界はどこでいえるのか、それを究明しなさいということになるでしょう。それは実は、脱落の世界で初めて言えるといえば言えるかもしれませんし、もうすでにここでそうなのだということがあるのでしょう、それを究めなさいということなのです。

「仏頭《ぶっとう》にして無仏性《むぶっしょう》なるか、仏向上《ぶつこうじょう》にして無仏性《むぶっしょう》なるか」。「仏頭」というのは仏の世界そのものということでしょう。修行して仏果を実現した、その仏果に立った世界といえると思います。そこで初めて無仏性になるのか。「仏向上」、その仏をさらに超えていく世界です。「向上」というのは何か上に上がっていくような言葉と感じられますが、禅宗の中では、どちらかといえば下がってくるようなあり方ですね。「味噌の味噌臭きは上味噌にあらず」といいます。悟ったといって、その悟りをひけらかしているようでは、本当の悟りには達していない。悟ったらその悟りを消していく、悟りを生活の中に生かしきる。ごく日常の中に生ききる中で、そして悟り臭さも消してしまう。むしろそのあり方のほうが禅の世界では向上です。ですから、むしろ悟りの先ということなのです。そういう悟りをも超えて現実の世界へよみがえってきたところで、無仏性なのか。浄土教などでいえば、極楽世界へ往生して、往生したらまた娑婆《しゃば》へ還ってくる。大拙は、極楽などにいつまでいたって面白くもなんともない。ただちに戻ってくるのだといつも言っていたといいます。その仏向上の世界で初めて無仏性になるのか。いったいいつ無仏性なのか、究めなさい。無仏性というのは本当の仏性です。本当の仏性はいつ実現するのか、それを究明しなさいと言うのです。

「七通《しっつう》を逼塞《ひっそく》することなかれ、八達《はったつ》を摸𢱢《もさく》することなかれ」。これは七通八達という言葉があって、それを分解して文章にされていますが、七通八達というのは、仏性があらゆるところに遍満しているということ、もうみんな仏性の中にいるということでしょう。「そのことを逼塞することなかれ」。それを塞ぐな。つまり本来仏性の中に生きているのに、それを遮《さえぎ》るなということでしょう。「八達を模索することなかれ」。本来仏性の中に生きているのに、自分が仏性の中に生きていないと思って、ほかにあるのではないかと思って、それを探すようなことをするなというのです。

白隠禅師も、「衆生本来仏なり云々」と言い、「近くにあるのに遠く求めるのははかない」と言っています。黄檗や臨済は、そういうことをよく言っています。「向かえば背く」と、何かつかもうとすれば逃げてしまうのだということをよく言います。つかもうとするそれそのもののほうに本当の自己がいるわけですから、それを自覚しなければならない。外に、対象的に追いかけていたら、いつまでたってもそれに出会わないです。七通八達しているその世界を塞いでもいけないし、かといって探そうとして、追いかけてもいけないというのです。今・ここで、自己すなわち無の仏性という、それを究めるべきだ、自覚すべきだ。禅宗ではもう常に「脚下照顧《きゃっかしょうこ》」です。足元を見よ、です。

「無仏性《むぶっしょう》は一時《いちじ》の三昧《さんまい》なりと修習《しゅじゅう》することもあり。仏性成仏《ぶっしょうじょうぶつ》のとき無仏性《むぶっしょう》なるか、仏性発心《ぶっしょうほっしん》のとき無仏性《むぶっしょう》なるかと問取《もんしゅ》すべし、道取《どうしゅ》すべし」。

「無仏性は一時の」、これはあるときのということだと思うのですが。「三昧なりと」、心が統一されて、それそのものになり切った世界である。そういうふうに「修習することもあり」、学ぶこともあります。これはなかなか、ちょっと意味が取りにくいのですが、修行の世界の中に無仏性がある、そういうことを学ぶときもある。しかし、実際問題としてどうなのか、「仏性成仏」のとき無仏性なのか。ふつうの仏教の世界では仏性というのは仏の因ですから、その仏の因が何か育てられて、仏として実現した、そのときに仏性というものは実現すると見るべきなのか。「無仏性」といっても、「無なる仏性」で、その「無」というのは、「是」とか「何」とかと変わらないですから、無いと見てはいけないのです。「仏性発心のとき無仏性なるか」、仏性がはたらいて菩提心を発《おこ》した、まだ修行の一番最初の段階。これから修行してやがて仏になる、その一番初めの発心のとき、実は仏性そのものが全体そっくり開演する。そういうふうに見るべきか。そういう意味で「仏性発心のとき無仏性なるか」と、「問取すべし、道取すべし」。そのことを明らかに問うべきだし、また言うべきだというのです。自覚したらそれを言えなければならないというのでしょう。「汝無仏性なり」。この言葉も当然、道元禅師にしてみれば、言葉では言えない、そこに真実の自己がはたらいている、その仏の世界、それを本質としているお前だと解される。その無なる仏性、それがどこで言われたのか。言い換えれば、この自己に即して、それはどこで言えるのか、それを究めつくしなさいということでしょう。

それを、「露柱《ろちゅう》をしても問取《もんしゅ》せしむべし、露柱《ろちゅう》にも問取《もんしゅ》すべし」、「露柱」というのは、日本では唐招提寺とかに、ギリシャ神殿のエンタシスのような柱がありますが、そういう外に現れている柱です。それをして問わしめるべきだ。あるいはそれにも問うべきだ。これは何を言っているのか。仏性がどこにあるかと、とにかく、内・外、自・他の区別を超えて探しなさい、というようなところでしょうか。

「仏性《ぶっしょう》をしても問取《もんしゅ》せしむべし」。これは仏性そのものにそれを問わせるべきだと、言葉はそういうことなのですが、以上は要するに自己が自己を究めなさいということなのです。「仏道をならふというふは、自己をならふ也」ですから、自己が本当の自己になる時節はいつか、どこかが問題なのです。言い換えれば無仏性というものが自己である、その「無仏性」は仏性と変わらないわけですが、その仏性とは何か。それは自己とは何かということですから、自己を究めなさい。自己をして自己を問わしめなさいということです。そのことを「仏性をしても問取せしむべし」と言われていると思うのですが。しかし、自己を習うというのは自己を忘るるなりでありまして、只管打坐の中で坐禅して自己になりつくすほかない。自己を忘るる、それは透体脱落です。そこに仏性という世界がある。道元禅師は仏性という言葉を、そういう形でとらえておられるということになるわけです。

正法眼蔵講義　第一五講

「仏性」の巻〔七〕

しかあればすなはち、無仏性《むぶっしょう》の道《どう》、はるかに四祖《しそ》の祖室《そしつ》よりきこゆるものなり。黄梅《おうばい》に見聞《けんもん》し、趙州《じょうしゅう》に流通《るづう》し、大潙《だいい》に挙揚《こよう》す。無仏性《むぶっしょう》の道《どう》、かならず精進《しょうじん》すべし、趑趄《しそ》することなかれ。無仏性《むぶっしょう》たどりぬべしといへども、何《が》なる標準《ひょうじゅん》あり、汝《にょ》なる時節《じせつ》あり、是《ぜ》なる投機《とうき》あり、周《しゅう》なる同生《どうしょう》あり、直趣《じきしゅ》なり。

ご存じのように仏性という言葉で、すぐに思い出されるのは「狗子無仏性《くしむぶっしょう》」という、『無門関《むもんかん》』の第一則、「趙州無字《じょうしゅうむじ》」の公案です。「趙州、ちなみに僧とふ。狗子にもまた仏性有りや無しや」。犬に仏性はありますかと、ある修行僧が趙州に問うたら、「州云く、無」、趙州は「無」と言った。仏性は無いと言った。はたしてその無とは何か。これは、臨済宗の中では一番最初に取り組むべき公案で、それだけ禅門に高く聞こえているわけです。みんなが知っていて、「無仏性」といえば、これはもう趙州が言った言葉だと、ついそう考えられがちなのですが、いや、無仏性というのは四祖道信がもうすでに言っている。道信は五祖弘忍《こうにん》に対して、「汝無仏性」と言った。無仏性は、そこから始まっている。道元禅師はここでそのことを言われるわけです。

「しかあればすなはち、無仏性の道《むぶっしょうのどう》」、そうであればすなわち、無仏性というその発言は、「はるかに四祖《しそ》の祖室《そしつ》よりきこゆるものなり」。趙州を越えて、もっと昔の四祖の、祖室というのは、室内というようなことも響かせていますけれども、要するに四祖道信からもうすでに言われているものである。

「黄梅《おうばい》に見聞《けんもん》し」、この黄梅というのが五祖です。黄梅の路上で出会ったということも、前の問答の中に出てきましたが、五祖弘忍は、黄梅山に住したということです。弘忍も四祖に「汝無仏性」と言われたそれを、学人を指導するときなど、あるいはときに触れ、言ったかもしれません。そうだとすれば、黄梅山での五祖弘忍の説法等に、「無仏性」の句を見たり聞いたりしたこともあったということにもなるかと思うのです。あるいは、黄梅の路上で、五祖弘忍が四祖の無仏性に出会ったという意味で、五祖が「黄梅において『無仏性』の句を見聞し」たこととも考えられます。それのほうが素直かもしれません。とにかく無仏性といえば、趙州をすぐ思うかもしれないが、そんなことはない、もっと昔の四祖、五祖の時代から無仏性は言われていたのだ、それが趣旨です。

そして、「趙州《じょうしゅう》に流通《るづう》し」、その無仏性という表現が趙州に流れ込んだのだ。さらに趙州だけではない。大潙山に住んだという、潙山霊祐《いさんれいゆう》禅師も、「無仏性」を言っている。このことも、この「仏性」の巻の後のほうに出てきます。潙山霊祐は、「一切衆生無仏性」と言ったというのです。そこで「大潙《だいい》に挙《こ》揚《よう》す」。趙州だけが無仏性と言ったのではなくて、趙州のはるか昔からもう無仏性という言葉が言われているし、趙州のあとにもそれを高く掲げる者がいたのだ。もう、無仏性というのは禅宗の悟りの真実を表す標準なのだということでしょう。

ですから、「無仏性《むぶっしょう》の道《どう》、かならず精進《しょうじん》すべし」、無仏性というその言葉、その意味を究明すべく、かならず精進すべきであります。無仏性を究めるべきであります。「赼趄《しそ》することなかれ」。赼趄というのは、進まずとどこおるというような言葉です。もたもたするというか、そんなようなことです。ぐずぐずしないでこれに真っすぐ取り組めというのでしょう。

「無仏性《むぶっしょう》たどりぬべしといへども」、古語辞典で「たどる」を引きますと、「たずね求める」とか、「探し当てる」とか、「迷いながらたずね歩く」、さらには「あれこれ考える」とありました。どうも「たどる」は、古語だと、そういう意味らしいです。しかも「ぬべし」ですね。無仏性ということを聞いて、いったいこれは何だろうとたずねて、なかなかラチがあかない。あれこれ考えるということに、きっとなるに違いない。といえども、「何《が》なる標準《ひょうじゅん》あり」、しかし無仏性を参究するにはもうすでに、何《が》という標準があるではないかと言われるのです。「汝何姓《にょがしょう》」、これは何《なん》の姓ぞという意味で、疑問文だと思うわけですが、道元禅師は、「是何姓《ぜがしょう》」と、何《が》という姓だと、肯定文で解説される。その何という、対象的に規定されない世界、透体脱落そのもの、それを言い当てている、そこに仏性がある。それはもう四祖道信が言ってくださっているではないか。そこを究めれば無仏性の真実がわかるではないか、その標準があるではないかというところです。

あるいは「汝《にょ》なる時節《じせつ》あり」、これは、汝が仏性という、そこからきたのでしょうか、あるいはむしろ汝無仏性からでしょうか。ともかくその何姓において、汝そのものが仏性である、あなたのその真実の自己そのものに仏性がはたらいている、汝はすなわち何であるその世界を姓としているものだぞと言った。そこで汝と何、あなたと仏、それが実は一つである世界、そこに仏性がある。そのことがもう明らかにされているではないか。そのことは、もうすでに四祖、五祖の問答の中で明らかにされているではないですか、ということです。

「是《ぜ》なる投機《とうき》あり」、投機は悟った瞬間という意味合いでしょうが、是なる悟りがあるではないか。是というところで仏性に出会うという、そのことがまさに、もうすでに明らかにされているではないか。だから無仏性と聞いて、有るとか無いとかいろいろ思いたずね、探したずね、迷うかもしれないけれども、何も迷う必要はない。すでに、何《が》・汝《にょ》・是《ぜ》に明らかだ。それは、自己が自己そのものになった、その端的。透体脱落という、その端的。そこに無仏性もある。無仏性とは透体脱落の、これといって限定できないという、そこを無なる仏性と言ったものである。

透体脱落といって、脱落したら何もない世界に入り込むのか、何か虚空のような世界にすっぽり入りこんでしまうのか。けっしてそんなことはないです。何とか是とかいっても、それは実は、今・ここでかけがえのない自己としてはたらいている、それそのものの中にあるのだ。そのかけがえのない自己とは、固有の名字を持ったその主体です。「周《しゅう》なる同生《どうしょう》あり」、それはたとえば周といいます。周というかけがえのないその人、その名字を持ったそのもの。仏性はそのものと同生している。そのものとしてそっくり生き抜いている、そこに無仏性、無という形で表現される仏性がある。

それは結局、自己が自己そのものになる世界です。自己を対象的にとらえて、それにあれこれかかずらわる。思いわずらい、くよくよ悩む。そうではなくて、今・ここで、縁に応じて、そのかけがえのない自己を生き抜くという、そのただ中、そこに真実の世界がある。そういう意味では、まさに自己が自己そのものになっている世界ですから、もう自分と距離はないですね。あれこれたずねたずねて、遠回りしてたどるかのように見えても、無仏性の世界は、実は一番手前にあるのです。「直趣《じきしゅ》なり」です。実は無仏性というのは、もっともすぐに行くべきところ、すぐのところというような意味になるでしょうし、要するに自己そのもののただ中にあるという意味で、「たどりぬべし」なのですが実は「直趣」なのだ、そういって示されたと思います。

しかし、そうはいっても、本当に直趣そのものを自覚するということはなかなか難しいわけで、それはいつも申しますように、只管打坐《しかんたざ》のただ中で自覚するしかない世界です。そうしますと、結局、『無門関』の趙州無字ですね。「狗子にもまた仏性有りや無しや。州云わく無」、その無を見てこいと言う。「無《む》ー」とこう、坐禅の中で無字を拈提《ねんてい》して、ひたすら無になり切る。それで初めて無がわかる。

有るのかな、無いのかな、絶対無かなとか、畢竟無かなとか、そんなふうにいろいろ無を考えたって、それはなかなかわからないです。やはり「無ー」といって、拈提している中でその無の当体が自覚される。そういうところに直趣という世界が実はある。坐禅のところに直趣という世界が実はあるのだと思います。

五祖《ごそ》いはく、「仏性空故《ぶっしょうくうこ》、所以言無《しょいごんむ》」。

あきらかに道取《どうしゅ》す、空《くう》は無《む》にあらず。仏性空《ぶっしょうくう》を道取《どうしゅ》するに、半斤《はんきん》といはず、八両《はちりょう》といはず、無《む》と言取《ごんしゅ》するなり。空《くう》なるゆゑに空《くう》といはず、無《む》なるゆゑに無《む》といはず、仏性空《ぶっしょうくう》なるゆゑに無《む》といふ。しかあれば、無《む》の片々《へんぺん》は空《くう》を道取《どうしゅ》する標榜《ひょうぼう》なり、空《くう》は無《む》を道取《どうしゅ》する力量《りきりょう》なり。いはゆるの空《くう》は、色《しき》即是空《そくぜくう》の空《くう》にあらず。色即是空《しきそくぜくう》といふは、色《しき》を強為《ごうい》して空《くう》とするにあらず、空《くう》をわかちて色《しき》を作家《さけ》せるにあらず。空是空《くうぜくう》の空《くう》なるべし。空是空《くうぜくう》の空《くう》といふは、空裏一片石《くうりいっぺんせき》なり。しかあればすなはち、仏性無《ぶっしょうむ》と仏性空《ぶっしょうくう》と仏性《ぶっしょう》有《う》と、四祖五祖《しそごそ》、問取道取《もんしゅどうしゅ》。

ところが問答の意味上は、四祖が五祖に、お前なんかに仏性はないぞ、と言ったのですが、それを受けとめて、五祖は驚きもせず、身じろぎもせずに、「五祖《ごそ》いはく、『仏性空故《ぶっしょうくうこ》、所以言無《しょいごんむ》』」。「仏性は空なるが故に、所以《ゆえ》に無という」。仏性は空だから、だからあなたは無だと言ったのですね、と言った。無仏性とは、仏性が無いと言ったのではなくて、空である仏性を表現して無仏性と言ったのですねと言って、きりかえした。この話では、そこで四祖はあらためて、こいつは本物だ、法を渡すに足る人材だ、ということを認めて、そして自分の弟子にしたということなのですが、ところが、この句をまた道元禅師が、ああでもない、こうでもないと言われる。それがなかなか難しいですね。

「あきらかに道取《どうしゅ》す、空《くう》は無《む》にあらず」。この読み方によれば、道元禅師が言われるには、五祖は、はっきりと、「空は無にあらず」と言ったということになります。それはちょっとおかしいような気もしないでもないのですが。そこで「明らかに道取す」で、一度切ってもよいのではないかと思われます。その目的語は、「仏性空故、所以言無」なのでしょう。仏性は空だから無だと、はっきり五祖は言われた。それが「明らかに道取す」であり、これについて以下、道元禅師の解説がなされると見ることもできると思うのです。その意味はどうかというと、空は無とは確かに異なります。空は無にあらず、です。

「仏性空《ぶっしょうくう》を道取《どうしゅ》するに」、「仏性空」、これはもう本当の仏性の、その世界そのものを言い当てている言葉だと思いますが、その「仏性空」をいうときに、「半斤《はんきん》といはず、八両《はちりょう》といはず、無《む》と言取《ごんしゅ》するなり」と言われる。半斤と八両というのは、いずれも一斤の半分ということで、同じ分量のものを指しているのです。半斤と八両は、言葉として異なるけれども、同じものを言い当てているわけです。だから、「仏性空を道取するに、半斤といはず、八両といはず」というところで、同じ言葉で言っていない、「無と言取するなり」、空とは異なる無と言ったのだ。そういう同じものをさす表現を取らないで、それとは異なるものを指す無と言ったのだ、と解せます。

ふつう、私たちは空というと、あるものに実体がないということだと考えます。あるものに実体がない、しかし現象としては存在している。これが空だと了解するわけです。それに対して無というのは、まったく何もない、現象としてもないというように考えます。ですから、ごく一般には、空は無と違うわけです。その違う言葉でもって仏性を言っている。いったいこれはどういうことか。そのへんを道元禅師は、まず「空は無にあらず」と言われる。それは、ここで無と言っているのは対象的に実体がない世界というようなことを言ったのではなくて、透体脱落のただ中を無と言ったのだ。そこに実は五祖の力量、あるいは仏法の真実が明らかにされている子細があるのだ。とにかく、本来の「仏性空」を無という言葉で言った。けっして一般の空とは同じとされない言葉で述語している。実はそこに本当の仏性の世界を言い表そうとしている、その力量が見えているのですよというのでしょう。

「空《くう》なるゆゑに空《くう》といはず、無《む》なるゆゑに無《む》といはず」、空だから空と言ったのではない。無だから無と言ったのではない。「仏性空《ぶっしょうくう》なるゆゑに無《む》といふ」。「仏性空」だから無と言ったのだと言われます。ここ、いろいろな取り方があると思うのですが、この「空なるゆゑに」というのを、仏法の真実、仏性の真実のあり方が空そのものであるからこそ、一般的に、ものには実体がないと、対象的に空ということを理解してしまうような、その空という言葉で言ったわけではないのだ。本当に空だからこそ、概念を想起させるような空という言葉で言ったわけではないのだ。一方、その透体脱落のただ中が無という言葉で言い表されるべき世界であるからこそ、有無の無の無と言ったのではない。本当に、仏性は空そのものの世界であるからこそ、そこを意味するために無と言ったのだ。こんな解釈も一つあると思います。

ともあれ「仏性空なるゆゑに無といふ」で言いたいことは、次のことでしょう。この仏性空の空というのは、何か対象的にあるものが本体を持たない、しかし現象としては存在している、というようなことではないのだということです。「仏性空」というその空は、透体脱落のただ中ですから、自己が自己として真実に生きている、そのかけがえのない命が展開しているその世界そのもののことですから、それをいわゆる無いという言葉でも当然、言えない。といって空という言葉を使ってしまうと、かえって知的にその概念において了解されてしまう。それを避けて、そして、そこを言い当てる言葉として、ここでは無という言葉を使っているのだ。そこにこの「仏性空なるゆゑに無といふ」という脈絡がきちっと存在しているのだ。道元禅師はそんなようなおつもりで言われているのではないでしょうか。

「しかあれば」、そうであるので、「無《む》の片々《へんぺん》は空《くう》を道取《どうしゅ》する標榜《ひょうぼう》なり」、さまざまな無という言葉はというのですが、いろいろな形で無という言葉が使われてきました。四祖も、「汝無仏性」と言って、その無という言葉を使った。趙州和尚も、「狗子無仏性」と、無ということを言われた。そういう一つ一つの無、「無の片々は空を道取する標榜なり」。空、この場合の空は、この真実の命そのものでしょう。何回も言いますように、透体脱落のその世界そのもの、それを言い当てるそのしるしにほかなりません。逆にいえば、「空《くう》は無《む》を道取《どうしゅ》する力量《りきりょう》なり」。「仏性空なるがゆゑに」と言ったときのこの空は、その無です。無いの無ではない、その透体脱落の世界そのものを指し示している無、それを言いとる力あるものなのであります。

「いはゆるの空《くう》は」、「いはゆる」というのは一般にというよりも、ここで言われた空はということでしょう。ここで言うところの空は、です。

「色即是空《しきそくぜくう》の空《くう》にあらず」、前の「摩訶般若波羅蜜《まかはんにゃはらみつ》」の巻では、色即是空はちゃんと色即是空で、真理そのものを表しているとされたのですが、ここでは、一般にいう色即是空の空ではありません。この場合の色即是空というのは、対象的な知的了解としての色即是空でしょう。「色即是空《しきそくぜくう》といふは」、それに対して本当の色即是空はと、こういうような運びです。実は色即是空というのは、本当のところは、「色《しき》を強為《ごうい》して空《くう》とするにあらず」。一般には色と空を分けて、分けた上でもって、色をことさら空と一体と見る、そういう仕方で色即是空を考える。しかしそういう空ではないのだ。本当の色即是空という場合の空は、色をことさらに空とみなすというような、そういうようなものではない。

あるいは、「空《くう》をわかちて色《しき》を作家《さけ》せるにあらず」。「作家《さけ》せる」というのは、なかなかこれ、ちょっと変わった言葉です。宋時代の俗語、口語なのでしょう。ふつう、小説など書く人を作家《さっか》と言いますが、禅の世界では力量ある禅僧のことを、確かに同じ字を書いて作家《さっけ》と言います。文脈としては、要するに空を色と分けておいて、そしてその空をことさらに色とみなす。そして空即是色という、そういうことではないのだということでしょう。『般若心経』で言っている、「色即是空、空即是色」というのは、色と空が別々にあって、それが一つであるというようなことを言っているのではないのだということです。

では、色即是空でいわれているところの本当の空とは何かというと、「空是空《くうぜくう》の空《くう》なるべし」。空がまさに空であるところ、その空であるはずだ。これは色是色の色でもあるのですね、きっと。おそらく色が色になりつくしたところ、それは実は空が空になりつくしたところで、透体脱落のただ中、そこに自覚される空の世界、仏の世界、仏性の世界、そこを、空是空の空と言われているのでしょう。脱落したところだ。

ところが、「空是空《くうぜくう》の空《くう》といふは、空裏一片石《くうりいっぺんせき》なり」。空是空の世界というのは、虚空のように何もない、だだっ広い空間のような世界かというと、そうではない。その中に一つの石があるというような、そういう世界だといわれます。それは色即是空・空即是色で、空はそのまま色ですから、空裏一片石だ。空の中にある一つの石だと、そうなるということもありますが、それよりも透体脱落の、その脱落した主体は、しかしかけがえのない主体として今・ここにはたらいている。自己が自己としてはたらいている。他の何ものでもない、厳然たる個としてはたらいている。けれども、個としてはたらいているのだけれども、それは対象的にとらえられるというあり方を超えて、主体が主体そのものとしてはたらいている、そこに空という世界がある。空にして、しかもかけがえのない自己としてはたらいている世界がある。「空裏一片石」は、そこを表現しているのでしょう。

鈴木大拙は、まず真空妙有《しんくうみょうう》という世界がある。しかしそれではまだ、いまだしだ。さらに真空妙用《しんくうみょうゆう》となって、はたらいてこなければならない。個々の主体が、自分に対する執着、物に対する執着、自分や物に対象的に関わるあり方を一切超えて、主体そのものとなって、しかもこの現実世界の中で他者のためにはたらいていく。かけがえのない自己としてはたらいていく。はたらいて、はたらいて、はたらきぬいて、しかもあとをとどめない。それを自分のしたこととも考えない、手柄を自分のものとしない。ただ、はたらいて、はたらいて、そしてはたらきぬいてやまない、そこに真空妙用の世界がある。そういう世界に本当の禅の味わいというものを見いだしておられたように思います。「空是空」というのは、ある意味ではその世界です。空がまさに空である世界。しかし、その空が空である世界というのは、けっして何もない世界ではなくて、個々の、かけがえのない一人一人が、個々の今を生き抜いているそのただ中です。空裏一片の石というと、何か虚空に一つの石が浮かんでいて、それがそうかな、と思うかもしれませんが、実はその言葉で言おうとしていることは、実は一人一人の今・ここ・自己の端的です。やはりその透体脱落という、それそのものということになるのではないでしょうか。そこから物事を見て、「一切衆生、悉有仏性」と言ったり、狗子には「仏性が無い」と言ったり、汝は何姓だと言ったり、是姓だと言ったり、いろいろな表現はいくらでも出てくるわけです。「しかあればすなはち、仏性無《ぶっしょうむ》と仏性空《ぶっしょうくう》と仏性有《ぶっしょうう》と、四祖五祖《しそごそ》、問取道取《もんしゅどうしゅ》」。最後に「せり」とか何か補ってよいように思うのですが。「問取道取す」でもよいかもしれません。そういうわけなので、仏性が無であるとか、仏性が空であるとか、仏性が有るとか、いろいろな表現を四祖と五祖の間で問答しあったり、言いあったりしていたのです。四祖・五祖の問答の中で言われている言葉、その言葉の指し示すところというのは何かというと、空是空がそのまま空裏一片の石であるという、その世界のことをずっと言ってきたのですよ、そこに仏性という世界があるのですよ、というのでしょう。空是空に徹するという、そのときに透体脱落を証する、本当の自己を自覚する。そうしたら、おのずから今・ここ・自己のかけがえのない主体としてはたらく。そういう世界が開けるのではないかと思います。

結局、「仏性空なるが故に、所以に無という」と五祖が言ったという、空に対して無と言った、その空と無をどのレベルで理解するかが問題にされていました。実体が有るとか無いとか、そういうようなところで理解していると、五祖が言おうとしたことに届かないぞ。あるいは四祖がその言葉に認めている世界に届かないぞ。結局、四祖も五祖も問答しながら、何を言っているのかというと、本当の自己が本当の自己として生きているその世界、そこに自己を超えたものにおいて、自己が生きる。仏の命に預かりながら自己として生きている。仏性の中でかけがえのない自己として生きている。すなわち「空裏一片の石」です。そこにあなた自身の本当の命があるでしょう。そこをぜひ見取ってくださいという、そういうメッセージだと思います。

それでは、次に移りましょう。次は五祖と六祖の問答になります。

震旦第六祖曹谿山大鑑禅師《しんたんだいろくそそうけいざんだいかんぜんじ》、そのかみ黄梅山《おうばいざん》に参《さん》ぜしはじめ、五祖《ごそ》とふ、

「なんぢいづれのところよりかきたれる」。

六祖《ろくそ》いはく、「嶺南人《れいなんにん》なり」。

五祖《ごそ》いはく、「きたりてなにごとをかもとむる」。

六祖《ろくそ》いはく、「作仏《さぶつ》をもとむ」。

五祖《ごそ》いはく、「嶺南人無仏性《れいなんにんむぶっしょう》、いかにしてか作仏《さぶつ》せん」。

「震旦第六祖《しんたんだいろくそ》」、中国の第六祖、六祖慧能《えのう》として有名な「曹谿山大鑑禅師」のことです。曹洞宗という名前は、洞山・曹山からという説がありますが、そうだとすると、なぜ洞曹宗ではないのかということにもなる。そこで、六祖慧能が曹谿山にいた、その曹と洞山を取って、曹洞宗だと見る説もあるようです。

その、曹谿山に住していた慧能禅師、「そのかみ」、昔、「黄梅山《おうばいざん》に参《さん》ぜしはじめ」、この黄梅山に五

祖弘忍が住しておられたわけです。その五祖にちょうど参じ始めたころ、弘忍は、まだ来て間もない、もちろん六祖になってもいない、一介の修行者をつかまえて問うた。「なんぢいづれのところよりかきたれる」。この問いは、禅宗ではよく発せられる問いです。どこから来たか。どこそこから来ましたと答えるわけですが、はたしてそれでケリがついたか。本当は、我々はどこから来たのか、そしてどこへ行くのか。それが人生の一番の根本問題で、そこにはっきり目が開かないと、結局ぐらついて、酔生夢死ということになってしまう。そこで禅の老師は、お前さんは宇宙のどこから来たか、それを言うてみよと問うが、実はここにそういう深い問いがあるのだと言われる方もいます。確かにそう言われれば、どこから来たかに、どう答えるかは大問題です。それこそ大公案になるわけです。

　六祖は、私は「嶺南人《れいなんにん》なり」と、嶺南の出身者ですと答えた。嶺というのは、中国南方の湖南省から広東省、広西省のほうへ走っている山脈があって、さらにその南を嶺南と呼ぶようです。要は南のほうの人間だということです。

　「五祖《ごそ》いはく、『きたりてなにごとをかもとむる』」。この黄梅山に来て、禅の修行道場にわざわざ身を投じているけれども、お前いったい何を求めているのか、こう問うた。そうしたところ、六祖は「作仏《さぶつ》をもとむ」と答えた。これ、ふつうは仏になりたいのですということでしょう。この作仏という言葉は、禅の場合はどちらかというと回避されるべき言葉かもしれません。馬祖が坐禅していて、南嶽懐譲が何をしようとするのかと問うことがありまして、作仏《さぶつ》せんと図るとか答えると、一所懸命坐禅したって仏にはなれないぞというようなやり取りがありましたね（「坐禅箴」参照）。それはもうすでに仏なのだから、それ以上、仏になることができるものか、という意味合いもあるわけです。『法華経』に「大通智勝仏《だいつうちしょうぶつ》」という仏が出てきます。「大通智勝仏、十劫坐道場《じっこうざどうじょう》」、十劫の間、道場に坐しておられた。「仏法不現前《ぶっぽうふげんぜん》」、しかし、仏法は現前しなかった。「不得成仏道《ふとくじょうぶつどう》」、道を成ずることができなかった。そういう言葉が『法華経』に出てきます。禅はこれを非常に尊びまして、いったいこれはどういうわけかわかるかということをさかんに言うわけです。『臨済録』がそれを取り上げていますす。すでに仏なのに、なんで今さら仏になることがありえようか。だから「仏法不現前、不得成仏道」なのだ。もうすでに仏なのだ。わざわざ仏になろうとしたら、かえって仏に背く。自己が自己である、そのただ中こそが仏の世界ですから、「空是空」という、それそのものが仏の世界ですから、それを離れて、さらに仏になろうとすると、かえって迷いを重ねることになってしまうという、そういう子細もあります。ですからこの、「作仏をもとむ」というのは、逆に仏から離れることだということにもなりかねないです。

日本では盤珪《ばんけい》禅師が、「不生の仏心《ふしょうのぶっしん》」ということを言われています。一切は不生でととのう。すずめが鳴けばチュンチュン、からすが鳴けばカアカアと、何もはからわなくたって、それをきちっと聞き分けるではないか。霊明な不生の仏心というものを、みんなめいめい持っている。その不生でいればもう仏だ。仏になろうとするより、仏でおるほうが造作ないわい。そういうことを盤珪禅師は、一所懸命皆さんに説法されています。

そういう意味では、作仏を求むというのはむしろ、何をぼやけたことを言っているのか、というようなことにもなるのです。そこで五祖が、「嶺南人無仏性《れいなんにんむぶっしょう》、いかにしてか作仏《さぶつ》せん」と。お前などに仏性はないぞ、いったいどうやって仏になろうとするのか、仏になどなれっこないぞと言い放った。しかし、その仏になれないというその子細、そこにもし、すでに仏であるというところがあるとするならば、その世界を無仏性という言葉で言い表している。こういうふうに受けとめることも十分できるわけです。「嶺南人無仏性」と言った、その無仏性というのは、仏性が無いとか何とかと言っているのではなくて、お前さん、もうすでに仏性そのものではないか、無というあり方の仏そのもののあり方にあるではないか、どうしてさらに作仏を求めるのか、こんなふうに解釈することも十分できるわけです。おそらく道元禅師はそのような感じで、これを読まれていくことになるでしょう。

この「嶺南人無仏性《れいなんにんむぶっしょう》」といふ、嶺南人《れいなんにん》は仏性《ぶっしょう》なしといふにあらず、嶺南人は仏性《ぶっしょう》ありといふにあらず、「嶺南人《れいなんにん》、無仏性《むぶっしょう》」となり。「いかにしてか作仏《さぶつ》せん」といふは、いかなる作仏《さぶつ》をか期《ご》するといふなり。

「この『嶺南人無仏性《れいなんにんむぶっしょう》』といふ、嶺南人《れいなんにん》は仏性《ぶっしょう》なしといふにあらず」。もうはっきり最初からそう言われます。「嶺南人無仏性」というのは、南方の人には仏性がないと、そんなことを言っているのではありませんよ。では、あると言っているのか。「嶺南人《れいなんにん》は仏性《ぶっしょう》ありといふにあらず」、ありと言っているのでもありません。ありとかないを超えた世界そのものに仏性があるのであり、自己が自己として生きているそのただ中、それは有とか無とかを離れています。生とか死とか、生きるとか死ぬとかを離れています。そこに不生《ふしょう》という世界もあるのでしょう。だから仏性ありと言っているわけでもありませんよ、ただ端的に「嶺南人《れいなんにん》、無仏性《むぶっしょう》」と言ったのです。

「『いかにしてか作仏《さぶつ》せん』といふは、いかなる作仏《さぶつ》をか期《ご》するといふなり」。ふつうは、「いかにしてか作仏せん」というのは、いったいどうやって仏になろうとするのか、仏などにはなれないよと、こういう意味で言われた言葉でしょう。しかしそれは、そういう意味ではないのだ。「いかなる作仏をか期するといふなり」。仏になるどのようなあり方を期しているのか、というようなことなのだ。お前はある意味では「無仏性」という、「仏性」を持っているのだから、というより「無なる仏性」そのものなのだから、どこでその仏であるということを自覚するのか、それを五祖は聞いたのだ。ですから、ここも道元禅師はひねって解釈されているわけです。

おほよそ仏性《ぶっしょう》の道理《どうり》、あきらむる先達《せんだち》すくなし。諸阿笈摩教《しょあぎゅうまきょう》および経論《きょうろん》師《じ》のしるべきにあらず。仏祖《ぶっそ》の児孫《じそん》のみ単伝《たんでん》するなり。仏性《ぶっしょう》の道理《どうり》は、仏《ぶっ》性《しょう》は成仏《じょうぶつ》よりさきに具足《ぐそく》せるにあらず、成仏《じょうぶつ》よりのちに具足《ぐそく》するなり。仏《ぶっ》性《しょう》かならず成仏《じょうぶつ》と同参《どうさん》するなり。この道理《どうり》、よく〱参究《さんきゅう》功夫《くふう》すべし。三《さん》二十年《にじゅうねん》も功夫参学《くふうさんがく》すべし。十聖三賢《じっしょうさんげん》のあきらむるところにあらず。衆生《しゅじょう》有仏性《うぶっしょう》、衆生無仏性《しゅじょうむぶっしょう》と道取《どうしゅ》する、この道理《どうり》なり。成仏以来《じょうぶついらい》に具足《ぐそく》する法《ほう》なりと参学《さんがく》する正的《しょうてき》なり。かくのごとく学《がく》せざるは仏法《ぶっぽう》にあらざるべし。かくのごとく学《がく》せずは、仏法《ぶっぽう》あへて今日《こんにち》にいたるべからず。もしこの道理《どうり》あきらめざるには、成仏《じょうぶつ》をあきらめず、見聞《けんもん》せざるなり。

「おほよそ仏性《ぶっしょう》の道理《どうり》、あきらむる先達《せんだち》すくなし」。道元禅師が仏性という言葉で見るところ、あるいは禅の祖師方が、仏性という言葉で言い当ててきたところ、それをよく了解する先輩方は非常に少ないと言われます。この「先達」というのは、禅の祖師方だけではないです。禅以外の仏教者の全部を含めて、これまでいろいろな仏教を究めた方々がいるけれども、本当に仏性というものをわかった方はきわめて少ないと言われるのでしょう。

「諸阿笈摩教《しょあぎゅうまきょう》」、阿笈摩というのは、アーガマの音写です。アーガマというのは「伝承されたもの」のことで、釈尊の説法を忠実に伝承したものということです。漢訳では、長阿含《じょうあごん》・中阿含・増一《ぞういつ》阿含・雑《ぞう》阿含と、四つの『阿含経』という経典があります。これらは、いわゆる原始仏教経典であり、根本の経典です。私たちがよく知っている、『法華経』とか『華厳経』とか『般若経』というのは、大乗仏教の経典で、お釈迦さまが亡くなって、四百年も五百年も経ってから作られたもので、本当に歴史上のお釈迦さまが説いたとは思えないものです。そういう意味では、『阿含経』は根本の仏典です。「諸阿笈摩教」ですからそのいろいろな教えでしょう。

「および経論師《きょうろんじ》のしるべきにあらず」。そのお経、ないしはそれを研究して作られた成果の論書、そういうものをもっぱら研究する人々、仏教を文献の中で勉強する人々、それらの人々は仏性という言葉を聞いても、その真実、本当のところをなかなかわかることはできないのだと言われるのです。経論だけで研究していても、本当に仏性という言葉の意味はわからないのだぞ。「仏祖《ぶっそ》の児孫《じそん》のみ単伝《たんでん》するなり」。この仏祖の児孫は、道元禅師にあっては当然、禅宗のことです。釈迦牟尼仏より摩訶迦葉に「正法眼蔵涅槃妙心」が伝えられて以来、西天二八祖、中国では六祖、さらにはずうっと伝えられたという。釈尊より絶えず師から弟子へ、一人から一人へと、菩提樹下の悟りそのものを伝えてきた、その児孫。これは禅宗そのものということになるでしょう。道元禅師に言わせれば、さらには師である如浄《にょじょう》の正法を受け取った、私たちの流れということになるのかもしれません。この私たちのみ、その仏性の本当のところが何かという、その真実を伝え来たっているのでありますというのです。

「仏性《ぶっしょう》の道理《どうり》は、仏性《ぶっしょう》は成仏《じょうぶつ》よりさきに具足《ぐそく》せるにあらず」、ふつうは仏性は、成仏の因のことで、成仏より先にあるわけですね。その因があって、修行をして、成仏するということになるわけですから、「仏性は成仏よりさきに具足せる」というのがふつうの考え方です。「仏性の道理は」とありますが、仏性という言葉の、その内容は、成仏より先に具足するものということがごくふつうなのだけれども、実は違うのだ。道元禅師に言わせれば、そもそも仏性という言葉の意味は透体脱落のそのただ中ですから、仏の端的といえる。ですから、その透体脱落を十全に実現し自覚した成仏より前に仏性があるということは言えない。ではどうか。「成仏《じょうぶつ》よりのちに具足《ぐそく》するなり」。成仏より先にあるという考え方を否定して、成仏よりのちにあるのだ。どちらかといえば、むしろ「仏性《ぶっしょう》かならず成仏《じょうぶつ》と同参《どうさん》するなり」です。成仏してそのあとで仏性が存在するというよりも、成仏するという、そこに仏性が同参するという、そこに仏性を見ていかなければいけない。おそらく私は、成仏とだけ同参するばかりではないだろうと思うのです。

　この前、「時節因縁は仏性なり」ということが言われていました。成仏も時節因縁かもしれませんし、ここでこうやって話すということも、時節因縁かもしれませんし、ご飯を食べるとか、寝るとか、そういうことも時節因縁です。その時節因縁に同参するというか、そのときそのときの今・ここ・自己に同参する、そこに仏性があるのではないでしょうか。そのつどそのつどの自己の、その透体脱落のただ中に仏性があるわけですから、成仏より前にあるのではない、成仏よりのちにあると聞いて、何か修行の時代があって、成仏するときがあって、それから仏性というものがあるのかなと思ったら、これもまた成仏より前に具足せるということを夢想するのとほとんど変わらないです。仏性がどこにあるかということを見抜くには、とにかく透体脱落が仏性なのですから、実は時節因縁が時節因縁として熟して、そのつどそのつど現象世界が展開していく。ここで現象世界が展開していくといっても、対象的に世界が何か自動的に流れていくというのではなくて、実は、我々の世界は、一人一人の主体が、そのつどそのつどはたらいている、その総和というか、全体というか、そうして世界というものができているわけです。一人一人が生きている、それがお互いに組み合わさってというか、とけ合ってというか、そうして世界ができているわけで、その一人一人の自己が生きているそのつどそのつどに、仏性がはたらいているのでしょう。仏性そのものが、しかもかけがえのない主体としてはたらいているという、そういうことがもうくり返し説かれてきたわけです。そこに仏性を見るべきであって、そういう意味では、「成仏と同参するなり」とありますが、成仏という言葉にとらわれたら、また時間を縦に延ばして、未来にどうかなるのかなとか、対象的に成仏と仏性とを見て、その二つを一緒にくっつけるということになってしまう。そうではなくて、実は、今・ここ・自己に、自己そのものが自己そのものとしてはたらくという、そこに真実の自己を見いだす、そこに仏性を見いだすという、それが一番の重要なところでしょう。その同参というところに、仏性を見るということが重要な鍵で、それを読まなければならないだろうと思います。そういう意味で、「成仏よりのちに具足するなり」なのだと思うのです。

あるいはあくまでもその意味で、この成仏は、本来成仏のことで、無始以来、同参しているということを読んでもよいでしょう。

「この道理《どうり》、よく〱参究《さんきゅう》功夫《くふう》すべし」。道元禅師はそう言っておいて、これをよくよく考えてくださいというわけです。「三二十年《さんにじゅうねん》も功夫参学《くふうさんがく》すべし」。「三二十年」というのは、二十年も三十年もということでしょうか、あるいは六十年ぐらいということでしょうか、要するに長い間「功夫参学すべし」ということです。

この仏性の世界という、これは仏の世界そのものです。そこに至るには、唯識《ゆいしき》などでいいますと、たいへんな修行の時間がかかって、長い長い修行を経てということになるのですが、その仏の世界そのものというのは、「十聖三賢《じっしょうさんげん》のあきらむるところにあらず」。この「十聖三賢」というのは、大乗仏教の、主に唯識などで説かれる、修道論の段階がありまして、十信《じゅっしん》・十住《じゅうじゅう》・十行《じゅうぎょう》・十回向《じゅうえこう》・十地《じゅっじ》、さらに等覚《とうがく》・妙覚《みょうがく》ということがいわれます。これは五十二位ですが、その十信は、まだ本当の意味で仏道に覚悟して入ったということにはならないのです。信をいま確立している段階です。本当の仏道修行というのは、十住から始まる。その十住の一番初めを初発心住《しょほっしんじゅう》、初めて菩提心を発《おこ》した段階といいます。その初発心住から、十住・十行・十回向・十地と進んでいく。その十地の最初の段階を、初地《しょじ》といいますが、ここで無分別智という智慧を開いて一つの悟りを成就する。しかしまだまだそのいったんの悟りでは、これまで無始以来、生死輪廻してきて、自我にしがみつき、物にしがみつきしてきたその名残りが、とうてい取れない。そこでさらに十地の修行をして、そうしてようやく仏になる。しかし、いったんは無分別智という悟りを開いていますから、十地の段階にいる菩薩は、聖人《しょうにん》といい、聖の位というわけです。十地の聖人、十聖というのは、そのことをいうわけです。

三賢というのは、十住・十行・十回向の三つの位の修行者を意味します。菩提心を発《おこ》して、そしていったんの悟りを開くまで修行している段階、それが三賢です。ですから、十聖三賢というのは、要するに菩薩として修行している方。十地の最後の位などはもう仏ともそんなに変わらないような方なのですが、それでも仏の世界そのものは明らめることができないと、道元禅師はあえて言われるわけです。

『法華経』にも、「唯仏与仏《ゆいぶつよぶつ》、乃能究尽《ないのうぐうじん》、諸法実相《しょほうじっそう》」とあります。諸法の実相というのは、「ただ仏と仏のみがよく究尽する」、そういう言葉があります。仏でなければわからない世界というものがある。仏になるのは、唯識によりますと、初発心から三大阿僧祇劫《さんだいあそうぎこう》の修行をしてのちなのだといいます。もう気の遠くなるような時間をかけて、初めて仏になるといいます。しかし、禅宗などでは、「勇猛《ゆうみょう》の衆生は成仏一念にあり、懈怠《けたい》の衆生は涅槃三祇《ねはんさんぎ》にわたる」と言います。怠け者は三大阿僧祇劫かかるかしれないけれども、「勇猛の衆生」、勇敢で、猛烈なる者は、「成仏一念にあり」です。ですから、唯識で三大阿僧祇劫かかると聞いて、いや、そんなにかかるのでは嫌だなと思って修行をあきらめないでください。一念で成仏できるかもしれませんから、簡単にあきらめる必要はまったくないと思うのです。禅宗で仏という言葉をどこでどう使っているか。唯識などの体系化された教理に照らすと、いろいろな問題が出てくるかもしれませんが、仏とは、透体脱落という、その世界を自覚したところでしょう。それが、道元禅師の言われる仏性です。それがなかなか気づかれないわけです。「十聖三賢のあきらむるところにあらず」だったら、三、四十年の功夫でも、わからないだろうということになってしまうかもしれませんが、しかしそうではなくて、それは只管打坐《しかんたざ》の中で、やはり明らめるということがあるのだ。一大事を明らめるということはあるのだ。だから、ひたすら坐禅につとめてくださいというのが、道元禅師の立場です。

ともかく、「十聖三賢のあきらむるところにあらず」と、大袈裟なことを言われながら、仏のありか、あるいは仏性のありか、仏の端的、それをなんとかして伝えようとされるのです。「衆生《しゅじょう》有《う》仏性《ぶっしょう》、衆《しゅ》生《じょう》無《む》仏性《ぶっしょう》と道取《どうしゅ》する、この道理《どうり》なり」。あるときは「衆生には仏性が有る」と言ったり、あるときは「衆生には仏性が無い」と言ったりする。しかし、それは衆生即有仏性であったり、衆生即無仏性であったりするのであって、その場合の有も無も、有る無いを超えた、是というか、如是というか、そういう世界だと思います。それは、成仏よりのちに具足するような仏性という、言い換えれば成仏と同参する仏性だ。しかし私に言わせれば、さらに「時節因縁に同参する」というか、今・ここ・自己に同参する、そこに仏性がある。そこに立って言うときに、ときには有仏性と言い、ときには無仏性と言う、そういうことになるのだ。それが「この道理なり」ということではないでしょうか。

ですから、そういう意味で、「成仏以来《じょうぶついらい》に具足《ぐそく》する法《ほう》なりと参学《さんがく》する正的《しょうてき》なり」。要するに成仏以前に何か仏性というものがあるのだと夢想するような、そういう立場は、それは本当の仏性にはなかなか届いていない。「成仏以来に具足する法なりと」学ぶ。とりあえずそう学ぶ。これが正しく的を射ることになるのだ。本当の仏道に出会っていくことになるのだ。「かくのごとく学《がく》せざるは仏法《ぶっぽう》にあらざるべし」。このように学ばなければ仏法ではありませんよ。「かくのごとく学《がく》せずは、仏法《ぶっぽう》あへて今《こん》日《にち》にいたるべからず」。こういうふうに学ばなかったら、仏法は今日に伝わらなかったでしょう。

「もしこの道理《どうり》あきらめざるには、成仏《じょうぶつ》をあきらめず、見聞《けんもん》せざるなり」。この道理を明らめなかったら、成仏ということも明らめることができないし、その成仏ということを見聞することはなかったでしょう。無仏性という言葉を聞いて、ただちに仏性がないと解してしまう。しかもその場合の仏性というのは、何か因位の仏の世界というか、仏の智慧の因となるものとか、そのような形で受けとめていたら、自己の真実、今・ここの自己の真実そのものからは、まったく遠ざかってしまうことになります。仏性というその表現の中に、自己が自己として生きている、その真実それそのものが表現されている。透体脱落の悟りの世界そのものが表現されている。そこを見て取って、そしてそこからいろいろな言語表現が出ているということを見て取らなければ、仏法というものは把握できませんよ。そういうことを言われているのだろうと思います。

正法眼蔵講義　第一六講

「仏性」の巻〔八〕

このゆゑに、五祖《ごそ》は向他道《こうたどう》するに、「嶺南人《れいなんにん》、無仏性《むぶっしょう》」と為道《いどう》するなり。見仏聞法《けんぶつもんぽう》の最初《さいしょ》に、難得難聞《なんとくなんもん》なるは、「衆生無仏性《しゅじょうむぶっしょう》」なり。或従知識《わくじゅうちしき》、或《わく》従経巻《じゅうきょうがん》するに、きくことのよろこぶべきは衆生無仏性《しゅじょうむぶっしょう》なり。一切衆生無《いっさいしゅじょうむ》仏性《ぶっしょう》を見聞覚知《けんもんかくち》に参飽《さんぽう》せざるものは、仏性《ぶっしょう》いまだ見聞覚知《けんもんかくち》せざるなり。六《ろく》祖《そ》もはら作仏《さぶつ》をもとむるに、五祖《ごそ》よく六祖《ろくそ》を作仏《さぶつ》せしむるに、他《た》の道取《どうしゅ》なし、善巧《ぜんぎょう》なし。たゞ「嶺南人《れいなんにん》、無仏性《むぶっしょう》」といふ。しるべし、無仏性《むぶっしょう》の道取聞《どうしゅもん》取《しゅ》、これ作仏《さぶつ》の直道《じきどう》なりといふことを。しかあれば、無仏性《むぶっしょう》の正当恁麼時《しょうとういんもじ》すなはち作仏《さぶつ》なり。無仏性《むぶっしょう》いまだ見聞《けんもん》せず、道取《どうしゅ》せざるは、いまだ作仏《さぶつ》せざるなり。

「このゆゑに、五祖《ごそ》は向他道《こうたどう》するに」、要するに仏性というものは、成仏ののちに自覚されるのであって、それ以前はないという、そういう事情というものもある。その故に五祖が、「他に向かって言う」というのが、「向他道」です。この「他」というのは当然、相手のこと、つまり六祖慧能です。『嶺南人《れいなんにん》、無仏性《むぶっしょう》』と為道《いどう》するなり」。「嶺南人、無仏性」、とはその六祖のために言ったのである。しかし、無いといっても、それは「無仏性」という仏性のあり方の中に、実はみんな生きているのです。本来そういう仏の命の中で生きているわけで、ただそれを自覚するかしないか。その自覚の仕方は、対象的に把握するという仕方ではなくて、自己が自己そのものになり切る。そして、自己を脱落する。その透体脱落のただ中で、自己そのものに出会う。そのときに仏性というものを自覚する。

しかし、自覚しないからといって仏性がないというわけでもないでしょう。自己を超える仏の命の中に生きているという、その事実はけっして否定はできない。だからこそ、無仏性というような言葉に、仏性はないといっているわけでもないのだと、言われていたわけです。

透体脱落というようなあり方でしかありえない仏性、それは命のあり方。その中に生きているという事実。そこを無の仏性の中に生きているという意味で、「汝無仏性」、あるいは「嶺南人、無仏性」と示した。「このゆゑに」、そういう道理を踏まえて、五祖は六祖に対して、なんとかして六祖の自己の本来の命に目覚めさせようと、「嶺南人、無仏性」という言い方をされた。だから無仏性というこの言葉は、そう単純にとらえては間違ってしまいますよ、ということになります。

それを受けまして、「見仏聞法《けんぶつもんぼう》の最初《さいしょ》に」、これはふつう、「仏にまみえて、そして法を聞く」という言葉だろうと思われます。釈尊が在世のときは、まさに釈尊にお会いして、そして教えを聞くことができたわけですから、「仏にまみえて、そして法を聞く」。要するに仏道を修行していこうと決心する、その最初に、です。「難得難聞《なんとくなんもん》なるは、『衆生無仏性《しゅじょうむぶっしょう》』なり」。なかなか得がたく聞きがたい、出会いがたい言葉は、衆生に仏性はないということの言葉である。その貴重な言葉にはなかなか会いがたいのだ、ということでしょう。

「或従知識《わくじゅうちしき》、或従経巻《わくじゅうきょうがん》するに」、「知識」というのは、「善知識《ぜんちしき》」といわれる仏教の言葉で、要するに先生です。仏道上の先生、自分を導いてくださる方をよく「善知識」といいます。善知識という言葉のもともとの意味は、善友(カルヤーナミトラ)、有徳の友のようですが。

善知識といえば、『華厳経』の後半三分の一ぐらいある、「入法界品《にゅうほっかいぼん》」、善財童子《ぜんざいどうじ》が五三人の善知識《ぜんちしき》を訪ねて、求道遍歴して、そして自分の修行を完成したという物語が、すぐ想起されます。その童子が訪ねた先生というのはもう、いろいろな先生がいた。仏教のお坊さんだけではない、外道の指導者もいた。あるいは大工さんとか、お医者さんとか、漁師さんとか、女性もたくさんいまして、釈尊のお母さんもいたし、遊女もいたし、あるいは童男童女、少女もいたのですね。そういう、あらゆる人々を善財童子は訪ね歩いた。「我以外皆我が師なり」、自分以外はみんな先生だという思いで訪ね歩いて、それが五三人であったといわれるわけです。これ、実は数え方がなかなか難しいようですけれども。少年のような純粋な心でなければ、なかなかそういう求道遍歴はできないということを、童子は象徴しているような気がします。

「惑従知識」、あるいはその善知識に従い、「惑従経巻するに」、あるいは経巻に従うに。これも指導者に会い、また教えの言葉を聞いて、仏道を学んでいこうというときにです。「きくことのよろこぶべきは衆生《しゅじょう》無仏性《むぶっしょう》なり」。もし衆生無仏性ということを聞けたら、それは大いに喜ぶべきことだ。それは素晴らしい言葉なのだ。それこそあなた自身の命の秘密を開示する、根源的な言葉なのだということでしょう。

「一切衆生無仏性《いっさいしゅじょうむぶっしょう》を見聞覚知《けんもんかくち》に参飽《さんぽう》せざるものは、仏性《ぶっしょう》いまだ見聞覚知《けんもんかくち》せざるなり」。『涅槃経』では「一切衆生、悉有仏性」と、「一切衆生はことごとく仏性を有す」と書かれていたのに、一方では「一切衆生無仏性」、一切衆生は無仏性だと言われる。これは、「一切衆生に仏性は無い」と読むのではなくて、「一切衆生は無なる仏性である」と読むべきなのでしょうが、その言葉を「見聞覚知に参飽せざるものは」、もう十分なほどにに見たり聞いたり、あるいは考えたりということをしないかぎりは、「仏性いまだ見聞覚知せざるなり」、本当の仏性に出会うということはできません。それほど、「衆生無仏性」という句は大事な言葉なのです。

「六祖《ろくそ》もはら作仏《さぶつ》をもとむるに」、六祖慧能はもっぱら、一心に、仏になりたいといって、そして五祖のところを訪ねた。自分が救われたいということもあるでしょう。仏教の中での救いというのは、本当の自分を自覚する、本当の自己に落ち着く。そこが「安心」です。自己とは何かという、そのもっとも根本的な問題、そこにラチがあかないかぎりは、結局はどこかで不安を抱えて、落ち着くことができない。そういう意味で作仏というのは、何か超能力者になろうとか、そんなことではなくて、本当に真理に目覚めたものになる。ブッダというのは、真理に目覚めたものという意味でしたね。ということは、本当の自己を自覚したものになるということです。そのことをもっぱら六祖は求めていた。五祖は、その六祖のその純粋な求道心を、しっかりと受けとめているのです。

そこで、「五祖《ごそ》よく六祖《ろくそ》を作仏《さぶつ》せしむるに」、五祖は六祖になんとかして本来の自己を自覚させたい。そのために、「他《た》の道取《どうしゅ》なし、善巧《ぜんぎょう》なし」。ほかの言葉もなかったし、ほかのよき手だてもなかった。「善巧」というのは、よく「善巧方便」という言葉で使われます。方便にとても巧みである。これは大乗菩薩の一つの特質です。本来なら真っすぐ真理の道へ導かなければいけないのかもしれませんが、場合によっては相手に応じて方便をつくして、そして導いていく。かえってそのほうがむしろ近道になる。その人その人の近道というものを見つけ出して、そして導いてあげる。それにはいろいろな手だてがある。それが善巧方便という言葉の意味です。密教のほうでは「方便即究竟《ほうべんそくくぎょう》」といいます。真実が一段高くて、方便は低いというのではなくて、方便こそが、もうその人その人にとっての真実だ、相手にとっての究極の真実だ、そのような言葉もあるようです。

それはともかくとして、六祖の、一心に自己を明らめたいという気持ちに対して、五祖がとった対応はただ一つです。「たゞ『嶺南人《れいなんにん》、無仏性《むぶっしょう》』といふ」。それ以外、では念仏してごらんとか、坐禅してごらんとか、お茶碗を洗っておきなさいとか、そういういろいろな指導は一切なかった。ほかの言葉もなかったし、ほかの導きの手段もなかった。まさに、一心に自己を明らめたいと願っている六祖に対して、ずばり、自己を自覚させるその一転語として「嶺南人、無仏性」と、ただこれだけを言ったのだと、道元禅師は言われるのです。

「しるべし、無仏性《むぶっしょう》の道取聞取《どうしゅもんしゅ》」、ですから、次のことを知るべきである。道取は言い当てたということ、そして聞取はそれを聞きとめたということ。五祖が無仏性と言い、六祖が聞いたという、そのこと。「これ作仏《さぶつ》の直道《じきどう》なりといふことを」。それこそが仏になるということへの真っすぐの道である、その直接の道である、それを知るべきである。作仏へ直截《ちょくせつ》に向かうその道だ。「嶺南人、無仏性」というその言葉、それを聞いて、その言葉の意味を自覚する。そこにもう自己が自己となる、仏が仏になる、その真っすぐの道、一番近道がそこにある。そのことをよく知るべきであるというわけです。

「しかあれば」、そうであるので、「無仏性《むぶっしょう》の正当恁麼時《しょうとういんもじ》すなはち作仏《さぶつ》なり」。無仏性と言ったそのまさにそのとき、即、仏となっているのである。あるいは無仏性と聞いたまさにそのとき、即、仏となっているのである。ここまで道元禅師は言われるのです。「正当恁麼時」とは、まさにそのときです。言うことなら言うことのそのただ中、聞くことなら聞くことのそのただ中。我々が日常生きているその一瞬一瞬、現在現在、その現在のそのただ中。そこに自己を超えて、自己として生きているその本来の自己というものがはたらいている。そこに仏になるということが実はあるのだ。仮に仏になるということがあるとして、それは今・ここ・自己、以外にはありえないです。何か遠い未来に自分が修行したら、仏になるのではないかなといって、そういう未来の自己というものを対象的に想定して、そしてそれに向かって歩んでいく。それでは、いつまでも自己そのものと未来の対象的な自己とが分裂して、その溝が埋まらないです。本当の自己とは何か。今・ここで生きているその自己そのもの、それをそのものに即して自覚するという、そこにこそ本当の自己の自覚というものがあるわけで、その「正当恁麼時」、それに立ちつくすときに、それが脱落の世界ということにもなる。そこに透体脱落の世界がある。だからこそ、「すなわち作仏なり」ということになります。作仏というよりも、もう仏ではないでしょうか。作というのもいらないかもしれません。無仏性と言った、あるいは聞いている、そのただ中、「正当恁麼時」、あるいはむしろ「無仏性」そのものになりつくしているまさにそのとき、それがもう仏である。

自分を超えたものが自分としてはたらいているわけで、そのはたらいている命そのものというのは、つかまえることができない。つかまえることができないという形で生きている。そこが無仏性、透体脱落というところでしょう。「無仏性《むぶっしょう》いまだ見聞《けんもん》せず、道取《どうしゅ》せざるは」、その無仏性を見たり聞いたりすることもないし、それについて言い当てることもできないというのでは、「いまだ作仏《さぶつ》せざるなり」。仏になったとは言えません。本当の自己を自覚したとは言えないのです。ですから、やはり無仏性という言葉は、単純に「仏性が無い」というようなことではなかったわけです。

次に、今の問答に続いての六祖の言葉があります。

六祖《ろくそ》いはく、「人有南北《にんうなんぼく》なりとも、仏性無南北《ぶっしょうむなんぼく》なり」。この道取《どうしゅ》を挙《こ》して、句裏《くり》を功夫《くふう》すべし。南北《なんぼく》の言《ごん》、まさに赤心《せきしん》に照顧《しょうこ》すべし。六祖道得《ろくそどうとく》の句《く》に宗旨《しゅうし》あり。いはゆる人《ひと》は作仏《さぶつ》すとも、仏性《ぶっしょう》は作仏《さぶつ》すべからずといふ一隅《いちぐう》の搆得《こうとく》あり。六祖《ろくそ》これをしるやいなや。

「六祖《ろくそ》いはく、『人有南北《にんうなんぼく》なりとも、仏性無南北《ぶっしょうむなんぼく》なり』」。ここは漢語をそのまま日本語に挟むような独特な日本語ですが、書き下せば、「人に南北あり、なりとも、仏性に南北なし、なり」とでもなるでしょうか。人には南北があるのであるが、仏性には南北はない、このように六祖が言ったというのです。これは『景徳伝燈録《けいとくでんとうろく》』の六祖慧能《えのう》の伝記の、慧能が五祖に参じた場面の中に出てくるものです。ただ、『景徳伝燈録』のテキストそのものでは、「人にはすなわち南北あり、仏性あにしかるや」、という言葉です。人にはすなわち南北があるとしても、仏性にはどうして南北がありましょうか。『景徳伝燈録』の言葉です。一方でいわゆる『六祖壇経《ろくそだんきょう》』という書物があります。ここにも五祖との因縁が載っておりまして、その問答の中では、「人に南北ありといえども、仏性本《もと》南北なし」とあるのです。

ですから、道元禅師はどちらかといえば『六祖壇経』のほうを使われたという感じです。人間には南の出身の人、北の出身の人、いろいろ区別はあるけれども、仏性には南北ありません。だから、嶺南人に仏性はないというのはおかしい。仏性はあらゆる人に行き渡っているべきものであって、南の人にはないけれども北の人にはあるとか、そんなことはないはずだ。六祖はそういう意味でその言葉を言ったと考えられるわけです。ふつうはそう考えられるわけですが、道元禅師の問答の読み方はもう全然違いますから、この言葉の意味も、また道元禅師は何かさらに深いところでつかまえようとされるのでしょう。

それについて道元禅師が言われるには、「この道取《どうしゅ》を挙《こ》して、句裏《くり》を功夫《くふう》すべし」。この六祖慧能の言葉を取り上げて、その句の内に潜んでいる、六祖が本当に言いたかったこと、六祖が本当に明かそうとしていたこと、それを考え抜くべきです。「功夫」というのは作業するとかいった意味です。

「南北《なんぼく》の言《ごん》、まさに赤心《せきしん》に照顧《しょうこ》すべし」。ここには南北だけを取り上げていますが、「仏性に南北なし」という、その全体も含めて、その六祖の言葉、この句に誠意をもって、真心をもって、純粋に、一心に参じなさい、照らしかえりみなさいということです。

「六祖《ろくそ》道得《どうとく》の句《く》に宗旨《しゅうし》あり」。六祖が言われたこの句には、禅宗の根本を伝える核心が実は含まれています。

「いはゆる人《ひと》は作仏《さぶつ》すとも、仏性《ぶっしょう》は作仏《さぶつ》すべからずといふ一隅《いちぐう》の搆得《こうとく》あり」。これはなかなか難しい言葉ですが、「いはゆる」というのは「宗旨あり」といった、それを受けているのだと私は思います。その宗旨というのはすなわち、というような意味で、いはゆると言われている。「人は作仏すとも」人に南北ありともというのは、実は人は、仏になるということがあるかもしれないがという、そういう意味とパラレルである。「仏性は作仏すべからず」、仏性に南北なしというのは実は、仏性は作仏すべからずという、そのことを意味している。「人は作仏すとも、仏性は作仏すべからず」という、そういう「一隅の搆得あり」。この搆得の搆《こう》というのは、辞書を引くと、いわゆる木偏の構、構成するとか、構築するとか、その構と通じて使われる字です。やはり構えるというか、そういう意味合いを持っている言葉です。ですから「搆得」は、構えたものというような意味でもありえます。「一隅の」というのは、「人有南北なりとも、仏性無南北」というのが一隅であるとすればそのほかの一隅、もう一つのあり方というような意味合いになるかと思います。私なりにわかりやすく意訳すれば、「人は作仏すとも、仏性は作仏すべからず」という、もう一つの設定の仕方、言い方、さらには意味合いがあります。このようなことでよいのではないでしょうか。

「人有南北」、人には南北があるけれども、仏性には南北がないという、その言い方。その言い方の中には、人は作仏するということがある。迷いから覚めるということはあるけれども、仏性そのものは何も作仏するなどということはないのだという、そのことが別の意味合いとして含まれているのだということを、道元禅師は言われたのです。しかも、「六祖《ろくそ》これをしるやいなや」。はたして六祖慧能がそのことについてわかっていたのかわかっていないのか、そう言われて、道元禅師は六祖の上をいって、示そうとされるわけです。これは禅者の常套手段でありまして、拈弄《ねんろう》といい、ある言葉をひねくり弄《もてあそ》びながら、あえて一段高い立場に立って、そういう仕方で真理を開示していく。もちろん拈弄する相手に対しては拈弄するに足る方として、心から敬意を表し、尊敬してということです。

では、人は作仏するけれども仏性は作仏しない。これはいったいどういうことなのでしょう。本来、仏性の中に我々は生きている。仏の命の中に生きている。自己を超えたものにおいて自己を持つ。自己を超えたものが自己としてはたらいている。これはもう変わらない命のあり方でしょう。それに気づく気づかないということはある。けれどもそのこと自体は何も変わらない。こういうことがあるのではないでしょうか。悟ろうが悟るまいが、いつでも私は仏の命の中で、私として生きている。その事実は何も変わらない。そういう意味では、仏性が同参するとか、具足するというのは、何か新しいものがくっつくとか増えるとか、そんなことはない。魚が水の中を泳いでいて、魚がそのことを気づこうが気づくまいが、いつも水の中を泳ぐまま。仮に気づいたとしても、水の中を出れば死んでしまうだけですから、それは何も変わらないです。そういう意味で「仏性は作仏すべからず」です。改めて仏性が仏になるというようなことはない。仏性の中に自己として生きている。自己を超えたものにおいて自己として生きているという、そのあり方そのもの、その全体は何も変わらない。ただ、それに気づくか気づかないかという、そこに、作仏ということがある、そんなふうに思います。

四祖五祖《しそごそ》の道取《どうしゅ》する無仏性《むぶっしょう》の道得《どうとく》、はるかに罣礙《けいげ》の力量《りきりょう》ある一隅《いちぐう》をう

けて、迦葉仏《かしょうぶつ》および釈迦牟尼仏等《しゃかむにぶつとう》の諸仏《しょぶつ》は、作仏《さぶつ》し転法《てんぼう》するに、「悉有仏性《しつうぶっしょう》」と道取《どうしゅ》する力量《りきりょう》あるなり。悉有《しつう》の有《う》、なんぞ無々《むむ》の無《む》に嗣法《しほう》せざらん。
しかあれば、無仏性《むぶっしょう》の語《ご》、はるかに四祖五祖《しそごそ》の室《しつ》よりきこゆるなり。

ここがまた難しいのです。なかなか難しい。ちょっと飛躍しているのではないかと皆さん思うかもしれませんが、私の解釈を申し上げます。

「四祖五祖《しそごそ》の道取《どうしゅ》する無仏性《むぶっしょう》の道得《どうとく》」、これは先ほどありましたね。五祖が四祖に、お前の姓は何だと言われて、私の姓は仏性だと言った。それに対して「汝無仏性」と四祖道信が言った。それに対して五祖は、「仏性は空であるが故に、無仏性と言うのですね」と答えたわけですが、そういう四祖や五祖が言った無仏性というその言葉、これは実は仏性が無いと言ったのではなくて、「はるかに罣礙《けいげ》の力《りき》量《りょう》ある一隅《いちぐう》をうけて」、まさに仏性のあり方そのものを全体的に表現した言葉です。透体脱落というところにある仏性そのものを、まさに全体、まるごと言い取った言葉、そういう意味での無仏性の道得です。ですから、それは「はるかに罣礙の力量ある」、自己の命というものをまるごと全体言いつくす力を持っている、仏性というものを言いつくすその力量がある。罣礙というのは邪魔するという意味なのですが、それを塞ぐというか、充当するというか、そのような意味に転じていきます。だから、仏性そのものの全体をつくすというか、自己の命そのものを全体つくす、そういう力量ある、そういう一隅であったと言われます。先ほど「一隅の搆得あり」というのがありました。一隅の搆得は一つの表現というような意味に取れるかと思うのです。無仏性というのも、要するに透体脱落の中に真実の命がはたらいていることです。それは、いろいろな言い方で言えるわけですが、そのいろいろな言い方の一つ一つが一隅ということになるでしょう。しかし無仏性というその言葉は、その透体脱落そのものを、全体言いつくすような力量がある、そういう一つの表現である、それを受けて、と言われているわけです。

「迦葉仏《かしょうぶつ》」は、過去七仏の、釈尊の直前の仏です。過去七仏の第六番目の仏であるということです。『景徳伝燈録』によりますと、七仏は、毘婆尸仏《びばしぶつ》―尸棄仏《しきぶつ》―毘舎浮仏《びしゃふぶつ》―拘留孫仏《くるそんぶつ》―拘那含牟尼仏《くなごんむにぶつ》―迦葉仏―釈迦牟尼仏となります。「および釈迦牟尼仏等《しゃかむにぶつとう》の諸仏《しょぶつ》は」、あるいは釈迦牟尼仏等。迦葉仏が本当に悉有仏性ということを言ったのかどうか、ちょっと私はわかりません。「一切衆生性清浄」とは言ったようです（『景徳伝燈録』巻一）。釈迦牟尼仏は『涅槃経』を説いたことになっているわけですから、「一《いっ》切衆生《さいしゅじょう》、悉有仏性《しつうぶっしょう》」と言ったわけです。四祖五祖が言った言葉を受けて釈迦仏がというのは、本当は、時間的にはおかしいわけです。時間的にはおかしいわけなのですが、四祖五祖が無仏性と言った。それは本来の真理そのもの、それをまるごと表現した言葉である。その言葉の裏に潜む本来の真実そのもの、それを受けてと、そのように補って解釈したらどうかと思います。ちょっと苦しいところですが、要するに仏性そのものです。仏性そのものが無仏性という表現を生むようなものでもあるわけです。無仏性というような表現を生むその根本のその仏性、それに立って、迦葉仏および釈迦牟尼仏等の諸仏は、「作仏《さぶつ》し転法《てんぽう》するに、『悉有仏性《しつうぶっしょう》』と道取《どうしゅ》する力量《りきりょう》あるなり」。自ら作仏し、仏となり、仏性そのものを自覚し、そして説法されるに、「悉有仏性」という言葉を発する力量があった。

諸仏は、無仏性ではなくむしろ「悉有仏性」と言われた。それはそれで、仏性を道取する素晴らしい力量のあることである。一方では無仏性、これはまさに、仏性そのもの、透体脱落それそのものです。それそのものをまるごと言い当てた言葉なのだけれども、一方で「悉有仏性」というような説法もなされる。これもまた、道元禅師からすれば、透体脱落そのものをまさに言い当てた言葉なのです。それはけっして、一切衆生はことごとく仏性を持っていると解される言葉ではなくて、衆生はそのまま悉有という有のあり方にあって、しかもそれがそのまま仏性である。ではその悉有は何かといえば、透体脱落である。これが道元禅師のお立場ですから、透体脱落の仏性そのものをやはり十全にいう言葉として、釈迦牟尼仏ないし諸仏は「悉有仏性」と言われた。

それで、「悉有《しつう》の有《う》、なんぞ無々《むむ》の無《む》に嗣法《しほう》せざらん」。その有の語はどうして無に嗣法しないであろうか、いや嗣法するという、反語の表現ですね。有と無と違うようだけれども、しかし、この間にはけっして違いはないのだと言われているわけです。有が無に嗣法するとは、無をまったく受けた表現としての有なのだということです。「無々の無に」というのは、何人かの祖師方が無仏性と言っていた、そのいくつもの無ということでよろしいかと思います。ともかく、有と無と別のようで、けっしてこれは別ではないのだよということです。「しかあれば」、そうであるので、「無仏性《むぶっしょう》の語《ご》、はるかに四祖五祖《しそごそ》の室《しつ》よりきこゆるなり」。そうであるからこそ、無仏性という言葉も、遠く四祖五祖の室内、つまり心の内より、言われてきている言葉なのだというのです。言い換えれば、それは趙州の無が初めてではないということです。

このとき、六祖《ろくそ》その人ならば、この無仏性《むぶっしょう》の語《ご》を功夫《くふう》すべきなり。「有無《うむ》の無《む》はしばらくおく、いかならんかこれ仏性《ぶっしょう》」と問取《もんしゅ》すべし、「なにものかこれ仏性《ぶっしょう》」とたづぬべし。いまの人《ひと》も、仏性《ぶっしょう》とき、ぬれば、「いかなるかこれ仏性《ぶっしょう》」と問取《もんしゅ》せず、仏性《ぶっしょう》の有無等《うむとう》の義《ぎ》をいふがごとし、これ倉卒《そうそつ》なり。しかあれば、諸無《しょむ》の無《む》は、無仏性《むぶっしょう》の無《む》に学《がく》すべし。

「このとき、六祖《ろくそ》その人ならば、この無仏性《むぶっしょう》の語《ご》を功夫《くふう》すべきなり」。そのように無仏性という言葉は、昔から言われてきた言葉なのだ。そして五祖が「嶺南人、無仏性」と六祖に対して言った。それを聞いたときには、六祖が、この大事を明らめるに足る人間であるならばという意味でその人ならば、この無仏性という言葉を深く究明すべきである。それは知的な究明だけではない。禅定の中で「体究《たいきゅう》錬磨《れんま》」という言葉もありますが、そういう意味で功夫すべきである。「『有無《うむ》の無《む》はしばらくおく、いかならんかこれ仏性《ぶっしょう》』と問取《もんしゅ》すべし」、その場合に、無仏性ということで無とは何か、有るのか無いのかと、そっちに引っかかるよりは、そもそも仏性とは何か、それをまず一番に考えなければいけない。それを問いつめていかなければならない。『なにものかこれ仏性《ぶっしょう》』とたづぬべし」。いったいどういうものが仏性なのか、これを尋ねるべきである。

「いまの人《ひと》も」、六祖もそうであるし、そして今の人も。これは道元禅師が生きている時代のその学人たちも。「仏性《ぶっしょう》とき〻ぬれば」、仏性という言葉を聞いたとして、「『いかなるかこれ仏性《ぶっしょう》』と問取《もんしゅ》せず」、いったい何が仏性なのか、そのことを問題とし、それを明らめようとしない。「仏性《ぶっしょう》の有無等《うむとう》の義《ぎ》をいふがごとし、これ倉卒《そうそつ》なり」。今の人は仏性とは何かを明らめようとしないで、ただ仏性が有るのか無いのか、そんなことばかりを言っているのが実状である。しかしこれは倉卒のことである。「倉卒」というのは、「急な様」とか、「忙しく慌ただしい様」とかあります。早まった誤りであるというようなことでしょう。無仏性と言われて、仏性は有るのか無いのか、あるいは、有無を超えたその無とは何かとか、そんなことよりも、とにかく仏性とは何か、それを究めるべきである。その場合の仏性とは何かというときに、道元禅師の場合は、けっして成仏の因のことではありません。自己の本性あるいは仏としての本性といってもよいかもしれません。むしろ仏の核心、仏そのものです。それは何か、それを尋ねるべきだ、そう言っておられるのです。

「しかあれば、諸無《しょむ》の無《む》は、無仏性《むぶっしょう》の無《む》に学《がく》すべし」。そういうことなので、無仏性の無には非常に深い意味があるから、他にいろいろといわれる無は、まずは無仏性の無に学ぶべきである。まず初めに無仏性ということを明らめて、そこから他の無の意味を割り出していくべきである、位置づけていくべきである。確かに仏教では、いろいろな無をいうのです。たとえば「未生無《みしょうむ》」、未だ生まれないから無です。あるいは「已滅無《いめつむ》」、あったのだが、もはやなくなってしまったから無です。あるいは「相対無」とか、「畢竟無《ひっきょうむ》」などともいうかもしれません。そういういろいろな無がどういう意味であるのか、少なくとも無仏性というときの無、この意味を明らかにしたら、それぞれの無、あるいは、それぞれの有、そういうものがすべて、それぞれの位置づけにおいてわかってくるでしょう。

六祖《ろくそ》の道取《どうしゅ》する「人有南北《にんうなんぼく》、仏性無南北《ぶっしょうむなんぼく》」の道《どう》、ひさしく再三撈摝《さいさんろうろく》すべし、まさに撈波子《ろうばす》に力量《りきりょう》あるべきなり。六祖《ろくそ》の道取《どうしゅ》する「人有南北《にんうなんぼく》、仏性無南《ぶっしょうむなん》北《ぼく》」の道《どう》、しづかに拈放《ねんぼう》すべし。おろかなるやからおもはくは、人間《にんげん》には質礙《ぜつげ》すれば南北《なんぼく》あれども、仏性《ぶっしょう》は虚融《こゆう》にして南北《なんぼく》の論《ろん》におよばずと、六祖《ろくそ》は道取《どうしゅ》せりけるかと推度《すいたく》するは、無分《むぶん》の愚蒙《ぐもう》なるべし。この邪解《じゃげ》を抛却《ほうきゃく》して、直須勤学《じきしゅごんがく》すべし。

「六祖《ろくそ》の道取《どうしゅ》する『人有南北《にんうなんぼく》、仏性無南北《ぶっしょうむなんぼく》』の道《どう》、ひさしく再三撈摝《さいさんろうろく》すべし」。六祖が言われた、「人には南北があるけれども、仏性には南北はない」という言葉、これをひさしく時間をかけて、再三、くり返しくり返し「撈摝すべし」。「撈摝」というのは、これは、水中のものを網などでこしてすくい取ること。そのようにその本来の意味は、こして、こしてそして残るもの、それをつかみなさいということです。「まさに撈波子《ろうばす》に力量《りきりょう》あるべきなり」。「撈波子」というのは、撈摝のための道具、こすための道具ということですが、ある本には海老《えび》を捕るための網だとも書いてありました。何かをすくい取る道具というか網というか、それに力量あるべきだ。究明していって、本当にそのものというものつかまえる、そのはたらきには力があるはずである。

「六祖《ろくそ》の道取《どうしゅ》する『人有南北《にんうなんぼく》、仏性無南北《ぶっしょうむなんぼく》』の道《どう》、しづかに拈放《ねんぽう》すべし」。六祖が言った、人には南北があるとも、仏性には南北なしという、この言葉を静かに拈じ放すべし。拈ずるというのは、ひねるというようなことです。放は放つで、拈放でつかんだり放したりというような意味合いもあるのかもしれません。要するに全体としては、静かに考察すべきであるということでしょう。人に南北ありというのは、いわば相対の世界、「仏性に南北なし」というのは、いわば絶対の世界。ここも魚と水、鳥と空、しかもそれは一つであるという、何かそれを感じさせるような言葉のような気もします。道元禅師が言われるには、「仏性南北なし」という、そこに「仏性は改めて作仏しない」と言われます。改めて作仏しないというその仏性とは何か。前に申したかもしれません、『法華経』の「化城喩品《けじょうゆほん》」に、大通智勝仏《だいつうちしょうぶつ》が十劫《じゅうごう》の間、道場に坐っていたけれども、仏法は現れなかった。成仏することはできなかった。いったいそれはなぜか。禅のほうではそこを、本来仏であるものが改めて仏になることがあるものかという形で読むわけです。では本来仏の自己、それをどこで見るか。「仏性に南北なし」という言い方の中には実は、「仏性さらに作仏せず」ということがあるのだ。そういうあり方の中で本来の自己が本来の自己として生きているという、それをつかめという、そういうお気持ちがあるのではないかと思います。そこが「ひさしく再三撈摝すべし」、「しづかに拈放すべし」ということでしょう。

お遍路さんの衣裳の一部である菅笠《すげがさ》には、「迷うが故に三界《さんがい》は城なり、悟るが故に十方空《じっぽうくう》なり、本来東西なし、いずくにか南北あらん」という詩が書かれています。自我にしがみついて、そして物にしがみついて、迷うが故に、にっちもさっちもいかない。城に閉じこめられているかのようだ。けれども、悟れば十方空で自由自在。もういかようにも、融通無碍《ゆうずうむげ》に生きていくことができます。もともと東西なんていう区別はないのだ、どこに南北があろうかと。こういう詩が菅笠に書かれているのですが、これは曹洞宗や真言宗で、お棺の蓋《ふた》に書く詩なのだそうです。

そして白衣を着る。この白衣というのは死に装束の意味を持っています。杖は五輪の塔をかたどっているものです。ですから、墓標を握って、お棺の蓋をかぶりながら、死に装束を着て、そして道を歩く。これがお遍路さんの本来のあり方です。死というものを覚悟して、死の実践を行じて、そして死を問う中で生を問う、生命を問い続ける旅である。そういう意味があるようです。その菅笠に「本来東西なし、いずくにか南北あらん」という詩が書かれているのです。

人に南北ありというのですが、今のお遍路さんの菅笠の詩によれば、本来、人にも南北はないのかもしれません。それを静かに考えるべきなのです。「おろかなるやからおもはくは、人間《にんげん》には質礙《ぜつげ》すれば」、質礙すると動詞に使っていますが、質礙というのは、物理的な抵抗性があるということです。人間は体を持っていますから、その抵抗性があるというのが、この質礙という言葉の意味です。仏教のアビダルマでは、色法《しきほう》とか、心王《しんのう》・心所《しんじょ》とか、ダルマを区別していきます。世界の構成要素をそう区別していきます。色法というのは物質的な存在のことをいうわけです、それを定義するときに、「変壊《へんね》・質礙《ぜつげ》」と定義します。変壊は変化し壊れゆくもの。それからもう一つは質礙。物理的な抵抗性を有していて、空間にある一定の場所を占めるものです。

その質礙を取ってきまして、「南北《なんぼく》あれども」、人間はそれぞれ個々身体性を持っていますので、南とか北とか、そういう区別をいうことになるが、「仏性《ぶっしょう》は虚融《こゆう》にして南北《なんぼく》の論《ろん》におよばずと」、仏性というものは、何かそういう物理的に限定された形を持っていない。虚空のように広がっていて、すべてに融じている、融《と》けている、行き渡っている。だから南北の論に及ばない。こういうふうに「六祖《ろくそ》は道取《どうしゅ》せりけるかと推度《すいたく》するは」、六祖は言われたのであろうかと推察するのは、「無分《むぶん》の愚蒙《ぐもう》なるべし」。この無分というのは分けることがないというのですから、もう全体の、まったくの、一面のということではないでしょうか。まったくの愚かな、蒙味《もうまい》なものであるに違いない。六祖はそんなことを言っているのではない、と言われるのです。

「人に南北あり、仏性に南北なし」という六祖の言葉のごく表面的な意味合いは、そういうことだろうと思いますが、道元禅師は非常に深くそこを汲み取っていますから、人に作仏ということがあっても、仏性には作仏することがないという、その極意がそこに隠れている。そのことを汲まなければばいけない。にもかかわらず表面的な意味だけを取って、人間は身体の区別があるから南北がある、しかし仏性は普遍的なものだから区別がない、そう受け取るのは、もう一面、全体、愚かなものにほかならない。「この邪解《じゃげ》を抛却《ほうきゃく》して」、そういう間違った見解は捨て去って、「直須勤学《じきしゅごんがく》すべし」、本当の真理そのものに対して、真っすぐに一所懸命、学んでいくべきである。勤学は、勤めて学ぶということ、学ぶことに勤めるということとも思われます。

先ほど「直道《じきどう》」という言葉がありましたね。「嶺南人、無仏性といふ。しるべし、無仏性の道取聞取、これ作仏の直道なりと」。無仏性、その道取聞取、そこに直道があるのだから、そこに真っすぐ進みなさい。それは自己が自己であるそのただ中のことです。とはいえ、道元禅師のその直道は、やはり只管打坐というところにあるだろうと思います。只管打坐の中に「無仏性」そのものを行ずるというか、「無仏性」そのものを坐するというか、そういう世界が実現するのだろうと思うのです。

正法眼蔵講義　第一七講

「仏性」の巻〔九〕

今度は「無常」と「常」という言葉を扱いながら、仏性はむしろ無常なのだ、無常なるものが仏性なのだ、このようなことを論じていかれます。それは実は、「無仏性」が「仏性」であるというのと、どこかで響き合っているのかもしれません。一般的に仏教の常識でいえば、仏性は常住なるものだと考えられるわけです。しかしそれを否定しつくしておられます。

この「仏性」の巻の最初に引用されていた「一切衆生、悉有仏性」の『涅槃経』の句には、実はそのあとに、「如来常住、変易《へんやく》有ること無し」とあるのでした。「変易」は変化、変わることです。まさに『涅槃経』に、如来の本性、仏性は常住で不変であるということが説かれていたのです。本来の仏性のあり方は、経に常住と説かれるとはいえ、無常でもないし常住でもないというようなあり方でしょう。けれども経典はそこをあえて常住という言葉で語った。それをふつうの常住でとらえてしまうと、仏性をつかみ損ねるということにもなりかねないものですから、道元禅師はあえてその常住を否定して、

「無常だ」という言い方をされながら、しかし無常だといっても、実はふつうの人が考えるような無常とも違うよ、と言われているようなところがあります。

六祖《ろくそ》、門人行昌《もんじんぎょうしょう》に示《しめ》して云《いわ》く、「無常《むじょう》は即《すなわ》ち仏性《ぶっしょう》なり、有常《うじょう》は即《すなわ》ち善悪一《ぜんあくいっ》切諸法分別心《さいしょほうふんべつしん》なり」

いはゆる六祖道《ろくそどう》の無常《むじょう》は、外道二乗等《げどうにじょうとう》の測度《しきたく》にあらず。二乗外道《にじょうげどう》の鼻祖《びそ》鼻末《びまつ》、それ無常《むじょう》なりといふとも、かれら窮尽《ぐうじん》すべからざるなり。しかあれば、無常《むじょう》のみづから無常《むじょう》を説著《せつじゃく》、行著《ぎょうじゃく》、証著《しょうじゃく》せんは、みな無常《むじょう》なるべし。今《いま》、自身《じしん》を現《げん》ずるを以《もっ》て得度《とくど》すべき者《もの》には、即《すなわ》ち自身《じしん》を現《げん》じて而《しか》も為《ため》に法《ほう》を説《と》くなり。これ仏性《ぶっしょう》なり。さらに或現長法身《わくげんちょうほっしん》、或現短法身《わくげんたんほっしん》なるべし。

「六祖《ろくそ》、門人行昌《もんじんぎょうしょう》に示《しめ》して云《いわ》く」。行昌は、『景徳伝灯録』第五に出てくる、江西の志徹《してつ》という人のことだということです。六祖といえば、もちろん六祖慧能。この六祖が門人、行昌に次のように言った。

「無常《むじょう》は即《すなわ》ち仏性《ぶっしょう》なり」、どうしても仏性という言葉を聞きますと、何か常住なるものなのではないないかと、考えてしまいます。しかし、本当の仏性というのはいったい何なのかです。ごくふつうの大乗仏教思想でいいますと、現象世界の本性、真如《しんにょ》とか法性《ほっしょう》といわれるものはすべてに行き渡っていて、そして空というあり方を本質としていて、その空というあり方そのものは変わらない。ですから不変常住です。しかもそれが悟りの智慧そのものでもあるという場合もあります。そこはもうなんとも我々にはわからない世界ですが、そのような見方をとらえて「理智不二《りちふに》」といいます。理というのが真如・法性です。そしてそれが智でもあるという形でいわれることが多いです。それが煩悩に覆われていると、はたらかないで仏性という形になる。煩悩が除かれると「仏」としてまさに実現する、そのようなことは如来蔵《にょらいぞう》思想においてよくいわれます。

しかし、唯識のほうでは真如・法性を智慧とは区別します。ふつう仏性は仏の因であるというところでおさえますが、その仏の内容というのは悟りの智慧ですから、その悟りの智慧の因というものは、真如・法性ではなくて、「種子《しゅうじ》」である。煩悩の汚れのない無漏《むろ》の種子である。そのように、唯識でいいますと、仏性は無漏種子であるということになり、如来蔵思想でいいますと、仏性は理智不二の真如であるということになるのです。

特に『涅槃経』などで、「一切衆生、悉有仏性」といわれるときの仏性は、如来蔵思想系統ですから、何か常住なるものと考えられがちです。空性としてという条件をつけるかもしれませんが、常住なるものと考えられるわけです。しかしそうではないのだ、「無常は即ち仏性なり」と、六祖は言ったというのです。

「有常《うじょう》は」、無常と言ったから有常という言葉なのかもしれませんが、常住なるものですね。「即《すなわ》ち善悪一切諸法分別心《ぜんあくいっさいしょほうふんべつしん》なり」。これ、「常住なるものは心だ」ということになりますが、主語と述語が直接、ぴったり合うともいえないようなところがあるかと思います。少し補えば、常住なるものを考えるとするならば、そういうものを想定するとするならば、それは「善悪一切諸法」、善悪という二元対立、有無という二元対立、常住断滅という二元対立、その他一切のあらゆる諸法を分別する、その分別心が生み出したものなのだ、ということでしょう。

ここは、無常なるものが仏性なのだ、仏性というのは実は無常なるものだよと言って、ちょっと驚かせたというか、先入観、偏見を打破した。そして何か常住なるものを考えているとするならば、それは分別の心において考えられたにすぎないものであって、そんなものは真実の常住のものではないよ、真理の世界そのものではないよと、そういう意味合いのことを六祖は言った。そう解するのが妥当でしょう。ともかくそういう言葉、「有常は即ち善悪一切諸法分別心なり」と言ったというのです。道元禅師がこれを取り上げられまして、それについて、ご自身の、というのは実は真実の地平に立った、その所見、見解を述べられていかれるわけです。

「いはゆる六祖道《ろくそどう》の無常《むじょう》は」、いうところの六祖が言われた無常とは、というのが直訳です。今その六祖が、「無常はすなわち仏性だ」と言ったときの、その無常は、「外道二乗等《げどうにじょうとう》の測度《しきたく》にあらず」。外道というのは、仏教以外の学派・宗派の者たち。二乗というのは声聞《しょうもん》乗・縁覚《えんがく》乗の修行者、要するに小乗の仏教者たちです。仏教以外の者たちや、小乗仏教の人たち等の、推量することができるものではない。考えることができるものではない。

「二乗《にじょう》外道《げどう》の鼻祖《びそ》鼻末《びまつ》、それ無常《むじょう》なりといふとも、かれら窮尽《ぐうじん》すべからざるなり」。二乗あるいは外道の、鼻祖というのは、その初の者。小乗の初めの者というと誰になるのでしょうね、お釈迦さまになってはしまわないのかな。そういうことになるのかどうかよくわかりませんが、二乗外道の初めの者。一方、鼻末というのは、鼻祖とあったから鼻末と言ったのでしょうが、その流れの末流。要するに二乗外道の最初の人たちから、そののちの人たちまで、そういう人たちが、「無常なりといふとも」、無常であるという言葉を使ったとしても、かれらはその無常ということの本当の意味、本来の意味を、「窮尽すべからざるなり」。窮めつくすことは到底できないはずだ。つまり、常住でないという単純な考え方で無常を理解すると、それは間違いですよ。単に世界は千変万化していく、遷流していく、変化していく。そのことだけで無常ということをとらえても、六祖が言ったことの本当の意味の無常ということはわかりませんよ、ということでしょう。六祖の言う無常は、ふつうの意味の無常ではない。では、「無常は仏性なり」と言ったときの無常は、いかなる意味の無常なのか。いったい何なのか。それを、道元禅師は以下に披瀝されているのだろうと思います。

それは、「無常《むじょう》のみづから無常《むじょう》を説著《せつじゃく》、行著《ぎょうじゃく》、証著《しょうじゃく》せんは、みな無常《むじょう》なるべし」。無常なるものが自ら無常ということを説く。著というのは助字です。説いたとか、そのような意味合いになるのだろうと思いますが、「説く」でよろしいかと思います。「行著」、行じる。「証著」、証する。無常が自ら無常を説く。無常が無常を行ずる。無常が無常を証する。これはみな無常なるべし。それが、「無常は仏性だ」というときの無常であるはずである、と言われるのでしょう。

無常が自ら無常を説くというのは、たとえば時宗の宗祖の一遍は、「となうれば仏も我もなかりけり南無阿弥陀仏の声ばかりして」という歌を、法燈国師心地覚心《ほっとうこくししんちかくしん》という禅のお坊さんに呈したら、「未在《みざい》」、まだだめだと言って退けられて、そのあと、「となうれば仏も我もなかりけり南無阿弥陀仏南無阿弥陀仏」という歌を呈した。そうしたら、国師は印可したといいます。これはどうも、後世の作り話のようなのですが、そういう、有名な話があります。「となうれば仏も我もなかりけり南無阿弥陀仏南無阿弥陀仏」。その、南無阿弥陀仏、南無阿弥陀仏と言っているところでは、もう一遍は、南無阿弥陀仏が南無阿弥陀仏するのだとか、念仏が念仏するのだとか、そのようなことまで言います。ですから、我々が念仏して往生するとか、信心を確立して往生するとか、そういうことではなくて、「南無阿弥陀仏が往生するのだ」と言います。南無阿弥陀仏、南無阿弥陀仏と唱えているそのただ中、そこに浄土が開けるという、そのような世界を一遍は見ています。「火が火を焼き、水が水を飲む」自受用三昧《じじゅゆうざんまい》、そこに真実の命が真実の命のままにはたらいている世界がある。そういう世界を、念仏の世界の中で一遍は展開されました。

「無常のみづから無常を説く」、これはたとえば、私が南無阿弥陀仏を念仏するというのではなくて、南無阿弥陀仏が南無阿弥陀仏している世界でしょう。書道では、うまい字を書こうとか、きれいな字を書こうとか、そんなことを考えて書いていたら、本当に人々を感動させられる字はおそらく書けない。最終的には、筆が筆するというか、無心で書くというか、おのずからそれが展開していくという、そういう世界に入ったときに、本当に人々の胸を打つような書が生まれたり、命が直接、他者の命に響き合うことが実現するのだろうと思います。ここは無常という言葉があるから、無常ということにちょっととらわれがちですけれども、無常の自ら無常を説くということは、それそのものがそれそのものを説く、むしろそれそのものがそれそのものを行ずる、そういう世界です。行じるも、証するも、その同じところを言っているわけです。

一人一人やはりかけがえのない命で、個々それぞれ主体としてはたらいている。その命のままにはたらいている世界。それは当然はたらいている世界ですから、けっして常住で、スタティックで、固定している世界ではないです。火が火を焼き、水が水を飲むという、そういう世界。まさに無常なのですが、しかもそこで、それそのものがそれそのものを行じているような、そういう命の世界、そこにこそ本当の仏さまの世界、透体脱落というべき世界がある。そのことを無常と言っているのだ、というように、私には読めます。そこを表す言葉として六祖は、「無常は仏性だ」と言った。その無常というのは対象的にとらえられた無常ではない、それそのものがそれそのものとしてはたらいているところにある無常、それがここでいう無常なのだ。次にはそれをもう一度だめ押しするかのように言われております。

すなわち、その、無常が無常を説著する云々という、それはまさに「今《いま》、自身《じしん》を現《げん》ずるを以《もっ》て得度《とくど》すべき者《もの》には、即《すなわ》ち自身《じしん》を現《げん》じて而《しか》も為《ため》に法《ほう》を説《と》くなり」なのだと言われます。この句は、『法華経』

の「観世音菩薩普門品《かんぜおんぼさつふもんぼん》(観音経)」によるものです。『観音経』を禅宗ではよく唱えます。禅は「不立文字《ふりゅうもんじ》、教外別伝《きょうげべつでん》」とはいうのですが、『般若心経』もよく読誦しますし、それから『観音経』はよく読みます。その一つは、修行が安穏であるようにという祈りのもとに読まれるということがあるかと思います。その観音さまは、身を三十三に分かって、さまざまな姿・形をとって現れて、そして人々の苦悩を救う。その場合に、どういうふうに現れるかというと、『法華経』の「普門品」に、「まさに仏身《ぶっしん》を以《もっ》て度《ど》を得《う》べき者は、観世音菩薩、即ち仏身を現じて而《しか》も為に法を説く」とあります。あるいは、「まさに辟支仏《びゃくしぶつ》身《しん》を以て度を得べき者は、即ち辟支仏身を現じて即ち為に説法す」、「まさに声聞身《しょうもんしん》を以て度を得べき者は、即ち声聞身を現じて而も為に説法す」とあります。

これだけではなくて、三十三身に現ずるのですから、以下、同じような表現がずっと続いていきます。相手にもっとも適したいろいろな姿・形をとって、観音さまは現れるのだというわけです。仏として現れたときに、その人が救いを得られる、そういう場合は、仏となって現れてその者を救うし、声聞の姿をとって現れて、その者に対したほうがよりよくその者を導くことができるとするならば、仏や菩薩の身ではなくて、まさに声聞の身となって相手の前に現れて、その人を導く。観音さまというのは、そのように相手に応じて、もっともふさわしい姿・形をとって現れてその人を導いていく。

ですから、もしかしたら、実は観音さまが上司となって、なんらかその者の心を導くために、現れているかもしれない。実は姑さんとなって、現れているのかもしれないです。あるいはまた友だちとなって現れることもあれば、敵となって現れることもあるわけです。逆に、我々がこの世の中で出会っていく一人一人が、実はみんな観音さまの現れなのだと受けとめられれば、もうこの世は本当に、私の修行のために用意してくださった世界だ、ありがたい、ということにならざるをえないのだろうと思うのですが。それはともかくとして、『法華経』にそういう表現がありました。

そのように一般には他者となって現れるという形で書かれているわけですが、ところが道元禅師は、それを自身のほうへ持ってきてしまわれたわけです。「今、自身を現ずるを以て得度すべき者には」、自分自身として現れることにおいて、その者が救われるという場合には、「即ち自身を現じて而も為に法を説くなり」。これは、自分のクローン人間みたいなのができて、それが目の前に置かれるということなのか。形式的にこの文章を読めば、そういうようなことにもなります。もう一人の自分というものがどこからか現れてきて、自分のために法を説いてくる。しかし、言いたいことは、自身として現れるというのは、自分が自分になり切るということ、その自分そのものとしての自覚がそこに実現するとき、そのとき、その人の救いがあるということでしょう。

ですから、この句で一番言いたいことは、自身がまさに自身そのものになり切る、そして自身そのものとして展開する、活動する。それはまさに前の、「無常のみづから無常を説著、行著、証著せん」と一つです。その自分そのものになったとき、それが仏性なのだ。これはもう最初に言われた透体脱落です。ふだん日常、自分は自分だと思っているかもしれませんが、実はその場合の自分というのは、どこかで対象的にとらえられた自分です。生きているその自分そのものではなくて、自分の心に映された、自分につかまえられた、対象的にとらえられた自分、それにかかずらわって、ああでもないこうでもないと苦しんでいる。けれども、それを手放して、もとより生きている、おのずから生きている、その自己そのもの、無条件に生きているその自己そのもの、その自己そのものの当体そのものを自覚する。そうしたときに、それはある意味では絶対の生ですから、生と死を超えた、無常を超えた、あるいは無常と常住を超えた、その真実そのものを自覚するわけで、そこに仏の世界、仏性の世界があるということにもなるのです。道元禅師の見方からすれば、そのようなことになってきます。六祖が「無常は即ち仏性なり」と言ったときの無常というのは、そこなのだ。「これ仏性《ぶっしょう》なり」。仏性もそこなのだ。自分が自分であるその端的、そこが無常であり、仏性であるのだ。

「さらに或現《わくげん》長法身《ちょうほっしん》、或現《わくげん》短法身《たんほっしん》なるべし」。ここを書き下せば、「あるいは長法身を現じ、あるいは短法身を現ずなるべし」とでもなるでしょう。それは無常の自ら無常を説く。自分が自ら自分を生きる。その場合に、あるいは長身を現ずることもあるでしょう。あるいは短身を現ずることもあるでしょう。その、自分が自分であるというときに、それはもう、一人一人かけがえのない彩りを持って、かけがえのない個性を持って生きているわけで、あるものは長法身として現れ、あるものは短法身として現れるでしょう。その長とか短にそうとらわれる必要はないだろうと思います。それぞれがそれぞれ違う姿・形を持ちながら、しかもそれが絶対である。そこが法身といえば法身です。仏教の教理の中でいえば法身というと、いろいろ面倒くさいことがありますが、あなたはあなたで、あなたという法身である。彼・彼女は彼・彼女で、彼・彼女という法身である。それぞれがそれぞれ自分自身である、その世界です。外から見ればいろいろ、背の高い人もいれば低い人もいるかもしれない。でも、それぞれがそれぞれで絶対である。それをつかまえたときに初めて根本的な安心があるでしょう。すみれはすみれで、咲けばすみれの全身の喜びである。ひまわりはひまわりで、咲けばひまわりの全身の喜びである。一人一人全身の喜びで、何も変わりはない。そういう世界が開けてくるのではないでしょうか。

このへんでもう、ほとんど六祖の言葉の説明の核心はすでに示されたというように感じますが、そのあとまたいろいろ道元禅師が言われます。これがまた矛盾に満ちていて、なかなか難しいです。

常聖《じょうしょう》これ無常《むじょう》なり、常凡《じょうぼん》これ無常《むじょう》なり。常凡聖《じょうぼんしょう》ならんは、仏性《ぶっしょう》なるべからず。小量《しょうりょう》の愚見《ぐけん》なるべし、測度《しきたく》の管見《かんけん》なるべし。仏者《ぶつは》小量身也《しょうりょうしんなり》、性者《しょうは》小量作也《しょうりょうさなり》。このゆゑに六祖道取《そくそどうしゅ》す、「無常《むじょう》は仏性《ぶっしょう》なり」。

「常聖《じょうしょう》これ無常《むじょう》なり、常凡《じょうぼん》これ無常《むじょう》なり。常凡聖《じょうぼんしょう》ならんは、仏性《ぶっしょう》なるべからず」。これ、前の句と後ろの句で若干矛盾しているような表現です。後ろのほうは、ある程度意味ははっきりしているかと思います。「常凡聖ならんは仏性なるべからず」。何か常住なる凡夫、常住なる聖人というようなものを考えるとするならば、それは仏性ではないという意味合いとして受けとめることもできますし、凡夫のままずっと変わらない人、聖人のままずっと変わらない人、そういう変化のないような世界を考えるならば、それは仏性ではないと言っているということでもよいでしょう。いずれにしても、ここでいう常というのは、変化する世界に相対的に考えられた常住の世界を意味しているでしょう。

そういうものに仏性を認める場合は、「小量《しょうりょう》の愚見《ぐけん》なるべし」、それは少量の愚見であるはずだ。多くを考えられない、何もわからない、愚かな見解であるはずだ。「測度《しきたく》の管見《かんけん》なるべし」。測り推度するのが、管見であるに違いない。ほんのちょっとしか見えていない。つまりは何もわかっていないということです。

問題は前半のほうです。「常聖これ無常なり、常凡これ無常なり」。これは、常住と考えられる聖人も、本当は無常なのだと読みましょうか。聖人の、本当のところは実は無常なのだ。ずっと凡夫と考えられるようなその凡夫も、実はそのつどそのつど命を生きているのであって、本当は無常なのだ。こう読めばよいのかもしれません。しかも、その無常というのは、さっき言ってきたような、無常の自ら無常を説くとか、自身が自身を生きるとか、そこにある無常、その無常ということです。聖人だけではない、実は凡夫の本当のところ、それも実は無常というところにあるのだ。少なくともここで無常なりと言われている中に、むしろ肯定すべきものを示されていると思われます。

もっとひねると、凡夫の分別の中で常住と考えられた聖人は、凡夫の分別の中だから、無常と変わらないよ、そういうような解釈もできるかもしれません。このへんは道元禅師にお聞きしてみなければわからないですが、前の流れからいいますと、無常が自ら無常を説くというところに、そこに仏性がある。無常が無常を生きるように、自分が自分を生きるという、そこに仏性がある。それはもう透体脱落が仏性であるということと、何も変わらないわけです。それぞれがそれぞれで絶対なのだ。その絶対の一人一人の本質は、そういう意味での無常ということにあるのだ。それは聖人であれ凡夫であれ、その本質というのは、いま言ったような意味での無常というところにあるのだ。しかし逆に、究極の世界とか、絶対の世界とか、何かそういうものを思い浮かべて、常住なる世界にもっとも価値があるとか、そういう常住の世界を抱えているような凡夫とか聖人とかを考えるとすると、それは本当の仏性ではありえない。そんなものを考えるのは、本当のことを全体考えつくすことができないような、愚かな見解のはずである。ちょっとしか見ることができないような、そういうものの推量にほかならない。このように受けとめることができるかと思います。

そして、「仏《ぶつ》者《は》小量《しょうりょう》身《しん》也《なり》、性《しょう》者《は》小量《しょうりょう》作《さ》也《なり》」。その次に、「このゆゑに六《そく》祖《そ》道取《どうしゅ》す、『無常《むじょう》は仏性《ぶっしょう》なり』とありますから、こういう流れを考えますと、「仏者少量身也、性者少量作也」は、一応、肯定されるべき世界として説かれている。そう考えますと、これは、仏というと何か宇宙大のものとか、絶対者とか思うかもしれないけれども、そうではない。姿・形をとって現れているその一人一人、そこに本当の仏の命がはたらいているのだ。そう受けとめられるかと思います。「性者少量作也」も同じです。性というと何か普遍のものと思うかもしれない。遍満するものと思うかもしれない。けれどもそうではないのだ。性はむしろ少ない量のはたらきなのだ。少ない量で成立しているべきものなのだ。仏性というと、何か現象とは区別されて、常住なる仏性というものがあるかと誤解しがちですが、それは実は、或現長法身《わくげんちょうほっしん》、或現短法身《わくげんたんほっしん》、みんなそれぞれ一人一人違うけれども、一人一人がその命そのものを十全に生ききっている。個々、別々に、ある一つの姿・形をとりつつ、しかしその命を十全に生ききっている、そのただ中に仏がいるわけで、けっしてその仏は、何もないのっぺらぼうな世界ではない。いわば鳥と空が一体となっていて、しかも鳥として飛んでいるそのただ中、魚と水が一体となっていて、そして魚として泳いでいるそのただ中、そこに真実の命のはたらきがあるわけです。

そういう意味で、「仏者少量身也、性者少量作也」と言われる。仏性というのは、実は、今・ここ・自己を離れていないということなのです。今・ここの命が、今・ここの命を生ききっているただ中に、仏の核心がある。それを指し示されているわけでしょう。そこで、六祖慧能は、「無常は仏性なり」と言われたのです。けっして対象的に世界を見て、その世界が千変万化していくのが仏性だと言ったのではなくて、無常といっても、その無常をどこでとらえるかというときに、むしろ無常が自ら無常を説く、無常が自ら無常を行ずる、そこにある無常、それは自分が自分を行ずるそのただ中、それが仏性なのだ。だから、六祖は、そこを踏まえて、「無常は仏性なり」と言ったのだ。これが道元禅師の解説なのです。

ですから、道元禅師の『眼蔵』は、仏性は無常だと言っているといって、その無常を我々がふつうに考えている無常で済ませてしまうと全然、道元禅師の真意にも届かないし、また六祖慧能の真意にも届かないでしょう。確かに「仏性は無常だ」と言っている。言い換えれば「無常は仏性だ」ということにもなる。しかし、その場合の無常というのは、いったい何なのかですね。その核心はもう、何回もくり返しになってしまいますが、「無常のみづから無常を説著、行著、証著する」というそのただ中、

「自身を現ずるを以て得度すべき者には、即ち自身を現じて而も為に法を説くなり」というそのただ中です。そういう意味で無常と言われているのであって、それをとらえ損ねると、やはりまた、仏性を常住と考えているのと何も変わらない、善悪分別しているのと何も変わらないということになってしまいます。

常者未転《じょうはみてん》なり。未転《みてん》といふは、たとひ能断《のうだん》と変《へん》ずとも、たとひ所断《しょだん》と化《け》すれども、かならずしも去来《こらい》の蹤跡《しょうせき》にかかはれず、ゆゑに常《じょう》なり。しかあれば、草木叢林《そうもくそうりん》の無常《むじょう》なる、すなはち仏性《ぶっしょう》なり。人物身心《にんもつしんじん》の無常《むじょう》なる、これ仏性《ぶっしょう》なり。国土山河《こくどせんが》の無常《むじょう》なる、これ仏性《ぶっしょう》なるによりてなり。阿耨多羅三藐三菩提《あのくたらさんみゃくさんぼだい》これ仏性《ぶっしょう》なるがゆゑに無常《むじょう》なり、大般涅槃《だいはつねはん》これ無常《むじょう》なるがゆゑに仏性《ぶっしょう》なり。もろ〳〵の二乗《にじょう》の小見《しょうけん》および経論師《きょうろんじ》の三蔵《さんぞう》等《とう》は、この六祖《ろくそ》の道《どう》を驚疑怖畏《きょうぎふい》すべし。もし驚疑《きょうぎ》せんことは、魔外《まげ》の類《るい》なり。

「常者未転《じょうはみてん》なり」。「常」というのは、未《いま》だ転じないことである、とありますが、転という字にはいろいろな意味があるでしょうから、どういう意味なのか。起きるとか、生起するという、そういう意味での転という使われ方もありますし、転変する、変ずるという転もあります。しかし、いったい未だ転じないというのはどういうことなのか。「未転《みてん》といふは」、道元禅師が次にそれを説明されますから、そのとおりに受けとめるべきでしょう。それは「たとひ能断《のうだん》と変《へん》ずとも」、やはり能断というと、『金剛般若経』のタイトル、『能断金剛般若経』を思いおこします。ヴァジュラ・チェーディカー、煩悩を断ち切るものだというような意味で、般若の智慧を、よくものを断ち切る金剛にたとえた。ヴァジュラというのは、ダイヤモンドといわれたりするのですが、むしろ金剛杵《こんごうしょ》という一種の武器のようです。鋭い武器に般若の智慧をたとえるのです。ともかく能断というと、智慧のことです。我々の煩悩にまみれた心が、むしろ煩悩を断ち切る智慧そのものに、変わるかもしれない。あるいは、「たとひ所断《しょだん》と化《け》すれども」、これは逆に煩悩が断ち切られたということです。ですから、能断・所断にかかわる変・化とは、わかりやすく言えば、修行の中での変化です。ここの「転」とは、その意味の変化のことになります。一般には、時間をかけて、修行をして変わっていく。その場合に智慧が実現し、智慧によって煩悩が断たれて、そして涅槃も実現する。そうしますと、仏になるわけです。

　したがって、この「能断と変ずる」というのは、菩提が実現することです。「所断と化すれども」というのは、涅槃が実現するということです。ただ、大乗仏教における涅槃は、小乗仏教のような、生死《しょうじ》に対する涅槃ではなくて、あるいは、変化する世界に対する変化しない世界ではなくて、生死のただ中に涅槃を見る、そういう涅槃です。それは、菩提の智慧がそのことを実現させるわけです。ですから、大乗仏教の涅槃は、生死にもとどまらないけれども、涅槃にもとどまらない。むしろ生死の中に入って自由自在にはたらくところに涅槃を見る。ともあれ、修行の中で時の経過のうちに、「たとひ能断と変ずとも、たとひ所断と化すれども」、菩提も実現し、涅槃も実現するかもしれない。

けれども、「かならずしも去来《こらい》の蹤跡《しょうせき》にかかはれず」、その菩提と涅槃を実現した当体、仏となったその当体そのもの、仏そのものです。それは、去《こ》、過去のことです。蹤跡、これは跡形。過去の事跡。来《らい》、というのは未来です。未来の跡形というのは、現にあるかないかわかりません、あるべき世界かもしれません。「去来の蹤跡にかかはれず」とは、要するに過去や未来にかかわらないということです。変化はあるのだけれども、変化の跡形にかかわらない。つまりそのつどそのつど現在で、絶対である。このへんは「現成公案《げんじょうこうあん》」のところで出てきましたね。薪《たきぎ》と灰のたとえがありまして、薪が燃えて灰となる。このとき、薪が変化して灰になる。そうふつうは見るけれども、実は薪なら薪の中で前後際断している。灰なら灰の中で前後際断している。その一つ一つの位に絶対の世界があって、薪が灰に変わる、変化するということはないのだと説かれていました。ですから、「かならずしも去来の蹤跡にかかはれず」というのは、現在に立ちつくしている。現在の事にただ当たっているのみだ。過去や未来のどうのこうのというのとかかわるというようなことが一切ない。だからこそ常住なのだと言われるわけです。我々の人生はいろいろと変化していく、変化していくけれども、そのつどそのつど現在として絶対である。「ゆゑに常《じょう》なり」。そこに、常というものがある。それが本来の常なのだ。

ですから、「如来常住、無有変易」とある経典の文句を読んで、過去の過去から、未来の未来までの、そういう直線的な時間を考えて、その中で変化しないものとしての常住を考えると、道元禅師に言わせれば、そんなものはないぞということになる。本当の常住というのはどこにあるかというと、「去来の蹤跡にかかはれず」というところにある。それは過去や未来にかかわらずに、現在なら現在に立ちつくす、自己が自己になり切る、そこに常がある、絶対ある。その常をつかんだら、生死輪廻からもう脱却します。今・ここでもう絶対。生きるなら生きるで絶対だし、死んだら死んだで絶対だ。死ぬとか生きるとかを離れるわけです。

道元禅師はそういうことも言われますが、そこから翻って、では無常とはどうか。実は無常という言葉で言おうとしているところもそこなのです。「無常は仏性だ」というときの、その無常の意味というのも、やはり過去や未来にかかわらないで、現在に立ちつくして、現在になり切っているそこを指し示しているのだし、逆に常という表現で何か言おうとしたとき、それが真実の世界を言おうとしているとするならば、それは実は、「去来の蹤跡にかかわらない」という、そこを言っているのであって、それを見てとらなければだめだ。そこに真実の自己、「父母未生《ぶもみしょう》以前の本来の面目」、仏性、透体脱落としての仏の本質・本性、それがあるのだ。そういう意味で六祖は言ったのだというのです。

「しかあれば」、そういうわけで、「草木叢林《そうもくそうりん》の無常《むじょう》なる、すなはち仏性《ぶっしょう》なり」。「無常が仏性だ」ということになりましたから、もうあとは、無常なものはすべて仏性だという言い方でいくわけです。無常である草も木も叢も林も仏性である。これも、草や木を対象的に見て、そしてそれが芽が出て花が咲いて枯れていく、変化していく、それが仏性だというのと、一つ違うのです。草木叢林といったときに、いったい何が草木叢林なのか。禅者はよく、「柳は緑、花は紅」と言いますが。それは対象的な柳について緑であるとか、対象的な花について紅であるとか言っているのではなくて、それはおそらく西田幾多郎の純粋経験の世界でしょう。色を見、音を聞く刹那、いまだ主観客観の分かれざる以前、それを純粋経験とよんで、そこに実在がある。その純粋経験でもって世界を説明したい。これは西田の初期の『善の研究』の世界です。草木叢林というのも、そこでおさえるべきだろうと思います。それを心得ておけば、「草木叢林の無常なる、すなはち仏性なり」と言えるわけです。

「人物身心《にんもつしんじん》の無常《むじょう》なる、これ仏性《ぶっしょう》なり」。人間、その体も心も無常である、それも仏性である。これも、対象的にとらえるのではなくて、なんらか、それそのものになり切ったところでの人物身心で、むしろ自己そのものかもしれません。

「国土山河《こくどせんが》の無常《むじょう》なる、これ仏性《ぶっしょう》なるによりてなり」。国土山河が国土山河として、変化しつつも存在している。それは根源的な命そのものが、そういう形で展開しているのだ。そういうような意味で、「これ仏性なるによりてなり」と言われたと見ればよいかと思います。

「阿耨多羅《あのくたら》三藐《さんみゃく》三菩提《さんぼだい》これ仏性《ぶっしょう》なるがゆゑに無常《むじょう》なり」。これ別に阿耨多羅三藐三菩提でなくても、要するに自分が自分として生きているそのただ中、そこに無常である、かつ仏性であるという世界があるわけで、それを今は、阿耨多羅三藐三菩提と言った。阿耨多羅というのは、「この上ない」、無上、という意味です。三藐というのは「正しい」です。そして三菩提というのは、「完全な悟り」と見ればよろしいです。この上ない正しい完全な悟り。大乗仏教は、真如法性を直接見る。そこに究極の悟りの世界、この上ない悟りの世界があるのだということを言い出した。そういう悟りの智慧も、仏性であるが故に無常である。智慧が智慧としてはたらいているそのただ中、そこに真実がある。

「大般涅槃《だいはつねはん》これ無常《むじょう》なるがゆゑに仏性《ぶっしょう》なり」。ふつう、涅槃はどちらかというと常住なる世界として考えられがちで、特に小乗の場合はそうです。大般涅槃という涅槃があるのかについては、私はよく知りません。般涅槃というのは完全な涅槃という意味で、心身が滅して涅槃を実現する。菩提には、阿耨多羅三藐三菩提と、相当な形容を付けましたので、涅槃にも何か形容を付けたかったのか。大般涅槃とは偉大なる完全な涅槃、究極の涅槃と見ればよいのかもしれません。それも無常であるが故に仏性だ。これは、涅槃といっても無住処《むじゅうしょ》涅槃だからと言えば簡単に理屈は通るのですが、道元禅師はそんなことよりも、自己が自己になり切った、その世界に涅槃があると見ているのでしょうから、透体脱落そのただ中、それを指し示す言葉として、この涅槃という言葉を用いておられるのでしょう。それは無常であって、しかも仏性の世界、仏の本質そのものの世界である、ということになるかと思います。そういうところを、六祖慧能は門人の行昌に言った「無常は仏性だ」という言葉の中で示したのだと言われるのです。

「もろ〳〵の二乗《にじょう》の小見《しょうけん》」、声聞、縁覚の劣った見解、「および経論師《きょうろんじ》の三蔵等《さんぞうとう》は」、あるいは大乗といえどもお経や論に関わって、言葉の世界だけであれこれ考えているような人。三蔵というのは、この場合は三蔵法師、どちらかといえば人のことを言うのでしょう。あるいは経論師でもうすでに師が出ていますから、この三蔵というのは、文献のことなのかもしれません。または小見に対して、経論師の、経・律・論の三蔵等の解釈ということかもしれません。小乗仏教徒たちの劣った見解や、仮に大乗も含めても、お経や論の言葉の世界に関わるだけで、悟りの体験を持たない者たちの、その文献を学問して得られたのみの知見等は、「この六祖《ろくそ》の道《どう》を」、六祖が、「無常は仏性だ」と言われたその言葉を、「驚疑怖畏《きょうぎふい》すべし」。驚き疑い恐れるに違いない。「もし驚疑《きょうぎ》せんことは」、あるいは「驚疑せば」、もし驚き疑うとしたならば、それは、「魔外《まげ》の類《るい》なり」。邪魔ないし外道の類いにも等しい。とうてい仏教徒とは言えない。そうはげしく否定されたわけです。

結局、六祖がちょっとふつうでは考えられないような、「無常は即ち仏性なり」というような言葉を言われた。その無常とは何なのか。それはけっしてふつう思われる無常ではありえない、ではどういうことかといいますと、「無常のみづから無常を説著、行著、証著せんは、みな無常なるべし。今以現自身得度者、即現自身而為説法、これ仏性なり」という、ここでおさえるのだ。それがわからなければ、邪魔外道にも等しくなるよということです。それがポイント、骨格です。「無常のみづから無常を説著、行著、証著せんは」というのは、自己が自己を行ずるその世界、自己が自己そのものであるその世界、言い換えれば透体脱落のそのただ中です。そこに仏性があるのだというのです。ですから、やはり道元禅師のこの論述は、首尾一貫しているということになるかと思います。

正法眼蔵講義　第一八講

「仏性」の巻〔一〇〕

次に、龍樹《りゅうじゅ》尊者が、丸いお月さまの姿を説法の坐において示したという話をもとにして、その関連の話がずうっと続いてまいります。実はこれがずいぶん長いこと続きます。そういう意味では、「仏性」の巻の中でも、とりわけ道元禅師が力を入れられた箇所ということになるのだろうと思われます。最初は『景徳伝燈録』の龍樹の章からの引用です。原文とは多少の違いもあるかと思いますが、以下のようにあります。

第十四祖《だいじゅうよんそ》龍樹尊者《りゅうじゅそんじゃ》、梵《ぼん》に那伽閼刺樹那《ながあらじゅな》と云《い》ふ。唐《とう》には龍樹《りゅうじゅ》また龍勝《りゅうしょう》と云《い》ふ、また龍猛《りゅうみょう》と云《い》ふ。西天竺国《にしてんじくこく》の人《ひと》なり。南天竺国《みなみてんじくこく》に至《いた》る。彼《か》の国《くに》の人《ひと》、多《おお》く福業《ふくごう》を信《しん》ず。尊者《そんじゃ》、為《ため》に妙法《みょうほう》を説《と》く。聞《き》く者《もの》、遞相《たがい》に謂《い》って曰《いわ》く、「人《ひと》の福業《ふくごう》有《あ》る、世間第一《せけんだいいち》なり。徒《いたず》らに仏性《ぶっしょう》を言《い》ふ、誰《だれ》か能《よ》く之《これ》を覩《み》たる」。

「第十四祖龍樹尊者《だいじゅうよんそりゅうじゅそんじゃ》」、第十四祖というのは、禅宗の伝承において、初めにお釈迦さまからまず摩訶迦葉に法が伝えられた。そのときには「拈華微笑《ねんげみしょう》」ということがあって、以心伝心で法の授受が終わった。それからずうっと師から弟子へ、師から弟子へと法が相続されて、西天二十八祖、インドでは二十八人に相承された。それを菩提達磨《ぼだいだるま》が受け継いで中国へ伝えた。というわけで、禅宗では二十八人の祖師が、インドにいらっしゃって、その第十四番目の祖師に、龍樹がいるということなのです。実に龍樹は、禅宗の祖師でもあるわけです。

昔から龍樹は「八宗の祖師」といわれています。八宗とは何か、これは八つの一定の宗というより、むしろ多くの宗ということだと思いますが、たとえば浄土教でも、『華厳経』の「十地品《じゅうじぼん》」の注釈書である『十住毘婆沙論《じゅうじゅうびばしゃろん》』を龍樹が書いたといわれていまして、そこに易行《いぎょう》と難行の説明があり、他力易行の道、本願の船に乗って彼岸に渡るのが易行であるということが説かれています。そこで浄土教でも龍樹を祖師とするわけなのです。

あるいは密教でも、『釈摩訶衍論《しゃくまかえんろん》』という書物があり、『大乗起信論《だいじょうきしんろん》』を下敷きにしているようなのですが、何を言っているのかわからないような、それこそ奇妙な書物があります。その『釈摩訶衍論』

は龍猛《りゅうみょう》が書いたといわれ、その龍猛は龍樹だとされています。本来、龍樹は、インドの中観派《ちゅうがんは》の祖師です。龍樹の中観派と、それから、弥勒《みろく》・無著《むじゃく》・世親《せしん》の瑜伽行派《ゆがぎょうは》、いわゆる唯識学派、これがインド大乗仏教の二大思潮です。ほかにも如来蔵《にょらいぞう》思想という、やはり無視しえない流れがありますが、その中観派の思想を、中国や日本で研究する場合は、「三論宗《さんろんしゅう》」といいます。あるいは天台宗で空《くう》・仮《け》・中《ちゅう》の三つの真理、三諦《さんたい》を説く、それも龍樹の『中論《ちゅうろん》』によるものです。華厳宗の思想にも、『中論』の四《し》句分別《くふんべつ》の分析は、大きな影響を与えております。

　そのようなことで、龍樹は大乗仏教のあらゆる宗派の原点にいらっしゃる方だと見られています。浄土教系統でも、密教でも、しかも禅宗でも祖師に数えているということですから、まさに八宗の祖師といわれるにふさわしい方だと思います。

　龍樹という人は、『中論』という書物を書いて、言語、とりわけ文章レベルの言語の吟味検討、クリティークを非常に周到になされた方であります。そして、言語によっては真実そのものを語りえないことを明かし、言語は真実の前には解体されざるをえないことを証明していきます。こうして、戯論《けろん》寂滅《じゃくめつ》の世界を直指するわけですが、それはどこかで禅の世界と繋がっているのでしょう。そのためもあってか、禅宗では西天二十八祖のうちの一人として数えているわけなのです。

「梵《ぼん》に那伽閼剌樹那《ながあらじゅな》と云《い》ふ」。これはインドの、サンスクリットでは、ということです。漢字では龍樹と書くわけですが、そのサンスクリットでは、「ナーガ」という言葉と「アルジュナ」という言葉が一緒になって、ナーガールジュナと発音するのです。それを音で写したのが「那伽閼剌樹那」です。ナーガというのは、蛇とか龍とかまさに長いもののようなのですが、アルジュナは昔の英雄の名前とも言いますが、伝にはある樹の名前ともあります。樹はアルジュナを音で写したのか意味で写したのか、よくわかりません。ともかく中国では龍樹、インドではナーガールジュナと呼ぶ。だいたい百五十年から二百五十年ころの人といわれております。

「唐《とう》には龍樹《りゅうじゅ》また龍勝《りゅうしょう》と云《い》ふ、また龍猛《りゅうみょう》と云《い》ふ」。龍勝とも龍猛と呼ばれる場合もありました。「西《にし》天竺国《てんじくこく》の人《ひと》なり」、最近では一般に南インド出身と言いますが、『景徳伝燈録』はインドの西のほうの出身だといっているわけです。「南天竺国《みなみてんじくこく》に至《いた》る」。インドの南方に行かれた。「彼《か》の国《くに》の人《ひと》、多《おお》く福《ふく》業《ごう》を信《しん》ず」。この福業ですが、そのあとに「人の福業有る、世間第一」とありますから、宗教的な解脱という、非常に深いところでの問題の解決をあまり求めない、ただ世間的な幸福を求めるのみという感じはします。しかし福だけではなくて業という言葉がついていますので、現世の幸福を求めるだけでもなさそうです。福業というのは、来世には楽しみの多い世界に生まれることが約束されるような、そういう行為、いわゆる善業のこととなります。ただ、せいぜい欲界の人間界・天上界に生まれることができるほどの善業です。それによって来世も幸せになる。単に今の幸せを求めていたというだけではなくて、この世で善業を積めば来世には幸せになれる、それを信じてひたすら善業を積もうというようなところで人生を考えていた。

弘法大師空海は、『秘密曼荼羅《ひみつまんだら》十住心論《じゅうじゅうしんろん》』という書物を著して、それはあまりにも詳しくて、大部なもので読み切れないものですから、それを少し簡単にしようということで、『秘蔵宝鑰《ひぞうほうやく》』というものも作った。そのどちらも十住心、人間の心を十の段階に分けて説明しています。しかもそれが実は、さまざまな学派の思想と照応していると説きます。そのように空海は、さまざまな学派の思想を浅いほうから深いほうへと、体系的に把握して組織しています。

　最初は煩悩のままの、本能のような心なのですが、次に社会性、人間性に目覚める。その次が第三の「嬰童無畏心《ようどうむいしん》」、赤ちゃんの畏《おそ》れなき心です。『秘蔵宝鑰』でそれは、「外道《げどう》天に生じて、暫《しばら》く蘇息《そそく》を得」と説明されます。人生はこの世だけではないのだ、生死輪廻するのだ。つまり、業の思想です。行為の善性・悪性によってその人が来世にどこへ行くか、それにはもう厳然たる法則があって、生死輪廻していくのだ。そういう話を聞いて、この世だけではないということに目覚めて、そしてこの世では善業を積むことによって、「外道天に生じて、暫く蘇息を得」。それはちょうどお母さんに寄り添って、もうすっかり安らいでいる子ども、赤ちゃんと、それから牛の子どものようだ。そのような句で、第三住心を語っています。

　そこで語られているのは、いわば福業を信じて、善を行って、来世に楽しみの多い世界に生まれようという立場でしょう。でも、それは、「暫く蘇息を得」るのみなのですね。善を行ったという、その行為の業力の効き目が効く間は、神々の世界にいられるかもしれない、天に安らいでいられるかもしれない。しかしその効力が尽きてしまったら、そのあとどこへ落ちていくかもわからない。ずっと過去の業の、悪業が現れたりして、また結局、地獄に落ちるとか、餓鬼に落ちるとか、そういうこともなきにしもあらずである。そうすると、ただこの世で善を行って、そして来世に楽しみの多い世界に生まれて、それでいいやということにはならないのです。問題の根本的な解決にならないのです。

そこでは、自分というものが自明で疑われることがなく、その自分をいかに幸福にするかという立場があるのみです。けれども、そもそも自分とはいったい何なのか、そこを根本的に解決しなければ、結局、生死輪廻の世界をぐるぐる回るだけであって、その中で一時は安らぎを得るかもしれないが、けっして根本的な問題の解決にならない。ですから、やはり自己とは何かという問いを究めていかなければならないのです。

しかし南インドのその人々は、福業をもとめるばかりであった。「尊者《そんじゃ》、為《ため》に妙法《みょうほう》を説《と》く」。そこで、龍樹尊者がその人々のために妙法を説いた。この場合の妙法というのは、素晴らしい教えということでよろしいかと思います。もちろん、妙法といえば『法華経』が思い出されます。しかしここは要するに素晴らしい教え、真理を含んだ教えでよいでしょう。

このとき龍樹が仏性か何かの話をしたのでしょうか。一般に中観派はどちらかというと否定のことばかり言うような感じで、龍樹が如来蔵思想や仏性の思想を話したとはあまり思えないのですが、このときは仏性についての話をしたのらしいです。そのことは、こののちの話でわかります。ともかくその龍樹の話を受けて、「聞《き》く者《もの》、遞相《たがい》に謂《い》つて曰《いわ》く」、それを聞いた南天竺国の人々が、お互いに話し合いながら言った。「人《ひと》の福業《ふくごう》有《あ》る、世間第一《せけんだいいち》なり」。これは「人の」と読むのがよいのか、「人に」ということなのか、とにかく人間は福業があることが世間でもっとも大事なことなのだ。この世で一所懸命、善根を積んで、来世には楽しみの多い世界に生まれるということが、人間の一番の大事なことだと、そう話し合っていた。

特にインド古代のバラモン教の世界では、在家の者たちはたいした修行もできないのだから、バラモンに布施して祈祷してもらいなさい、それで善根を積みなさい。その善根を積んだら、来世に神々の世界に生まれることができますよ、苦しみの少ない、楽しみの多い世界に生まれることができますよといって、バラモンは民衆に対し、自分らに金品を差し出して祈祷をお願いするように仕向けていた。釈尊の仏教は、そういうバラモンに対する批判も含んでいるものです。

ともかく、南天竺国の人々は、せいぜいそこまでしか関心がなくて「徒《いたず》らに仏性《ぶっしょう》を言《い》ふ、誰《だれ》か能《よ》く之《これ》を観《み》たる」。もっと深い真理とか、何か人間の本質・本性とか、そういうことがあるのかもしれないけれども、そんなものは本当に人間が悟ることができるだろうか。実際にそれを見ることができるだろうか。我々はそんなものには関わる必要はない。我々はせめて多く善を行って、未来には神々の世界にでも生まれて、そして安らぐ。それが我々にとっては幸福になる一番よい道だ。そのようなことを言ったというわけです。

しかし、それは心得違いであるということで、龍樹が説きます。

尊者曰《そんじゃいわく》、「汝《なんじ》、仏性《ぶっしょう》を見《み》んと欲《おも》はば、先《ま》づ須《すべか》らく我慢《がまん》を除《のぞ》くべし」。

彼人《かのひと》曰《いわ》く、「仏性大《ぶっしょうだい》なりや小《しょう》なりや」。

尊者《そんじゃ》曰《いわ》く、「仏性《ぶっしょう》は大《だい》に非《あら》ず小《しょう》に非《あら》ず、広《こう》に非《あら》ず狭《きょう》に非《あら》ず、福無《ふくな》く報無《ほうな》く、不死不生《ふしふしょう》なり」。

彼《かれ》、理《り》の勝《すぐ》れたることを聞《き》いて、悉《ことごと》く初心《しょしん》を廻《めぐ》らす。


「汝《なんじ》、仏性《ぶっしょう》を見《み》んと欲《おも》はば、先《ま》づ須《すべか》らく我慢《がまん》を除《のぞ》くべし」。あなた方は仏性なんかとうてい見ることができない、知ることができないとどうも思い込んでいるようだが、しかしそうではないのだ。我々は、やはり仏性を悟るということがあるのだ、というのです。そして、もしあなた方が仏性を見ようと思うならば、まず「我慢を除くべし」だと諭《さと》した。この我慢というのは、仏教の中の言葉としての我慢であるはずで、これには術語としての定義があるだろうと思います。唯識の分析でいいますと、「慢」という根本煩悩がありまして、その慢というのは、自分と他人と比べて、自分をなんとかして保全しようというような心です。同じようなレベルなのに、自分のほうが優れていると思ったり、明らかに劣っているのに同等だと思ったり、あるいはむしろ相手より劣っているにもかかわらず、自分のほうが優れていると思ったり。

ただし、この慢の中に「我慢」というのがありまして、我があると思って、その立場からいろいろなことを行う。ないものをあると思って、その前提のもとでさまざまなことを行うという、そのこと自体が慢心である。我慢にはそういう本来の意味はあるわけです。ただ、この文脈の中での我慢は、そういう自分があるという思い上がりの慢よりは、人生はこういうものだと自分勝手に思い込んでいる、その思い込み、それを除きなさい、そういうようなおつもりで、龍樹は言ったのではないかなという感じもします。もしそうだとすれば、それはむしろ見取《けんじゅ》の煩悩というべきものです。自分の見解にかたく執着するのを見取といいます。自分の見解が真理だと思ってそれに執着する、これが見取で、悪見という根本煩悩（薩伽耶見《さつがやけん》・辺執見《へんじっけん》・邪見《じゃけん》・見取・戒禁取《かいごんじゅ》）の中の一つです。

そういうわけで、「我慢を除くべし」の我慢、それは文脈によればむしろ自分の固着的な見解というようなことでよろしいのではないかと思います。福業が第一だという考えです。仏性などどうてい見られないのだという考えです。それら固執した見解を除くべきだといった。ただし、我慢という言葉を、龍樹が仏教の中の術語としての我慢を使って、それを除くことが大事だと言われたと、そう受けとめるならば、アートマンというものに執着して、そして思い上がっていることになります。確かにそれがあるが故に、仏性が見られないということになるのかもしれません。あるいは、それがあるが故に、結局は福業が第一だというような考えに陥っているということにもなるかもしれません。そういう意味では、両方の解釈で見てよいのかもしれません。

龍樹が相手方にそう言ったところ、「彼人曰《かのひといわく》、『仏性《ぶっしょう》大《だい》なりや小《しょう》なりや』」。いったいこの仏性の原語は、何だったのでしょうか。今日では、漢訳の仏性の原語としてのサンスクリットは、ブッダ・ダートゥとされており、それは仏になる因、成仏の因であるもののことです。ダートゥは鉱石、磨けば金になったり、宝石になったりするという原石のことです。そこで、因の意味を持つわけです。それを聞いて、大きいか小さいかと問うたのか、疑問もないわけではないので、いったい何の言葉で仏性という語が語られたのか、ちょっと疑問になりますが。ともかく南天竺国の人は、仏性は大きいか小さいかと質問した。何かブラフマンみたいなものを考えたのかもしれません、宇宙の本体のようなものです。

それに対して、「尊者曰《そんじゃいわく》、『仏性《ぶっしょう》は大《だい》に非《あら》ず小《しょう》に非《あら》ず、広《こう》に非《あら》ず狭《きょう》に非《あら》ず、福無《ふくな》く報無《ほうな》く、不死不《ふしふ》生《しょう》なり』」。いや、仏性は、大きいものでもないし小さいものでもないのだ。広いものでもないし狭いものでもないのだ。実は福もないし報もないぞと。ここは対句ではないですね。ちょっと前と異なっていますが、福でもないし非福でもない。楽の果報でもないし苦の果報でもない。そのことを含んで、福でもないし報でもない。さらには、死ぬこともないし生まれることもないのだ。ちょうど龍樹の『中論』の冒頭にある、八不中道《はっぷちゅうどう》を表す詩、「生ずるのでもないし滅するのでもない。常住でもないし断滅でもない。一でもないし異でもない。来るのでもないし出るのでもない」（不生亦不滅《ふしょうやくふめつ》、不常亦《ふじょうやく》不断《ふだん》、不一亦不異《ふいつやくふい》、不来亦不出《ふらいやくふしゅつ》）のようです。そのように、あらゆる分別を超えたところで初めて、それそのものに出会うのが仏性である。

仮に仏性を自己の本性と聞き、その自己の本性は平等普遍で、不変なるもので、絶対なるもの、大きなものと、そんなふうに想定したら、実はそれはもう仏性にかなっていない。まして龍樹の見ている真理にはかなわないわけです。龍樹は、仏性は大きいか小さいかと聞かれて、一切の分別ではとらえられないものだという形で答えた。では、それは何かということが問題になるわけですが、道元禅師のこの「仏性」の巻で今まで説かれてきた中では、「悉有それ透体脱落なり」と示されていました。もうこれはとにかく仏性についての根本句といえるでしょう。実はそれは、龍樹と繋がってくるのだろうと思いますが、ともかく龍樹はここで、いわば八不で仏性を示したというようなところです。

そうしたところ、「彼《かれ》、理《り》の勝《すぐ》れたることを聞《き》いて、悉《ことごと》く初心《しょしん》を廻《めぐ》らす」。これを聞いて、南天竺国の人々は、その道理が勝れていると感じたという。龍樹尊者の言われることは実に深いものだと、わかった。一種、悟ったといいます。この「大に非ず小に非ず」云々を聞いて、ぱっと理が勝れていると受けとめたというのは、すごいですよね。やはり宿縁というか、縁があったのかもしれません。私などこれを聞いても、にわかには理が勝れているなんて、ちょっと判断もつかないですけどね。いったい何を言っているのかというようなところですが。南天竺国の人はそれなりに心の土壌が耕されていたようでありまして、龍樹の言葉にピッと反応して、「悉く初心を廻らす」、みんな初めの心を翻した。要するに福業が第一だ、仏性なんか見ることができるものか、という考え方を改めたというわけです。

話はまだ続きまして、

尊者《そんじゃ》、また坐上《ざじょう》に自在身《じざいしん》を現《げん》ずること、満月輪《まんがちりん》の如《ごと》し。一切衆会《いっさいしゅえ》、唯法《ただほう》音《おん》のみを聞《き》いて、師相《しそう》を覩《み》ず。

彼《か》の衆《しゅ》の中《なか》に、長者子迦那提婆《ちょうじゃしかなだいば》といふもの有《あ》り、衆会《しゅえ》に謂《い》つて曰《いわ》く、「此《こ》の相《そう》を識《し》るや否《いな》や」。

衆会曰、「而今我等目《いまわれらめ》に未《いま》だ見《み》ざる所《ところ》、耳《みみ》に聞《き》く所無《ところな》く、心《こころ》に識《し》る所無《ところな》く、身《み》に住《じゅう》する所無《ところな》し」。

提婆曰、「此《こ》れは是《こ》れ尊者《そんじゃ》、仏性《ぶっしょう》の相《そう》を現《げん》じて、以《もっ》て我等《われら》に示《しめ》す。何《なに》を以《もっ》てか之《こ》れを知《し》る。蓋《けだ》し、無相三昧《むそうざんまい》は形満月《かたちまんがつ》の如《ごと》くなるを以《もっ》てなり。仏性《ぶっしょう》の義《ぎ》は廓然虚明《かくねんこみょう》なり」。

言《い》ひ訖《おわ》るに、輪相即《りんそうすなわ》ち隠《かく》る。また本坐《ほんざ》に居《こ》して、偈《げ》を説《と》いて言《いわ》く。

「身《み》に円月相《えんがつそう》を現《げん》じ、以《もっ》て諸仏《しょぶつ》の体《たい》を表《ひょう》す、説法其《せっぽうそ》の形無《かたちな》し、用辯《ゆうべん》は声色《しょうしき》に非《あら》ず」。


「尊者《そんじゃ》、また」ですから、またあるときです。ここ、場面は前と違うと思うのですが、ただ仏性とは何かということをめぐっての話という意味では、繋がっているわけです。「坐上《ざじょう》に」、坐上において。あとに「一切衆会云々」とありますから、何か龍樹尊者が説法される、そういう集会、法会においての場面なのだろうと思います。そういう説法の場において、龍樹が説法の坐に着かれて、「自在身《じざいしん》を現《げん》ずること」、そのときに自在身を現じたというのです。その自在身とは何かというと、「満月輪《まんがちりん》の如《ごと》し」、満月のようであったというわけです。

「一切衆会《いっさいしゅえ》」、そこに説法を聞こうとして集まってきていたあらゆる人々が、「唯法音《ただほうおん》のみを聞《き》いて、師相《しそう》を覩《み》ず」。これはそのまま受けとめれば、説法の言葉だけが響いて龍樹の姿は見えなかった、ということです。けれども、自在身を現して、満月の形のようなオーラだけが見えたというのでしょうか。その月輪のような姿のみを観じていたのでしょう。

そうしましたところ、「彼《か》の衆《しゅ》の中《なか》に、長者子迦那提婆《ちょうじゃしかなだいば》といふもの有《あ》り、衆会《しゅえ》に謂《い》つて曰《いわ》く、『此《こ》の相《そう》を識《し》るや否《いな》や』」。その龍樹の教えを聞こうと集まってきた人々の中には、長者子の迦那提婆という者がいた。「長者子」とは、商人か何かの裕福な人の、その息子ということなのでしょう。この人は、龍樹の法を継いだといわれております。少なくとも禅宗の伝承で、西天二十八祖の中、その第十四祖が龍樹、その法を継いだのがこの迦那提婆で第十五祖です。一方、中観派でも、龍樹の法を継いだのがデーヴァ、提婆といわれる人でありまして、この提婆は『百論』という書物を著しました。龍樹は『中論』と『十二門論』という書物を著しました。ほかにもいろいろと著しましたが、その龍樹の『中論』と『十二門論』と、提婆の『百論』を研究するのが三論宗ということで、中国、日本では三論宗が中観派ということになるわけなのです。ただし、龍樹が本当に『十二門論』を書いたのかは疑問です。

その迦那提婆が、集まって来た人々に次のように問いかけた。「此の相を識るや否や」と。龍樹尊者の満月の姿は何を表しているのか、あなた方はわかりますか。それに対して、「衆会曰、『而今我等目《いまわれらめ》に未《いま》だ見《み》ざる所《ところ》、耳《みみ》に聞く《きく》所無《ところな》く、心《こころ》に識《し》る所無《ところな》く、身《み》に住《じゅう》する所無《ところな》し』」。その会座の人々が言うには、こんなことはまだ見たことがなかった。いまだかつて聞いたこともないし、知識として知っていることでもない。「身に住する所無し」、これはわかりにくいのですが、経験したこともないということでしょうか。要するに、いまだかつてこんなことは知りません、そういう趣旨ですね。「法音のみ聞いて」と前にありましたから、今・ここで何も聞くこともできないというのは、ちょっと矛盾しますよね。ですから、やはりこの月輪のことについて、かつて聞いたこともないということでしょう。とうていこんな事態というものは経験したことがないので、龍樹尊者が何を示そうとしてこういうことを現わされたのか、まったくわかりません、と答えた。

実はこの箇所、『景徳伝燈録』そのものを調べますと、「衆曰く、目に未だ見ざる所、いずくんぞよく弁識《べんしき》せんや」、これだけしかないです。要するに、まだ見たことがない。どうしてそれが何であるかわかるだろうか、とてもわかるものではない。ただそれだけを言っているのみです。それを道元禅師が、さらに「耳に聞く所無く、心に識る所無く……」とも書かれているものですから、ちょっと混乱するわけなのですが。要するにこれが何だかはわかりませんと言ったわけです。

そこで提婆が解説をします。「此《こ》れは是《こ》れ尊者《そんじゃ》、仏性《ぶっしょう》の相《そう》を現《げん》じて、以《もっ》て我等《われら》に示《しめ》す」。これは龍樹尊者が、仏性の相を現じて、私たちに示してくださったのだ。龍樹は、お月さまのような姿を示したわけですが、それは実は仏性を現してくださったのだ。「何《なに》を以《もっ》てか之《こ》れを知《し》る」。どうしてそうであるとわかるのか。「蓋《けだ》し、無相三昧《むそうざんまい》は形満月《かたちまんがつ》の如《ごと》くなるを以《もっ》てなり」。ここで無相三昧と仏性との関係が問題になってくるわけですが、結局、提婆は、仏性というのは無相三昧のただ中にあるのだという、その立場から、そのように言われたということになるだろうと思います。

よく禅僧は一円相を描きます。それはやはり主観と客観が分裂している以前の世界というか、全体が全体として息づいているそれそのものというか。自己がそれそのものになりつくした、その世界そのもの、対象的に何かを限定することを離れた世界、分別を離れた世界、そこを円相で表すというようなことがあります。お月さまで無相三昧を表すというのも、おそらくそのような意味合いがあるのでしょう。つまり円によって表す。無相三昧は、しいて形で表せば満月のようだ。どこも欠けていないといえば欠けていない。限定されたものが何一つないというか、そういう意味で対象的にとらえられたものが何一つない世界を、円相ないし満月輪で表す。龍樹が現じている満月の姿は、そのことなのだよというわけです。本当は、対象的にとらえたものを離れた世界です。ということは、主体がまさに主体としてはたらいているそのただ中のことです。

「仏性《ぶっしょう》の義《ぎ》は廓然虚明《かくねんこみょう》なり」。廓然というのは、からりとして何もない様です。武帝と達磨の問答の中で、「廓然無聖《かくねんむしょう》」とありました。聖なるものなんか何一つない、からりとして何一つない。何ものにも引っかからないという、その境涯を表すときに廓然という言葉が使われます。一方、虚明ですから、うつろにして明らかである。まさに、対象的にとらえたものが何もないそのただ中です。実はそれは主体が主体としてはたらいている世界そのものです。主体というのは個、インディヴィデュアルなものです。本当は無相三昧も、その個なるものを離れたものではないのです。しかも、それが個を超えたものに裏付けられている。その個を超えたものというのは、透体脱落して、自己が自己になるとき、そこで初めて開かれるという子細があるわけです。しかし、実際の提婆の言葉は、龍樹尊者がお坐りになって、満月の相を現されたのは、何かそういう限定された形を現したというのではなくて、何も限定されない世界、勝義諦《しょうぎたい》の戯論寂滅《けろんじゃくめつ》の世界、無相三昧の世界、それを表しているのですよ、そこが仏性の世界ですよ、という説明でした。形を離れた何か無相の世界、がらんとした世界が、形とは別にあると考えてしまうと、それはまた迷いの中に入り込むということになりかねない。ですから提婆の言葉というのは、本当はなかなか微妙な問題がありますが、ともかくそういうような説明で、龍樹尊者の心を人々に解説したというわけなのです。

「言《い》ひ訖《おわ》るに、輪相即《りんそうすなわ》ち隠《かく》る」。提婆のこの説明が終わりますと、かの月輪の姿が消えて、「また本《ほん》坐《ざ》に居《こ》して」、本の坐にまた龍樹がいるような姿になって、そして「偈《げ》を説《と》いて言《いわ》く」、この偈つまり詩は龍樹が説かれたのです。「身《み》に円月相《えんがつそう》を現《げん》じ、以《もっ》て諸仏《しょぶつ》の体《たい》を表《あらわ》す、説法其《せっぽうそ》の形無《かたちな》し、用辯《ゆうべん》は声《しょう》色《しき》に非《あら》ず」。身体に欠けたるところのない満月の姿を現して、そのことによって、仏さまのその体を表した。体というのはやはり仏教的な一種の術語といえましょう。体《たい》・相《そう》・用《ゆう》というような分け方、あるいは体・用というような分け方があります。体で仏を見ていくときはやはり法身仏《ほっしんぶつ》、いわゆるダルマカーヤということになるでしょう。これは仏さまの本質・本性です。円月相、光輪みたいな、オーラみたいな、その相でもって、法身仏の本体、ですから無相三昧のそのただ中、それを表したのだ。

本当はその無相にして、しかも現実にはたらくという、そこに真実があるのでしょうが。

そこに真理があるのであって、説法して言葉を説いても、その音とか意味とか、それだけが本当の説法ではないのだ。それだけで説法が成り立つというわけではなくて、説法が説法として成り立つのは、説法を超える無相のはたらきというか、無相の命というか、そこにあって初めて説法が成立している。「用辯」、言葉をしゃべるということ。やはり説法することです。音声を伝えるということも、けっして声法という物質的な存在のことだけではない。声色というのは、声法という色法、音という物質的な存在と見るのがよいのではないかと、私は思うのですが、あるいは五感の対象としての声や色ではないよと、それでも取れますね。要するに単なる有為《うい》の現象だけではないのだ。それだけではなくて、それを超えるあらゆるものを貫いている命そのものに裏付けられての言葉であったり意味であったり音であったりする、そこを見なければならない。どんな人でも仏性と一つになって、初めて生きていられる。魚が水と一つであるように、鳥が空と一つであるように、どんな命も目に見えるあり方と、それを超えたあらゆるものを貫いているまさに命そのものというか、それと一つになって、初めてそれそのものである。そんなような意味合いも踏まえて、「説法其の形無し、用辯は声色に非ず」と言われた。

あるいは、説法の一番その説法たるゆえん、真理の真理たるゆえんというのは、対象的にとらえられた意味合いとか、声とかいうところにあるのではなくて、説法をしているその主体そのもの、そのただ中に、説かんとすることの内容が実はある。本当の自己がどこにあるか、本当の真理がどこにあるか、それを説こうとしている。説かれた内容にくっついて回るのではなくて、それを説いている主体そのもの、そこを見ていかなければならない。そこには形もないよ、声色もないよ、透体脱落のそのただ中だぞ。そこに目をつけないと、本当の説法というものは汲みとれないぞ。そういうような意味合いで、「説法其の形無し、用辯は声色に非ず」と言った。そういうことを、龍樹は、姿を戻して、詩のかたちで説いたわけです。

谷中《やなか》に全生庵《ぜんしょうあん》というお寺があります。山岡鉄舟《やまおかてっしゅう》が関係していたお寺です。三遊亭円朝という落語家が、芸に行き詰まって、全生庵の鉄舟のもとに参じた。そうしたら鉄舟は、「舌なくしてしゃべろ」と言ったというのです。桃太郎の話か何かを稽古していたらしいのですが、円朝はその鉄舟の言葉を胸に、さんざん苦労して、ついにそれができた。要するに無心にしゃべる、はからいなくしてしゃべる、それになり切るということです。そこに自我を透脱して、透体脱落して、そこから現実世界にはたらく。語るときは、語りになり切ることの中で、語りを超えて語る。そういうときに、語りの形だけに目を奪われると、その真実の芸というか、味わいというか、そういうものが味わえないです。聞くほうもそれを一心に聞く。その聞くことになり切ることにおいて、その無心の境地を味わう。そういうところに「説法其の形無し」という世界があるのではないでしょうか。

「身に円月相を現じ、以て諸仏の体を表す、説法其の形無し、用辯は声色に非ず」。これだけ読みますと、『般若心経』に寄せていえば、色は色ではありませんよ、色即是空ですよといって、そこでちょっと終わっているような感じですね。「諸仏の体を表す」というところは空の世界、空相にして、不《ふ》生《しょう》・不滅《ふめつ》、不垢《ふく》・不浄《ふじょう》、不増《ふぞう》・不減《ふげん》である、そのただ中というような感じです。だからこそ説法もあり、用辯もあるわけで、実は空即是色の世界が同時に、そこにあるわけです。しいて言えば、ひいてはそのことも語られていると見るのがよいのだろうと思います。

実は、『景徳伝燈録』では、そのあとに、「彼の衆」、そこにいた人々は、「偈を聞いて、無生《むしょう》を頓悟《とんご》す」とあります。「無生法忍《むしょうぼうにん》の悟り」という言葉が仏教にありますが、生じないというその真理です。不生・不滅、不常・不断、不一・不異、不来・不出の勝義諦のただ中、八不《はっぷ》のただ中。それは一言につづめれば、不生となります。盤珪《ばんけい》禅師も、一切は不生でととのうと言われた。あれこれはからう以前に息づいている命そのものです。生ずる滅するを離れた、それそのものの世界。その無生をかの衆は頓悟したという言葉が、『景徳伝燈録』のこのあとにあるのです。さらに、「皆出家を願い、以て解脱を求む」、それからみな仏道を歩もうとしたともあります。それぐらい力のある詩であるということになるわけなのです。

この龍樹の仏性という語が出てくる一つの因縁を取り上げられて、さて、これから道元禅師が道元禅師流に、これをまた捌《さば》いていかれるわけです。

しるべし、真箇《しんこ》の「用辯《ゆうべん》」は「声色《しょうしき》」の即現《そくげん》にあらず。真箇《しんこ》の「説法《せっぽう》」は「無其《むご》形《ぎょう》」なり。尊者《そんじゃ》かってひろく仏性《ぶっしょう》を為説《いせつ》する、不可数量《ふかすうりょう》なり。いまはしばらく一隅《いちぐう》を略挙《りゃくこ》するなり。

「しるべし、真箇《しんこ》の『用辯《ゆうべん》』は」、本当の話すこと、言葉を語ることの真実は、「『声色《しょうしき》』の即現《そくげん》にあらず」。声法という音において現れているというようなことではないのだ。昔は、どちらかといえば音声言語が主に考えられましたから、言語といえば音声上のやり取りということになるわけですが、何かを話す、言葉を用いるということは単に音声の世界だけだということではないのですよ、というわけです。特に説法ということで言葉を話すとき、その言葉を話すそのただ中に何があるのか、その背景に何があるのかです。それは単に五感の対象の世界だけにとどまるのではありません。「真箇《しんこ》の『説法《せっぽう》』は『無其形《むごぎょう》』なり」。本当の説法というものは、形としてとらえられるものがないのです。無相三昧のそのただ中こそに、命の本当の根源がある。でも、単なる無だけだったら、それは命にならない。それがしかも現実世界でのかけがえのないはたらきとしてはたらく、個々としてはたらく。単なる水は命ではない、単なる空は命ではない。水の中に魚がいる、空の中に鳥がいるという、そこに命があるわけですから、形がないといって、形のないところ、無相だけを尊んでも、それはまた間違いとなってしまう。しかし、説法というと何か言葉が説法だと思ってしまう。本当はそうではなく、龍樹尊者の言うように、本当の説法というのは形がないもの、そこに本当の説法があるのだ。その形がないというのはどこにあるのか。それはやっぱり透体脱落というか、主体が主体としてはたらいているそのただ中、無常が無常を行じているそのただ中、そこでこそ本当に形がないということになるのでしょう。対象的に、説法は形がないのだと、ただその了解で終わってしまうと、はたして龍樹あるいは道元禅師が言われようとしていることに本当に迫れるかどうか。

「尊者《そんじゃ》かつてひろく仏性《ぶっしょう》を為説《いせつ》する、不可数量《ふかすうりょう》なり」。このひろくというのは、たくさんの機会にということなのか、詳しくということなのか、どちらでしょうか。まあ多く仏性を人々のために説きました。中観派の祖師としての龍樹が仏性をそれほどに説いたのかどうか、我々の今日のふつうの感覚からすると、ちょっと違和感もなきにしもあらずですが。しかし龍樹は仏性をいろいろな形でたくさん説きました。ですから、「いまはしばらく一隅《いちぐう》を略挙《りゃくこ》するなり」。ここで、龍樹尊者が仏性について説いたものを、ほんの一つ取り上げました、それも簡単に取り上げたまでです、というようなことです。しかし、ここにも、本当の仏性のありかというものが隠されているのですよ。では、それは何か、さらに説明しましょうということで、さらにコメントが進んでいくわけです。

本当は、仏性については、迦那提婆が説明していたのです。提婆がその言葉を使っていまして、ここを見るとき、龍樹は直接、仏性という言葉は使っていません。あとの詩では「諸仏の体」とは言っていますが、仏性とは言っていませんでした。しかし、提婆と龍樹は、知音同士というか、わかりあって演じているということなのでしょう。提婆は龍樹の心を解説しているということなのでしょう。

正法眼蔵講義　第一九講

「仏性」の巻〔一一〕

「汝欲見仏性《にょよくけんぶっしょう》、先須除我慢《せんしゅじょがまん》」。この為説《いせつ》の宗旨《しゅうし》、すごさず辨肯《べんこう》すべし。「見《けん》」はなきにあらず、その見《けん》これ「除我慢《じょがまん》」なり。「我《が》」もひとつにあらず、「慢《まん》」も多般《たはん》なり、除法《じょほう》また万差《ばんしゃ》なるべし。しかあれども、これらみな見仏《けんぶっ》性《しょう》なり。眼見目覩《げんけんもくと》にならふべし。

「仏性非大非小《ぶっしょうひだいひしょう》」等《とう》の道取《どうしゅ》、よのつねの凡夫二乗《ぼんぶにじょう》に例諸《れいしょ》することなかれ。偏枯《へんこ》に仏性《ぶっしょう》は広大《こうだい》ならんとのみおもへる、邪念《じゃねん》をたくはへきたるなり。大《だい》にあらず小《しょう》にあらざらん正当恁麼時《しょうとういんもじ》の道取《どうしゅ》に罣礙《けいげ》せられん道理《どうり》、いま聴取《ちょうしゅ》するがごとく思量《しりょう》すべきなり。思量《しりょう》なる聴取《ちょうしゅ》を使得《しとく》するがゆゑに。

「汝欲見仏性《にょよくけんぶっしょう》、先須除我慢《せんしゅじょがまん》」。あなたが仏性を見たかったら、まずは我慢を除くべきだ。それはかの文脈の流れの中では、お前たちは固定的な見解を後生大事に護っている、それをまずどうにかしなくてはいけない、という意味合いも含んでの言葉だったようにも受け取れるのですが、ともかく、我慢を除くべし。「この為説《いせつ》の宗旨《しゅうし》」、彼らのために説いたこの言葉の、その眼目となる意味合い、それを「すごさず辨肯《べんこう》すべし」。その意味するとおりに、そのとおりに見究め納得すべきである。この言葉の本当に言いたいことを、そのままに受けとめるべきである。

「『見《けん》』はなきにあらず」、確かに「仏性を見んと欲はば」と言われたのですから、仏性を見るということはないわけではない。もっとも、実は道元禅師は、「見性」という言葉を非常に嫌われました。臨済宗は比較的「見性」ということをいいます。坐禅をして見性する。その場合の「見性」というのは、自己の本性を見ることだ。仏性を見るといってもよいでしょう。まず、「見性」をして、それからさらに修行が続いていくのだと、臨済宗ではよくそういうのですが、道元禅師は、「見性」などということはありえないと主張されます。

「見性」という言葉が、『六祖壇経《ろくそだんきょう》』という書物に出てくるのですが、道元禅師は、そんな言葉を載せている『壇経』は、本当に六祖が書いたものであるはずがない、あれは偽書だと、そうまで言って「見性」という言葉を否定されております(「四禅比丘」参照)。けれども、このぐらい道元禅師が言葉を自由自在に解釈し、読める人なのですから、「見性」という言葉があっても、それはけっして性を見るということではないのだ、ということで解していくことはいくらでもできただろうと思います。たとえば鈴木大拙は、「見性」というのはかの中国禅の根源である六祖が言ったことで、禅の法孫はみなこれを奉じなければならない、これを受け継いでいるのだと言います。ただ、大拙によれば、この「見性」というのは、けっして性を対象的に見るというようなことではない。「見がそのまま性であり、性がそのまま見なのだ」と、こう言って「見性」を肯定するのです。

西田幾多郎は、世間一般の人は「見性」という言葉を誤解しているとしばしば言っています。「見性」というのは、自己が自己を超えたものにおいて自己を持つという、その自己のあり方、仏の命に裏づけられて自己であるという、そのあり方に徹底することだというのです。みんな誤解しているのだ、というのです。

道元禅師は「見性」という言葉について、拈弄していくらでも自由に論じることはできただろうと思います。しかし、何かやはり臨済系と差別化するというか、そういうある意図があったのでしょうか。あえて「見性」という言葉は、性を見るという意味だということに固く限定しておいて、そしてそれは駄目だと否定されます。しかしここでは、「『見』はなきにあらず」と言われているのです。仏性について、「『見』はなきにあらず」なのであれば、「見性」だって認めてもよかっただろうと思うのですが。仏性を見るというその見は、ないわけではありませんよと言われる。ただ、それもけっして「性を見る」ということではないでしょう。

では、見とは何か、「**その見《けん》これ『除我慢《じょがまん》』なり**」。我慢を除くというそれがそのまま見るということなのだ。ちょっと飛躍するような気がするかもしれませんが、修行するそのただ中が、そのまま悟りの世界だという、ある意味ではそういうことです。我慢を除いていくという、その除いていくというそのただ中に「仏性を見る」という、そのことが実現しているのだ。「その見これ『除我慢』なり」。我慢というのは、我があると思って思い上がることであって、けっして辛抱する、耐えるというようなことではないわけですが、その我慢を除くのが、見だというのです。では、我慢を除くというときに、どういうことをするのか。

それにあたって、「『我《が》』もひとつにあらず」、我はけっして一つではない。これはどういう意味なのか。我々は日常、自我に執着している。執着している対象としての自我がなかなか抜け切れないわけで、刹那刹那の間にいくつもあるというか、そういうことも考えられるかもしれません。あるいは我というものは、「常一主宰《じょういつしゅさい》」と定義されるものであるということは、前にお話ししたと思います。常住不滅で、単一で部分に分けられない、しかも主体であるようなもの。そういうものがあるとして想定されたものがアートマン、我なのです。そのアートマンの同義語としてプドガラとか、ジーヴァとか、いろいろな言葉があります。そういう、我も我だけではなくて、命あるものとか、自我とか、人我とか、いろいろな言葉で語られるものがあるという意味で、「『我』もひとつにあらず」と言われたのか。それから、そういう「常一主宰」と定義される我を表す言葉として、さらには「預流《よる》」とか、「一来《いちらい》」とかがよく例に挙げられたりします。菩薩だってそうだと思います。仏だってそうです。それらであってても、そういう常住で、単一で、主宰者であるような存在があると執着した場合、すべて我に相当するものになってくる。つまり主体的存在が実体視されたものです。その主体的存在というものを表す言葉として、預流とか、一来とか、不還《ふげん》とか、阿羅漢《あらかん》とか、いくつもあるわけです。そういうような意味で、「『我』もひとつにあらず」と言われたのか。とにかく、いろいろな我のあり方がある。「『慢《まん》』も多般《たはん》なり」、慢心にもいろいろな慢心がある。だいたい慢というのは自分と他者を比べて、その中でなんとか自分を保全しようという、そういう気持ちなのですが、古来、慢には、七慢、九慢が分析されたりしています。

したがって、我々はさまざまな煩悩にとらわれているわけでありまして、「除法《じょほう》また万差《ばんしゃ》なるべし」。それを除いていく修行もいろいろとある。「しかあれども、これらみな見仏性《けんぶっしょう》なり」。そのどれもがみな見仏性なのだ、仏性を見ているのだと言われるのです。煩悩を除くというその、それそのものが仏性を見るという、そのことにほかならない。煩悩を除くその主体的なはたらきのそのただ中に立つという、一つ一つの修行のその世界のそのただ中において、実は仏性を見ているのだ。これはけっして対象的に仏性を見ているわけではないのです。そもそもはからって煩悩を対象的に除いていくと、はたしてそれがうまくいくのかどうかわかりません。結局、只管打坐《しかんたざ》しかないのではないかと思いますが、その一つ一つの活動、営み、はたらきのただ中で、主体が主体に出会うというか、自己が自己に出会うというか、そこにおいて透体脱落している。そのただ中に、実は仏性を見ているということがあるのだ。仏性を見ているといっても、見るということがそのまま仏性なのだ。主体的な命のはたらきそのものが、根源的な仏のはたらきそのものなのだ。そのような意味で、いろいろな除我慢のすべてが「見仏性」なのだいうことでしょう。

「眼見目観《げんけんもくと》にならふべし」。この句は、ざっと、目で見るというのと同じように考えてくださいと言うのです。では、仏性はやっぱりものを目で見るように見るということなのか。でも、まさにものを見るように、対象的に仏性を見るということは、どうも私には考えられません。では、なぜ「眼見目観にならふべし」と言われたのか。これは私の解釈なのですが、目はいろいろなものを見るでしょう。色でいえば、青を見れば、赤も見、緑も見ます。形でいえば、三角を見れば、丸も見、四角も見ます。多般、万差なものを見るでしょう。「多般、万差を見る」という、その多くのものを見るという、そこが同じで、そのことを「眼見目観にならふべし」で言われているのではないか。要するに、「『慢』も多般なり、除法また万差なるべし。しかあれども、これらみな見仏性なり」。多般、万差の修行が、みな「見仏性」なのです。それぞれが仏性なのです。

「『仏性非大非小《ぶっしょうひだいひしょうとう》』等の道取《どうしゅ》」、仏性は、大きなものでもないし小さなものでもない云々と、龍樹尊者が示された。広くもないし狭くもない。福もないし報もない。死ぬのでもないし生まれるのでもないと言われたこの言葉は、「よのつねの凡夫二乗《ぼんぶにじょう》に」、ごくふつうの凡夫、あるいは二乗、声聞・縁覚のいわゆる小乗の仏教者、彼らに「例諸《れいしょ》することなかれ」。例諸で、之に例するで、要するに、かの言葉は凡夫二乗の通例の考え方によってそれを受けとめてはならない。もっとも、凡夫二乗は、大にあらず小にあらずと聞いてどう考えるのでしょうか。大にあらず小にあらずという言葉を聞いて、何か対象的に、大きいものでもないし小さいものでもない。そういうことをあれこれ考えながら、なんとなく了解するのみかもしれません。そのかぎりでは、本当にこの龍樹尊者が言おうとしたことの内容はつかめないですよというのです。

実は、大にあらず小にあらずというのは、もちろん二元対立を超えているということもありますが、二元対立というのは、対象的に分別する立場によることです。対象的に分別して、大きいとか小さいとか、生まれるとか死ぬとかが言えてくるわけです。しかし八不《はっぷ》として、生ずるのでもないし滅するのでもない云々というとき、これは述語することができないということでしょう。述語ができないということは、主語が立たない。何が、ということはいえないということです。主語が立たないということは、対象的にとらえるものがない世界です。対象的にとらえるものがないということは、主体がまさに主体としてはたらいているそのただ中、それはまさに現在そのものということにもなるわけです。そこに立つとき、本当の意味で八不の世界、あるいは大にもあらず小にもあらずという、そういう世界が見られてくる。それはまさに透体脱落のそのただ中なのです。「現成公案」の、「自己をならふといふは、自己をわするゝなり」という、その、自己をわするるなりというただ中で、それは自己が自己そのものになりつくしている世界。それは主体が主体になりつくしている世界ということになるだろうと、私は思うのです。

「大にあらず小にあらず」と聞いたから、対象的に、大きくも小さくもないのだとか言って済ませておくのでは、それではその言葉で一番表そうとしている、その肝心なところに到達できません。あるいは大にもあらず小にもあらずで、つまり限定を超えているから、絶対の広大な世界だとか思って、しかし、絶対ということを対象的にとらえているそのかぎりでは、龍樹尊者の言葉を本当の意味で理解することはできない。どうも凡夫や二乗は、大にあらず小にあらずという言葉に、むしろ仏性は広大だと思ってしまうのでしょうか。次にそういう言葉が出てきます。

「偏枯《へんこ》に仏性《ぶっしょう》は広大《こうだい》ならんとのみおもへる、邪念《じゃねん》をたくはへきたるなり」。偏枯にというのは、意固地にというようなことで、ただ人の教えを受けることもなく、自分の見解に固執して、ひたすら仏性は広大なものだと考えてしまう。真如法性といわれるものは、何か広大なものというようなイメージがあります。確かにそれは最高の普遍のものであり、あらゆるものに行き渡っているものですから、広大といえば広大なのですが、広大なものを対象的に想定して、それだと思うと、その思う側がそこから外にありますから、本当の普遍にはまだ達していないわけなのです。

ともあれ、偏枯に仏性は広大なものだろうと、それだけしか思わないという立場は、迷いの念、誤った見解を蓄えているだけのことなのだ。ではいったい、龍樹尊者が、「大にあらず小にあらず」と言った、その世界はどこなのか。「大《だい》にあらず小《しょう》にあらざらん」、なるほど真理は確かに大きくもなく小さくもないでしょう。「正当恁麼時《しょうとういんもじ》の道取《どうしゅ》に」、まさにそのときそう言っているそのただ中に。「罣礙《けいげ》せられん道理《どうり》」、罣礙という言葉は、道元禅師の独特の使い方があるように思います。それに妨げられるというわけですが、それに塞がれるというか、充当されるというか。道取に罣礙せられるとは、道取、その言うことに塞がれるという、その発語そのものになりつくした世界です。言うことが言うことそのものに充当せられるというのでしょうか。大にあらず小にあらずという、その言葉の意味のほうについていくのではなくて、大にあらず小にあらずと言っているそのただ中に立つ。「大にあらず小にあらざらん正当恁麼時の道取に罣礙せられん道理」。言うという行為の中で、その言うという行為そのものに、充当されているそのあり方、言うということに塞がれているそのあり方。つまり、言うということになりつくしているそのあり方です。そこを見なければいけない。そこに「大にあらず小にあらず」ということがあるのだ。

それを、「いま聴取《ちょうしゅ》するがごとく思量《しりょう》すべきなり」。言っているほうと同じように、聞いているほうも、聞くことにおいて主体が主体としてはたらいている、主体が主体になりつくしてはたらいているそのあり方が、そこに現成するはずです。大にあらず小にあらずという、その真理の世界というのは、主体がまさに主体としてはたらいている、そのただ中。言うなら言うというその正当恁麼時、聞くなら聞くというその正当恁麼時にとらえるべきであります。

「思量《しりょう》なる聴取《ちょうしゅ》を使得《しとく》するがゆゑに」。聞くということの中にその真理をとらえるのだ。その聞くということを用いて、そして、「大にあらず小にあらず」という、その真理そのものを自覚すべきであるからであります。

さてこのあと、龍樹が述べた詩についての説明へ移ります。

しばらく尊者《そんじゃ》の道著《どうじゃく》する偈《げ》を聞取《もんしゅ》すべし、いはゆる「身現円月相《しんげんえんがっそう》、以表諸《いひょうしょ》仏体《ぶったい》」なり。すでに「諸仏体《しょぶったい》」を「以表《いひょう》」しきたれる「身現《しんげん》」なるがゆゑに「円月《えんがっ》相《そう》」なり。しかあれば、一切《いっさい》の長短方円《ちょうたんほうえん》、この身現《しんげん》に学習《がくしゅう》すべし。身《しん》と現《げん》とに転疎《てんそ》なるは、円月相《えんがっそう》にくらきのみにあらず、諸仏体《しょぶったい》にあらざるなり。

前の「聴取」を「聞取」と言い換えつつ偈（詩）のほうへ移っていくわけです。「しばらく尊者《そんじゃ》の道著《どうじゃく》する」、龍樹尊者が言われた、「偈《げ》を聞取《もんしゅ》すべし」、偈を聞きとりなさい。聞くことの中で、聞くこと自身の中で自己に出会いなさいということも含まれているような気がします。その聞くべき詩は、「いはゆる『身現円月相《しんげんえんがつそう》、以表諸仏体《いひょうしょぶったい》』なり」。説法の座に坐った時に、身体を消して、満月の姿を現し出して、そのことにおいて、諸仏の本体、法身を表したのです。龍樹は皆さんにそう解説したわけです。けれども、道元禅師はこれを独特の読み方で解釈しつつ、道元禅師がなんとかして指し示したい自己の真実、それはまた世界の真実そのものを、明かしていこうとされるわけです。

「すでに『諸仏体《しょぶったい》』を『以表《いひょう》』しきたれる『身現《しんげん》』なるがゆゑに『円月相《えんがつそう》』なり」。すでに身現が諸仏の体を表しているのだから、その身現が円月相なのだ。こう言われたのです。

この巻の冒頭、「一切衆生、悉有仏性」というのは、「ことごとく仏性有り」と読んでは駄目だ、「悉有は仏性だ」と読むのだと示されました。ここでも、「身に円月相を現す」と読んでは駄目だ、「身現が円月相なのだ」と言われるのです。あとのほうを読みますと出てくるのですが、龍樹尊者は何も円月相なんかを現したのではない、ただ坐ったままだったのだ。だけどその身体そのものがそのまま円月相なのだよ、という解説をなされていきます。

そういう意味で、龍樹が身として現れている。龍樹が龍樹そのままにそこにいる。それがそのまま諸仏体を表している。諸仏体と一つである。だから、龍樹の身体が、そのまま円月相なのだ。円月相というのは、いわば完全なるもの、究極の真実ということで読んでよいと思いますし、先ほどからの解釈をいえば、対象的なあり方にあるのではなくて、そのものがそのものとして存在している、そのあり方を示している、そこを読んでもよいかもしれません。

ですから、龍樹がお坐りになって、それを一個の身体のそれだけにすぎないと見たら、それは本当の龍樹を見たことにならない。だけどその龍樹が空性と一体である。あるいは、「生死《しょうじ》は仏の御命なり」と道元禅師も言われましたが、仏の命と一つであるというそのあり方を十全に表す仕方でそこにお坐りになっているのを見たときに、本当の意味で龍樹の本当の姿、究極の真実の姿を見たことになる。

身現が円月相だ。しかし単なる身現だから円月相なのではなくて、諸仏体を表している身現であるからだ。ということは、個体は個体だけで完結しているわけではないわけで、身心がしかも仏の命と一つである。仏の命に支えられて、しかも一個の個体があるということでしょう。だからこそそれが円月相なのだ。あとのほうを読むと、このことはさらにはっきりするのですが、そういう意味合いでこのことを言われているのです。
「しかあれば」、そうであるので、何も龍樹の身体、個体だけではない、「一切《いっさい》の長短方円《ちょうたんほうえん》」、目に見るありとあらゆるもの、机でも、黒板でも、窓でも、電灯でもです。「この身現《しんげん》に学習《がくしゅう》すべし」。諸仏体を表しているという身現、空と一つの色というか、仏の命に支えられての一つ一つの存在であるということを、どの一つ一つにも見いだしていくべきである。「身《しん》と現《げん》とに転疎《てんそ》なるは」、それが今ここで現成しているという、そのことにうたた疎なるは、よく了解できないのは、です。「円月相《えんがっそう》にくらきのみにあらず」、事物の究極の真実のあり方、真実の姿にくらいだけではないし、「諸仏体《しょぶったい》にあらざるなり」。つまり、そのものの一つ一つの事物の本質、本性というものもわからないということになるのだ、と解せると思います。我々の実存、自己に即していえば、自己が自己を超えた、仏の命においてに自己であるという、その仏においてという、そこがわからないし、仏において自己であるという、その究極のあり方そのものもわからないのだというのです。

愚者《ぐしゃ》おもはく、尊者《そんじゃ》かりに化身《けしん》を現《げん》ぜるを円月相《えんがっそう》といふとおもふは、仏《ぶつ》道《どう》を相承《そうじょう》せざる儻類《とうるい》の邪念《じゃねん》なり。いづれのところのいづれのときか、非身《ひしん》の他現《たげん》ならん。まさにしるべし、このとき尊者《そんじゃ》は高座《こうざ》せるのみなり。身現《しんげん》の儀《ぎ》は、いまのたれ人《びと》も坐《ざ》せるがごとくありしなり。この身《しん》、これ円月相《えんがっそう》現《げん》なり。

「愚者《ぐしゃ》おもはく」、愚かなものは今の話を聞いて思うに。「尊者《そんじゃ》かりに化身《けしん》を現《げん》ぜるを円月相《えんがっそう》といふとおもふは」、龍樹尊者が、月の姿を現した、その月の姿を化身と見たのでしょう。月の姿として現れた、それは龍樹尊者の変化身なのだ。龍樹尊者そのもののリアルな、龍樹尊者そのものではなくて、それが現しだした仮現の映像にすぎないのだ。そのように愚かな者はみんな思う。それは、「仏道《ぶつどう》を相承《そうじょう》せざる儻類《とうるい》の邪念《じゃねん》なり」。本当の仏道を受け継いでいない仲間たちの、邪な考え方にすぎない。円月相というものをリアルな龍樹と別に考えて、龍樹と化身とか、リアルなものと何か仮現なものとか、そのような二つに分ける考え方で受けとめるのは間違いだ。一人一人現実の世界に生きてはたらいている、その一つ一つがそのまま真理であるという、そのリアリティーを見届けなければいけない。

「いづれのところのいづれのときか、非身《ひしん》の他現《たげん》ならん」。この「非身の他現」というのは、いくらでも多様に解釈ができそうですが、まず、「いづれのところのいづれのときか、非身の他現であろうか、いや、非身の他現ではない」、こういう文章です。どんな場所のどんなときのものでも、非身の他現ではない。ですから、非身の他現というのは、否定されるべきものとして言われているわけです。先ほどは「化身を現ぜる」としてとらえることが否定されていました。おそらく非身というのは、本当の身でないもの、リアルな身でないもの、化身と同じものではないかと思うのです。それを他現、他者が現しだしたものでありえようか。どうしてそれらは、あるものが本当の身でないものを現した、変《へん》化《げ》のようなものでありえようか。いや、そうではない。どんなものも、まさに実のものそのものである。そう読めます。

仏教では、世界は幻であるとか、かげろうにすぎないとか、蜃気楼にすぎないとか、こういう言われ方も当然あるわけです。「色即是空《しきそくぜくう》、空即是色《くうそくぜしき》」ですから。けれども、一つ実在のようなものを別に想定しつつ、それに対してさらに、そういう仮現なものを考えるという、二元的な見方の中でそれらの存在を受けとめると、それも問題になってきます。道元禅師に言わせれば、もちろん実体的な存在として真実なものはないのですが、あくまでも空性に貫かれ、仏の命に貫かれていることにおいて、現実の一つ一つがむしろリアルなのです。真実なのです。ですから「現成公案」、一つ一つが真実だというのです。どれだって真実。どうして真実でないものを誰かが現したという、そんなことがあろうか。そういう意味で、「非身の他現ならん」と言われたと思います。つまり「他が現じた身ならざるものであろうか、そうではない」ということです。

そういうわけで、今ここで坐っている、それがそのまま仏そのものであると言って、もうよいかもしれません。しかし、それは事物ないし実存が、それそのものにあるあり方においてあるときです。対象的にとらえられたということではなくて、主体であれば、主体がまさに主体としてはたらいているそのただ中、そこにあくまでも個としてはたらきつつ、個を超えたものがそこにはたらいている。

そこをなんとかして説明しようとして、「身現は円月相なり」という読み方をされたということだと思うのです。

「まさにしるべし、このとき尊者《そんじゃ》は高座《こうざ》せるのみなり」。ここにはっきり、龍樹尊者はただ座にのぼって坐っておられただけなのだ、とあります。「身現《しんげん》の儀《ぎ》は、いまのたれ人《びと》も坐《ざ》せるがごとくありしなり」。「身現」、そこに身を現しているという、それは今、皆さんが坐っているように、そのように、同じように坐っていただけだったのだ、とも言われています。その身現というのは、我々一人一人がこうして生きている、それそのもの。坐るときは坐る、立つときは立つ、歩くときは歩く、止まるときは止まる。みんな一つ一つ、実はそれがそのまま円月相である。それは、仏の命に支えられての一つ一つであり、絶対の命そのものであり、一瞬一瞬絶対である、真実である。そういう世界が実はある。そのことを表しているのだ。ですから、「この身《しん》、これ円月相現《えんがつそうげん》なり」。この身が、完全なる姿を現しているのだ、言い換えれば完全そのものである、そういうことにもなるわけです。

正法眼蔵講義　第二〇講

「仏性」の巻〔一二〕

身現《しんげん》は方円《ほうえん》にあらず、有無《うむ》にあらず、隠顕《おんけん》にあらず、八万四千蘊《はちまんしせんうん》にあらず、たゞ身現《しんげん》なり。円月相《えんがつそう》といふ、這裏是甚麽処在《しゃりぜじんもしょざい》、説細説麤月《せっさいせっそがつ》なり《這裏《しゃり》是《こ》れ甚麽《なに》の処在《しょざい》ぞ、細《さい》と説《と》き、麤《そ》と説《と》くも月《つき》なり》。この身現《しんげん》は、先須除我《せんしゅじょが》慢《まん》なるがゆゑに、龍樹《りゅうじゅ》にあらず、諸仏体《しょぶったい》なり。「以表《いひょう》」するがゆゑに諸仏体《しょぶったい》を透脱《とうだつ》す。しかあるがゆゑに、仏辺《ぶっぺん》にかゝはれず。仏性《ぶっしょう》の「満月《まんがつ》」を「形如《ぎょうにょ》」する「虚明《こみょう》」ありとも、「円月相《えんがつそう》」を排列《はいれつ》するにあらず。いはんや「用辯《ゆうべん》」も「声《しょう》色《しき》」にあらず、「身現《しんげん》」も色心《しきしん》にあらず、蘊処界《うんじょかい》にあらず。蘊処界《うんじょかい》に一似《いちじ》なりといへども「以表《いひょう》」なり、「諸仏体《しょぶったい》」なり。これ説法蘊《せっぽううん》なり、それ「無其形《むごぎょう》」なり。無其形《むごぎょう》さらに「無相三昧《むそうざんまい》」なるとき「身現《しんげん》」なり。

「身現《しんげん》は方円《ほうえん》にあらず、有無《うむ》にあらず、隠顕《おんけん》にあらず、八万四千蘊《はちまんしせんうん》にあらず、たゞ身現《しんげん》なり」。空性と一体となったあり方にあり、仏の命と一体となった個々の命の全体、それが身現そのものです。それは、長短方円というような感覚の世界でのある限定された形でもってとらえて、それでおしまいということにならないのです。ですから、身現は四角でもないし、丸でもない。有ると限定することもできないし、無いと限定することもできない。隠れているともいえないし、現れているともいえない。何ともいえないということです。命が命そのものとして生きているそのただ中、主体の側に立って、主体が主体として生きているそのただ中、しかもその主体が、その主体だけではなくて、それを超えたものにおいて生きているというところです。それが「たゞ身現なり」です。

「八万四千蘊にあらず」というのは、多くの要素の集合体というわけでもないということでしょう。仏教で個体を八万四千蘊で表すのかどうか私はよく知りませんが、いわば身体は多くの細胞の集まりと言ってすませるわけにもいかないというようなところでしょう。

「円月相《えんがつそう》といふ、這裏是甚麼処在《しゃりぜじんもしょざい》、説細説麤月《せつさいせつそがつ》なり〈這裏《しゃり》是《こ》れ甚麼《なに》の処在《しょざい》ぞ、細《さい》と説《と》き、麤《そ》と説《と》くも月《つき》なり〉」。これはなかなかむずかしい漢文ですが、「這裏」というのは、ここ、このうちということです。このうちというのは、身現が身現である、それそのものです。いったいそれは「是甚麼処在」、どこにあるのか。身現が身現であるところ、あるいは、身現が即円月相であるところ、いったいそれはどこに見いだされるのか。

「説細説粗月」、これはなんだかんだ言っても、やっぱり月だと、こういう意味のようです。ああでもないこうでもないと言ったとしても、どんなことを言ったとしても、やっぱり月だ。ですから、身現はそのまま円月相なのだ。その身現が円月相であるというのはいったいどこで見られるのか。それについてああでもないこうでもないと言うかもしれないけれども、とにかくやっぱり月としか言いようがないのだ。一つ一つの身が、そのまま月だとしか言いようがないのだ。ただしその場合の月と言っているのは、いわば絶対真実の命です。

「この身現《しんげん》は、先須除我慢《せんしゅじょがまん》なるがゆゑに、龍樹《りゅうじゅ》にあらず」、我があるというような慢心をまず除く。これは仏性を見ようと思うならばという文脈の中で言われた言葉ですが、真実を見るならばと言ってもよいと思います。およそ仏道の世界の中で、本来の真実、究極の真実を見ようと思うならば、先須除我慢である。自分があるというような、その自分というものを除くべきである。それがもう出発点であるというのでしょう。そうであるが故に、龍樹はけっして月の姿を化身として現したということではなくて、龍樹そのものでいたのだけれども、しかもそれはいわゆる龍樹ではない。龍樹の自我というか、エゴというか、凡夫が自分と思っているような、そういうような自分としての龍樹ではない。対象的にとらえられた自分、しかも永遠に続くと思われるような自分、そういうような自分ではありえない。仏と一体となって、一瞬一瞬真実に生きている、その自己のことですから、けっして通常思われているような、自我ではないのだ。

そういう意味ではむしろ「諸仏体《しょぶったい》なり」。諸仏体だ。身現はむしろ仏の本体そのものと見るべきだ。しかし、では仏なのだといって、一方で何か仏という存在を想定し、他方で形あるものとして座に坐っているものをとらえて、それがその仏だと受けとめてしまうと、やはりそれはまた、本当の仏のありかを知らないということになる。本当の仏というのは、対象的にとらえることができないその中で、しかも形あるものとして生き抜いている、そのただ中です。ですから、それは単なる個体でもないし、もちろん単なる仏の本体でもない。

「『以表《いひょう》』するがゆゑに諸仏体《しょぶったい》を透脱《とうだつ》す」。身が現れているそれがそのまま仏の表れであるからこそ、それは仏の命を生きているその端的である。そういう意味では仏を仏としてつかまえることもできないのです。身現が身現として生きているその端的。もっと言えば、自己が自己として生きているその端的の中に、諸仏体なり、真如・法性、空性なりを見いだすべきで、そういう意味では、「諸仏体を透脱す」。仏体としてとらえられないところに本当の仏体がある。だから、対象的に身現がそのまま仏体ということではなくて、むしろ仏体という対象的な把握は透脱する。そこに本当の仏体があるのだ。

「しかあるがゆゑに、仏辺《ぶっぺん》にかゝはれず」。そうであるが故に、仏という一つのあり方にかかわるものではない。「辺」というのは、本来、二元対立の極端です。たとえば、「有る」とか、「無い」というのも実は「辺」です。それに対して「中道」というものがあるわけです。仏教では必ず、辺を脱却して、中道にかなうということが求められる。「仏辺」とは、一方に仏ならざるもの、凡夫というか何かがある、一方に仏がある。その二元対立の中での仏は、対象的に分別された中での仏です。それが仏辺ということですが、そういうものにかかわるものではないのだ。

「仏性《ぶっしょう》の『満月《まんがつ》』を『形如《ぎょうにょ》』する『虚明《こみょう》』ありとも、『円月相《えんがっそう》』を排列《はいれつ》するにあらず」。私が思うに、初めに「身現には」と補うのがよいと思うのです。いま道元禅師が言われた、「身現は方円にあらず」云々、身現はただ身現であるという、その身現には、「仏性の『満月』を『形如』する『虚明』ありとも」と。満月というのは完全なるものです。それを形において似せるという。そのとき、完全なるものというのは、限定的にとらえることのできない、そういう意味で「虚明」です。それはあっても、月を置いたのではない、と言われるのです。

前にも、「偏枯に仏性は広大ならんとのみおもへる、邪念をたくはへきたるなり」、とありました。虚明とあるからといって、偏枯に広大だと思うような何かを想定したら、実はそれは違うのです。実は「身現」に、言ってみれば色も形もない仏の命が息づいている、そこが「『虚明』ありとも」です。しかし身現は身現なのであって、そこでけっして、「『円月相』を排列するにあらず」、何か丸い月の姿を置いたわけではありません。「排列」というのは、配列と書いても同じことです。列ですから並べさせるような印象受けますが、排列するというのは、ここではそこに置くというような意味合いでしょう。ですから、身現にけっして月の姿を置いたわけではないのだ。つまり満月の姿に成り変わったわけではないのだ。

「しかあれば、『身現』の説仏性なる、『虚明』なり、『廓然』なり」、そういう形で身現が仏性を説いている。それ自身が「虚明」であり、「廓然」なのだ、こういう言い方です。一人一人の命がそこにあって、命を生きている。それは実は仏さまの世界を表現しているのであり、仏さまの命そのものを生きているのだ、仏の世界を表現しているのだ。そこに「虚明」、「廓然」という世界があるのだ。

まして、「『用辯《ゆうべん》』も『声色《しょうしき》』にあらず」、「用辯」というのは、真理を説くという説法です。その真理を説く、これは音声のはずです。我々には音声として聞こえるわけですが、それは声法という物質的な音声のみということではないのだ。やはり、仏の命を用辯の主体の側に見るわけです。用辯の背景にあるもの、それをともなって説法である、用辯である。だから声色だけにとどまらない。声色と仏の命、智慧というもの、それが一つになって、初めて説法というものが成立している。実は一人一人の人間の実存も、同じような構造の中で成立している。

したがって、「『身現《しんげん》』も色心《しきしん》にあらず」、身現ですから、身の形として現れているわけです。それは色法だと思われるのですが、それは仏と一つの個である。その命そのもののところを見ていますから、物質的な要素（色法）とか、心理的な要素（心法）とか、あるいはその集合とか、そのかぎりの中でとらえられるようなものではない。身現は身現でありながら、同時に諸仏体そのものであるという、そこに身現の本領があるわけで、だから、身現はけっして単なる色・心ではないのです。

もう、あとは同じことで、「蘊処界《うんじょかい》にあらず」。現象世界を構成している要素として、五蘊といえば色《しき》・受《じゅ》・想《そう》・行《ぎょう》・識《しき》で、物質的な世界の要素（色）と心理的な世界の要素（受・想・行・識）ということです。十二処《じゅうにしょ》というと、眼《げん》・耳《に》・鼻《び》・舌《ぜつ》・身《しん》・意《い》・色《しき》・声《しょう》・香《こう》・味《み》・触《そく》・法《ほう》の六根《ろっこん》・六境《ろっきょう》です。十八《じゅうはっ》界《かい》になりますと六識を意根の外に別立てして、眼識・耳識・鼻識・舌識・身識・意識の六識と、それから六つの器官（六根）、六つの対象（六境）とで世界を説明する。これらは現象世界の要素というようなことになるかと思いますが、その五蘊でもないし、十二処でもないし、十八界でもない。これらで説明しつくされるものではないということです。

「蘊処界《うんじょかい》に一似《いちじ》なりといへども」、身体を説明するのに、現象の世界の存在であるということは一応言えるかもしれないけれども、「『以表《いひょう》』なり、『諸仏体《しょぶったい》』なり」。実は、身現そのものが以表である。そこに仏の本体を表していると言われるのでしょう。まして諸仏体なりというわけですから、身現はそのまま諸仏体なのです。身現が諸仏体そのものである、それが言ってみれば満月相、月輪であるというようなことにもなるのです。

「これ説法蘊《せっぽううん》なり」、身現は説法蘊だ。直訳すれば身現は法を説いているその集まりというようなことになるのでしょうが、むしろ説法そのものと考えればよろしいと思います。真理そのものを表現しているのだ、そこを中心に取ればよいのではないかと思います。個々人の命がそのまま仏の命そのものである。その仏の命そのものを表現している、説法している、それが我々の命だというようなことにもなっているのです。

しかも、説法なのだけれども、「それ『無其形《むごぎょう》』なり」。形はないのだ。音声という感覚の対象としてとらえられるものというものではない。命そのものとしてはたらいているそれそのものは、とらえられないということです。

「無其形《むごぎょう》さらに『無相三昧《むそうざんまい》』なるとき『身現《しんげん》』なり」。その無其形は無相三昧そのものであるとき、真に無其形なのです。その三昧は無相とあって、姿・形がないというのですが、その三昧になりつくしている、そのときに、身現である。仏の命が仏の命そのものを生きている。自己が自己そのものを生きている。そのただ中になりつくしている。そのときには、では何もないかというと、けっして何もないわけではなくて、やはり身現なのだ。具体的な一個の形あるものとして生きている。生きているのだけれども、それを透脱している。

ですから、龍樹は、実はそこに坐っていただけなのだ。坐っていただけなのだけれども、坐るというそのただ中の中に仏の命を生きて、それを示された。そこに円月相があるのであって、何か、龍樹がわざわざ自分の身を隠して、自分の本来の存在とは別に円月相を現したというようなことではないのだ。そういう読み方の中で、個々人の命のありか、個々人の命の秘密、真実、それをなんとかして指し示そうとされているのです。


一衆《いっしゅ》いま円月相《えんがつそう》を望見《ぼうけん》すといへども、「目所未見《もくしょみけん》」なるは、説法蘊《せっぽううん》の転機《てんき》なり、「現自在身《げんじざいしん》」の「非声色《ひしょうしき》」なり。即隠《そくおん》、即現《そくげん》は、輪相《りんそう》の進歩退歩《しんぽたいほ》なり。「復於座《ぶおざ》上現自在身《じょうげんじざいしん》」の正当恁麼時《しょうとういんもじ》は、「一切衆会《いっさいしゅえ》、唯聞法音《ゆいもんほうおん》」するなり、「不覩師相《ふとしそう》」なるなり。

「一衆《いっしゅ》」というのは、龍樹の周りに集まっていた人々、その全体をひとまとめで言った言葉が、一衆です。「いま円月相《えんがつそう》を望見《ぼうけん》すといへども」、人々が、龍樹の円月相を、遠くに見ようとするのだけれども、「『目所未見《もくしょみけん》』なるは」、目に未だ見ることがないのは、「説法蘊《せっぽううん》の転機《てんき》なり」、説法蘊の転機、法を説くという、法輪を転ずるという、そのはたらきそのもの、それをまったく見ることができないのだ。それがわからない。あるいは、「『現自在身《げんじざいしん》』の『非声色《ひしょうしき》』なり」。自在身を現したのだけれども、つまり伝によれば円月相を現したわけですが、円月相という感覚の対象について回らないで、声色にあらざるもの、感覚を超えて、その感覚を成り立たしめているそれそのもの、それを見ることもできないのだ。結局、何も見えなかったのだ。残念なことだ、ということでしょう。

「即隠《そくおん》、即現《そくげん》は、輪相《りんそう》の進歩退歩《しんぽたいほ》なり」。直接には、「即隠」は、龍樹が月の姿を隠したこと、「即現」は、月の相を消して、もとの身を現したことです。しかし要は龍樹が隠れるも現れるもというようなことです。あるいは、これはもう、行くも、住《と》まるも、坐るも、臥《ふ》すもでよいわけです。「行住坐臥《ぎょうじゅうざが》」、これは仏教の中では「四威儀《しいいぎ》」といわれるものです。そのように、隠れる、現れるだけでなく、もう何でもよいわけですが、それらは「輪相の進歩退歩なり」。輪相は月輪相ですが、ここではおそらく仏の命と言い換えてもよいでしょう。仏の命の、進歩退歩とあるわけで、そのはたらきである。一つ一つが仏の命のはたらきである。自己を超えたところに自己を持つ、そこからの作用であり、一歩一歩だ。つまりは転法輪の相である。

「『復《ぶ》於《お》座《ざ》上《じょう》現《げん》自《じ》在《ざい》身《しん》』の正当《しょうとう》恁《いん》麼《も》時《じ》は」、「また座上において自在身を現ずるの正当恁麼時は」、その座上において自在身を現じたまさにそのときは。「座において自在身を現す」というのですが、道元禅師に言わせれば、みんなが坐っているかのごとくに坐っていただけなのだ、それ以外の何ものでもないのだと言われていたわけで、その「正当恁麼時」、一人一人が坐っている、そのまさにそのとき、今そのものです。

そこでは、「『一切《いっさい》衆会《しゅえ》、唯聞法音《ゆいもんほうおん》』するなり」。あらゆる、衆会に集まって来た人々が、ただ法音を聞くのみであった。「法音を聞く」というのは、説法を聞く、真理の声を聞く、そこに真理を見るということにもなるでしょう。

その場合、「『不《ふ》覩《と》師《し》相《そう》』なるなり」。何か外に現れた限定的な姿だけを見る。それでもって龍樹を認める、というようなことにはならない。一心に法音を聞いているとき、真の龍樹に出会うとき、それは、むしろめいめい一人一人が自己そのものになり切ったときに、まさにその正当恁麼時、本当の自己に出会うのだ、ということになるのだと思います。

正法眼蔵講義　第二一講

「仏性」の巻〔一三〕

尊者《そんじゃ》の嫡嗣《ちゃくし》迦那提婆《かなだいば》尊者《そんじゃ》、あきらかに満月相《まんがつそう》を「識此《しきし》」し、円月相《えんがつそう》を識此《しきし》し、身現《しんげん》を識此《しきし》し、諸仏性《しょぶっしょう》を識此《しきし》し、諸仏体《しょぶったい》を識此《しきし》せり。入室瀉餅《にっしつしゃびょう》の衆《しゅ》たとひおほしといへども、提婆《だいば》と斉肩《せいけん》ならざるべし。提婆《だいば》は半座《はんざ》の尊《そん》なり、衆会《しゅえ》の導師《どうし》なり、全座《ぜんざ》の分座《ぶんざ》なり。正法眼蔵無上大法《しょうぼうげんぞうむじょうだいほう》を正伝《しょうでん》せること、霊山《りょうぜん》に摩訶迦葉尊者《まかかしょうそんじゃ》の座元《ざげん》なりしがごとし。

最初の「尊者《そんじゃ》」というのは、龍樹尊者です。龍樹尊者の「嫡嗣《ちゃくし》」、龍樹の法を継いだ最高のお弟子であった「迦那提婆尊者《かなだいばそんじゃ》」。この方はインドの中観派の第二祖のアーリヤデーヴァ、聖提婆《しょうだいば》のことです。龍樹と同様、禅宗の祖師のお一人で、第十五祖です。やはり西天二十八祖の中の一人に数えられているのです。

迦那提婆というのは、「カーナデーヴァ」という名前を音で写しているのですが、「カーナ」というのは「片目の」という意味です。デーヴァさんがあるとき憤怒の相をもつ、目に怒気をはらんだような神さまを見まして、本当の神さまというのはそんな形のものではないのだということで、その目をえぐってしまったというのです。翌日、一応その神さまを礼拝しようとしたら、その神さまが姿形を現して、片目の形で出てきた。そして提婆に一つ目を欲しいと言ったらしいのです。そうしたら、デーヴァが自分の目をくりぬいてあげたという。何かそのような伝承がありまして、片目の提婆ということでカーナデーヴァという名前を持っているそうです。

その方が、「あきらかに満月相《まんがつそう》を『識此《しきし》』し」、これは満月相をよく知っている、よくわかっている、でよいと思います。ただ、実は前に読みましたように、提婆は龍樹が円月相を現したことについて、聴衆に対し、「此《こ》の相《そう》を識《し》るや否《いな》や」と、こう尋ねたのでした。そう尋ねた提婆自身は、実に「此の相」を知っていたのだと、それを響かせているのでしょう。そこで、「此の」を残して、「満月相を『識此』し」というわけです。言っていることは、龍樹が現した満月の相、丸い月の姿がいったい何であるか、提婆はよくわかっているということです。

しかし、道元禅師に言わせれば、けっして龍樹尊者は月の姿を現したのではなくて、その身そのまま いたのだ。しかし、その坐り続けているそれそのものが円月相そのものなのだという解釈でした。

個々の一人一人の命そのものが仏の命そのものなのだ、絶対なのだ。そういう意味で解釈されていたわけですから、その立場から、提婆は龍樹尊者が坐り続けていた、それがそのまま円月相であるというそのことについて、実はよくわかっていた、よくわかっていた上で、ああいう解説をなされたのだと、言われたいのでしょう。

そういう意味合いで、「円月相《えんがつそう》を識此《しきし》し、身現《しんげん》を識此《しきし》し、諸仏性《しょぶっしょう》を識此《しきし》し、諸仏体《しょぶったい》を識此《しきし》せり」。この身がそのまま仏性である、仏の本性そのものである。この身を離れて、どこかに仏の本体、本性があるわけではない。かといって、この身がこの身だけで存在し、成立しているわけでもない。この身はそのまま諸仏の本性そのもの、いわば本体そのものである。それはけっして自分という何か限定された形あるものを対象的に置き、一方で形を超えた無なるものを対象的に置いて、その二つをくっつけるという形で、身現がそのまま円月相だというのではなくて、やはり自己が自己になりつくすところで、透体脱落するという、そこでの自覚です。そこにおいて、実は自己がそのまま仏の命そのものである。仏の命が自己を生きているという、その自覚が現成する。それをふまえてのことだと思いますが、そのことを提婆はもうよくわかっていたのだ。迦那提婆だけはよく知っていた。聴衆はわからないと言ったわけですが、そういう形で迦那提婆尊者を持ち上げているわけです。

元来は、迦那提婆の言葉もさることながら、龍樹の詩にしても、ある意味ではそこまで徹底していないようなところもあります。「身に円月相を現す」とか、「其の形無し」とか……。いわば戯論寂滅の世界だけを指示していて、身現がそのまま円月相だというところまでは達していないような気もするのですが、龍樹も提婆もたいへんな方なのだという形で、道元禅師は持ち上げられています。それはやはり釈尊以来、菩提達磨に単伝し、そして菩提達磨から師の如浄《にょじょう》まで単伝したという、その単伝してきたということに重きを置いて、どうしても龍樹、迦那提婆は、真理を悟った方であることを強調されたかったのでしょう。

「入室瀉缾の衆《にっしつしゃびょうしゅ》」、入室は、今の臨済宗のほうからいえば、公案修行してその修行を果たしてというような趣を感じるのですけれども、師匠の室に入って、師匠の皮肉骨髄の髄まで参入して、それを受け継いでというような意味合いで、「入室」でしょうか。あるいは「堂奥《どうおう》」という言葉をよく道元禅師は使われます。その「堂奥に入る」というような意味合いで、「入室」と言われたのかもしれません。師匠の心の究極の奥にまで入り込んでというようなところもあるかもしれません。

「瀉缾」は一つの瓶から他の瓶へ、前の瓶に入っていた水なり何なりをそっくり次の瓶に移す、つまり法がそっくり伝えられたということです。師の室内に入って、修行を果たして、そして法をそっくり受け継いだもの。そういう人々が、「たとひおほしといへども」、龍樹の場合にも高弟が何人もいたかもしれません。けれども、「提婆《だいば》と斉肩《せいけん》ならざるべし」。提婆と肩を並べるに至ったものは誰もいなかったに違いない。そのぐらい提婆は卓越していたのだというわけです。

「提婆《だいば》は半座《はんざ》の尊《そん》なり」、「半座」というのは直接的には、摩訶迦葉が釈尊の半座を与えられたということによるでしょう。そのことは道元禅師の『正法眼蔵』「行持《ぎょうじ》」の巻の上巻の、摩訶迦葉の伝に載っています。次のようです。

あるいは迦葉《かしょう》、頭陀《ずだ》行持《ぎょうじ》のゆゑに、形体憔悴《きょうたいしょうすい》せり。衆《しゅ》みて軽忽《きょうこつ》するがごとし。ときに如来《にょらい》、ねんごろに迦葉をめして、半座をゆづりまします。迦葉尊者、如来の座に坐す。しるべし、摩訶迦葉は仏会《ぶつえ》の上座なり。生前《しょうぜん》の行持、ことぐくあぐべからず。

こういうことが「行持」の巻に出ておりまして、直接的にはそれのことです。釈迦牟尼仏とも同等ぐらいの存在のことを、半座の尊と言っているわけです。ここでは、提婆も龍樹に負けず劣らず優れた人物であったとを述べているわけです。

ただ、「半座」という言葉を聞きますと、おそらく皆さん、『法華経』を想起されるでしょう。「見宝《けんほう》塔品《とうぼん》」に、多宝仏《たほうぶつ》という仏さまが空中に現れまして、釈迦牟尼仏を召して、自分の座を半分譲られて、釈迦牟尼仏をそこに坐らせたという物語が出てきます。これは多宝仏と釈迦牟尼仏が一体であるということをいっている。つまり法身《ほっしん》と報身《ほうじん》、仏の究極の身である法身と、それから智慧のはたらきとして、具体的に救済活動にはたらいている釈尊とが一つである、一体であるということを描いているかのように見受けます。ですから、究極の仏と座を分かち合うということが、「半座」の言葉の意味合いの中にあります。ただ、ここではやはり『法華経』まではさかのぼらないで、摩訶迦葉の故事によるのでしょう。

「衆会《しゅえ》の導師《どうし》なり」、人々、大衆を導く大導師であった。「全座《ぜんざ》の分座《ぶんざ》なり」。本来仏の座を全部占めてもおかしくないような優れた存在なのだ。しかし「分座」である。ということは、龍樹と座を分かつということです。「提婆は半座の尊」というのは、龍樹とも座を半分ずつ分けあうべき存在だという意味で言われているのでしょう。「全座の分座」というのも、龍樹尊者の座をすべて占めるにおかしくない存在なのだが、そういう形で龍樹と並ぶ方であった、という意味です。

「正法眼蔵無上大法《しょうぼうげんぞうむじょうだいほう》を正伝《しょうでん》せること、霊山《りょうぜん》に摩訶迦葉尊者《まかかしょうそんじゃ》の座元《ざげん》なりしがごとし」。提婆は、龍樹から正法眼蔵無上大法を正しく伝えられ、それを受け継いだ。その場合の「正法眼蔵」とは何か。これは禅のほうでは、次に出てきます、摩訶迦葉の「拈華微笑」の因縁に出てくるものです。お釈迦さまが花をつまみ上げて、それにみんなは何も反応がなかったのですが、摩訶迦葉だけがニコッと笑われた。そのときにお釈迦さまが「正法眼蔵涅槃妙心《しょうぼうげんぞうねはんみょうしん》」を摩訶迦葉に渡した、あとは頼むぞと言って、法の授受が終わった。こういう因縁話があります。

「正法眼蔵」というのは、ですから涅槃妙心と変わらないものです。以心伝心ともいいますが、悟りの心というか、心の本当のところ、それが伝わったということなのです。その心が「正法眼蔵」である、正法眼を納めたものである。正法眼とは何かというときに、「眼」というのは照らすものでありまして、智慧を意味します。ですから、正法を照らす智慧、その智慧を蔵したもの、それが「正法眼蔵」ということになるかと思います。道元禅師の書物のタイトルは、もちろんそれから取っているわけで、そういう悟りの智慧を蔵したものという意味合いでよいと思いますし、最初にお話ししたときは正法の眼目、正しい真理の核心、ぎりぎりの教え、それを納めたものだ、そのような解釈を、実はさせていただいたのですが、そういう意味合いをとることもできるかと思います。「眼」が、眼目・核心ではなく、智慧を象徴していると見れば、正法眼は、正法を見る智慧のこと。そして正法眼蔵はそれを蔵したものとなり、それは実は心です。ですから、正法眼蔵はつまりは、悟りの智慧というか、悟りの世界というか、そういうことになるかと思います。

それが「無上大法」である。無上なる、そして偉大なる法、この場合の法は真理ということでよろしいかと思います。この上ない、偉大なる真理にほかならない悟りの智慧の世界そのもの。あるいは、それを蔵している心。それを龍樹尊者から提婆が正しく伝えられている。それはちょうど、釈尊の座元のようであると言われます。座元の座とは、事実上、霊山すなわちマガダ国の王舎城郊外にあるという霊鷲山《りょうじゅせん》のことです。お釈迦さまが、『法華経』にせよ『無量寿経《むりょうじゅきょう》』にせよ説法なされた場所です。霊鷲山でお釈迦さまが人々に説法されたり、教化されたりしている。そのときに摩訶迦葉尊者は、そのお釈迦さまの、一番弟子の座にいたということでしょう。一番上足の高座にいらした。提婆はそれとちょうど同じようだということになります。ただ、正伝ということでいえば、龍樹から提婆が法を受け継いだのは、ちょうど釈尊から摩訶迦葉がそれを受け継いだのと同じ法だ。それを含めて、「尊者の座元なりしがごとし」、摩訶迦葉が釈尊の一番弟子であった、提婆もそれと同じようであります
と言われたわけです。

ともかく、これ以上、考えられないくらい、提婆を持ち上げておられるわけです。

龍樹未廻心《りゅうじゅみえしん》のさき、外道《げどう》の法《ほう》にありしときの弟子《でし》おほかりしかども、みな謝遣《しゃけん》しきたれり。龍樹《りゅうじゅ》すでに仏祖《ぶっそ》となれりしときは、ひとり提婆《だいば》を附法《ふほう》の正嫡《しょうちゃく》として、大法眼蔵《だいほうげんぞう》を正伝《しょうでん》す。これ無上仏道《むじょうぶつどう》の単伝《たんでん》なり。しかあるに、僭偽《せんぎ》の邪群《じゃぐん》ままに自称《じしょう》すらく、「われらも龍樹大士《りゅうじゅだいし》の法嗣《はっす》なり」。論《ろん》をつくり義《ぎ》をあつむる、おほく龍樹《りゅうじゅ》の手《て》をかれり、龍樹《りゅうじゅ》の造《ぞう》にあらず。むかしすてられし群徒《ぐんと》の、人天《にんでん》を惑乱《わくらん》するなり。仏弟子《ぶつでし》はひとすぢに、提婆《だいば》の所伝《しょでん》にあらざらんは、龍樹《りゅうじゅ》の道《どう》にあらずとしるべきなり。これ正信得及《しょうしんとくぎゅう》なり。しかあるに、偽《ぎ》なりとしりながら稟受《ほんじゅ》するものおほかり。謗大般若《ぼうだいはんにゃ》の衆生《しゅじょう》の愚蒙《ぐもう》、あはれみかなしむべし。

「龍樹未廻心《りゅうじゅみえしん》のさき」、龍樹は仏道に入る前は、バラモンか何か外道の世界にいたのです。そして仏道に回心した。その回心をまだ行っていない前というのが、「未廻心のさき」、仏道に入る前ということです。

「外道《げどう》の法《ほう》にありしときの弟子《でし》おほかりしかども」、仏教以外の教えに生きていたときに、しかし、もうそこでも一家を成していて、多くの弟子がいたのだけれども。「みな謝遣《しゃけん》しきたれり」。謝というのは、断るという意味をもっています。遠慮するとか、お断りするとか、そういう意味が本来の意味のようです。それが転じて謝礼、お礼の意味になっていくようなのですが、面会謝絶とか、そういう謝があるのです。遣は追い払うということで、弟子の縁を切って、みんなを追放したということです。

龍樹尊者は、仏道に入ってどういう修行をなされたのか。禅宗の祖師ですから、当然、禅もなされたのでしょう。そして、「龍樹《りゅうじゅ》すでに仏祖《ぶっそ》となれりしときは」、仏祖となったというのですから、仏になったということなのでしょうか。一般的な伝承では、龍樹にしても初地《しょじ》までしか至らなかった。無《む》分別智《ふんべっち》という悟りの智慧を開いて、初めて十地《じゅっじ》という十段階の修行の最初の段階に入る。その最初の段階にようやく達した人だとか、よくいわれるのですが、道元禅師から見れば、悟りを実現されて仏祖となっていたとされる。そのときは、「ひとり提婆《だいば》を附法《ふほう》の正嫡《しょうちゃく》として」、ただ、提婆のみを法を渡すに足る正式の弟子だとして、「大法眼蔵《だいほうげんぞう》を正伝《しょうでん》す」。これは先ほど正法眼蔵無上大法とありましたから、それをちょっとアレンジして、ひっくり返して「大法」、そして「眼蔵」と言われたわけなのでしょう。内容は、「正法眼蔵無上大法」と同じで、正しい真理を見抜く智慧、そういうこの上ない真理そのものを覚証する、その悟りの世界。それを正しく伝えた。

「これ無上《むじょう》仏道《ぶつどう》の単伝《たんでん》なり」。これこそが、この上ない仏道の単伝なのである。ほかの弟子はどうなのでしょうね。弟子たちがせっかく修行を果たしても、その中のただ一人だけにしか渡さないといえば、なんだか狭すぎるような気もしますが。ただ道元禅師にしてみれば、単伝でなければならないのでしょう。自分が受けた法のみが、釈尊以来単伝された、ほかにないものだと、それを道元禅師はいつも言われたかったようです。「無上仏道」の仏道、これはごく一般的な仏道と考えればよろしいかと思いますが、いつも言いますように、「道」という言葉は、菩提の訳語であることが多いのです。だから、仏道で仏の悟りという意味合いになる場合もあります。ここはそういう菩提の訳語と見てもよいと思います。阿耨多羅《あのくたら》三藐三《さんみゃくさん》菩提《ぼだい》、それが伝えられると見てもよいかもしれませんが、まあふつうの仏道でもよいと思います。とにかく、これだけが正しい悟りの世界、仏道の世界なのだ。龍樹、提婆、この線以外にはないのだ。

「しかあるに」、ところが、「僭偽《せんぎ》の邪群《じゃぐん》」、僭越なる偽物というところでしょうか。本当はそうでないのに、いかにもそうだと言って宣伝する、そういう邪なる多くの人々。「ままに自称《じしょう》すらく」、往々自ら言うには、「われらも龍樹大士《りゅうじゅだいし》の法嗣《はっす》なり」。自分たちだって龍樹尊者の法を受け継いだものだ、そう言って、本当はそうでもないにもかかわらず、それを主張する。それこそ「僭偽」というものです。そして、「論《ろん》をつくり義《ぎ》をあつむる」、論をつくって、そこに仏道のさまざまな教えのようなものを盛り込む。義というのは、ここでは仏道のいろいろな考え方ということです。「論をつくり」ですから、自分が書物を作って、そして龍樹作としてしまうということなのか。もしくは、その書物を作るにあたって、龍樹が説いたものをただ借りてきて、そしてそれを集めて、自分の書物として、そして自分は龍樹の弟子だと言うのか。

しかし、次に「龍樹《りゅうじゅ》の造《ぞう》にあらず」とありますから、龍樹作と言われていても、それは龍樹の真作ではありませんよと、こう言っているのだとすれば、その前の「おほく龍樹《りゅうじゅ》の手《て》をかれり」というのは、龍樹の名を借りて、龍樹作と仮託したということになるのでしょう。道元禅師は、世に龍樹作という書物がいろいろとあるが、それらの大半は本当は龍樹の作ったものではないのだと、言われている。実際問題として、龍樹作といわれているものがいくつもあります。チベット訳にも多くありますが、学問的に研究すると、なかなか難しいものがあるようです。やはり、確かなものは『中論《ちゅうろん》』ぐらいかなというようなことにもなりかねないようです。漢訳では、昔から『十住毘婆沙論《じゅうじゅうびばしゃろん》』『大智度論《だいちどろん》』『十二門論』等、いろいろ龍樹作といわれているものがありますが、『大智度論』などははたして龍樹作なのかどうか、大いに疑われています。瓜生津隆真《うりゅうづりゅうしん》先生は、『十住毘婆沙論』の偈は龍樹の作と見てよいと言われています。ほかにもさまざまに龍樹作という細かいものがあるのですが、実際、本当に龍樹が書いたかどうかわからないものが多いようです。道元禅師は、それを知っていたのかどうか、それはよくわかりませんが、このことをはっきり言われているのはさすがです。

それらは「むかしすてられし群徒《ぐんと》の、人天《にんでん》を惑乱《わくらん》するなり」。あるいは外道のときに追放された者たちが、龍樹の名声を聞いてそれにあやかろうとしたのか、あるいは龍樹が仏道に入ってから、たくさんの弟子がいて、しかし提婆だけに法を伝えたもので、提婆以外の者たちがということなのでしょうか。昔捨てられたというのですから、前者のほうなのでしょう。そういうことをして、そして「人天を惑乱するなり」。人天の「人」は人間ということです。「天」は神々。我々は死ぬと六道輪廻する。地獄・餓鬼・畜生・修羅・人間・天上。その人間と天上を一つにして、「人天」といっているわけです。人間と神々とを惑乱するものである、混乱させるものである。そういうものに関わってはならない。本当の教え、本当の仏道だけに関わるべきであって、龍樹作といえどもわけのわからないものに関わってはならない。

「仏弟子《ぶつでし》はひとすぢに、提婆《だいば》の所伝《しょでん》にあらざらんは、龍樹《りゅうじゅ》の道《どう》にあらずとしるべきなり」。「仏弟子はひとすぢに」、これは「しるべきなり」にかかるのでしょうか。「提婆の所伝にあらざらんは」、提婆が、龍樹はこう言ったといって伝えたもの。あるいは、龍樹の教えを受けて、これが龍樹の教えだという形で伝えたもの。提婆が自ら著わしたにしても、それは龍樹から伝えられ、提婆が伝えたものでないかぎりは、龍樹の教えではない、そう、ただ一筋に知るべきである。龍樹自身が語ったものはよいのでしょうね、しかしそれは『中論』ぐらいですか。あとは提婆を標準に考えなさい。インドで中観派といわれる学派は、中国、日本では三論宗です。これは『中論』と『十二門論』、それから、提婆の『百論』の三つの論を研究するのですが、その辺のみというようなところなのでしょうか。ただし『十二門論』も本当に龍樹作なのかどうか、よくわかりませんけれども。

「これ正信得及《しょうしんとくぎゅう》なり」。提婆の所伝でないものは龍樹の教えではないと知ることが、正信得及である。こういうつながりです。「正信得及」というのは、実は、たとえば「信不及」という言葉があります。この言葉はよく『臨済録《りんざいろく》』に出てきます。「汝が信不及なるがための故に今日葛藤す」、こんな言葉があります。あなたの信が徹底していないから、次から次へと悩まざるをえないのだ。そのほかいろいろな言い方があります。「人、信不及にして、すなわち名を認め句を認め文字の中において仏法を意度せんと求む。天地はるかにことなれり」。あるいは、「ただ汝信不及なるがために年々馳求《ちぐ》し、頭を捨てて頭を求めて、止《や》むことあたわず」。そのように、信不及という言葉がよく『臨済録』に出てきまして、ほかにも何箇所か出てくるのですが、その信不及というのは、信が徹底しないということです。逆に、正信得及というのは、信が徹底した。徹底することを得たということになるでしょう。その場合「正信得及」というのは、「正しい信が徹底した」と、正しいあり方で信が徹底したと読むのか、あるいは「正《まさ》しく信が徹底した」と、まさに信が徹底したと読むのか。この「正」というのがちょっと曲者《くせもの》のような気がします。ただ要するに提婆がお墨付きを与えたものでないかぎりは、龍樹の真説ではないのだ、本当の教えではないのだ。そう受けとめることが、正しく信が徹底したということなのだ、ということなのでしょう。

「しかあるに」、ところが、「偽《ぎ》なりとしりながら稟受《ほんじゅ》するものおほかり」。実は龍樹が言ったものではないのだと知っていても、龍樹作として受けとめ、あがめるものもけっこういる。本当はどうかなと思いながらも、龍樹作とあるからといって、それを龍樹の教えだ、真理だといって宣伝するものもけっこういる。

「謗大般若《ぼうだいはんにゃ》の衆生《しゅじょう》の愚蒙《ぐもう》、あはれみかなしむべし」。ふつう、「大般若」は、むしろ、『大般若経』、「偉大なる般若経典」というのが一つの意味合いになるかと思いますが、あるいは偉大なる智慧です。

悟りの智慧、真理を洞察する智慧、それをそしる衆生の愚かさ。龍樹、提婆と伝わってきた悟りの世界、真実の世界をそしる、この衆生の愚かさは、本当に哀れみ悲しむべきである。

ここで言われていることは、いかに提婆が優れたものであるか、龍樹を余すところなく受け継いだものであるか、法は単伝であるか、ということでしょう。これは結局、ご自分の、如浄禅師から受け継がれた法がいかに正しいものであるか、それを言外に主張されているということでしょう。

迦那提婆《かなだいば》尊者《そんじゃ》、ちなみに龍樹尊者《りゅうじゅそんじゃ》の身現《しんげん》をさして衆会《しゅえ》につげていはく、「此《こ》れは是《こ》れ尊者《そんじゃ》、仏性《ぶっしょう》の相《そう》を現《げん》じて、以《もっ》て我等《われら》に示《しめ》すなり。何《なに》を以《もっ》てか之《こ》れを知《し》る。蓋《けだ》し、無相三昧《むそうざんまい》は形満月《かたちまんがつ》の如《ごと》くなるを以《もっ》てなり。仏性《ぶっしょう》の義《ぎ》は、廓然《かくねん》として虚明《こみょう》なり」。

いま天上人間《てんじょうにんげん》、大千法界《だいせんほっかい》に流布《るふ》せる仏法《ぶっぽう》を見聞《けんもん》せる前後《ぜんご》の皮袋《ひたい》、たれか道取《どうしゅ》せる、「身現相《しんげんそう》は仏性《ぶっしょう》なり」と。大千界《だいせんかい》にはたゞ提婆尊者《だいばそんじゃ》のみ道取《どうしゅ》せるなり。余者《よしゃ》はたゞ、仏性《ぶっしょう》は眼見耳聞心識等《げんけんにもんしんしきとう》にあらずとのみ道取《どうしゅ》するなり。身現《しんげん》は仏性《ぶっしょう》なりとしらざるゆゑに道取《どうしゅ》せざるなり。祖師《そし》のをしむにあらざれども、眼耳《げんに》ふさがれて見聞《けんもん》することあたはざるなり。身識《しんしき》いまだおこらずして、了別《りょうべつ》することあたはざるなり。無相三昧《むそうざんまい》の形如満月《ぎょうにょまんがつ》なるを望見《ぼうけん》し礼拝《らいはい》するに、「目未所覩《もくみしょと》」なり。

「迦那提婆尊者《かなだいばそんじゃ》、ちなみに龍樹尊者《りゅうじゅそんじゃ》の身現《しんげん》をさして衆会《しゅえ》につげていはく」、迦那提婆尊者は、『景徳伝燈録』の記述のままに受けとめれば、本来、龍樹尊者が座に坐られて、実はお月さまの姿を現しだしたことについて説明したのでした。お月さまの姿を現したというのを、しかし道元禅師は、いや、そんなことはない、そのまま坐っていただけだ、だけど坐っているその姿そのものがそのまま円月相なのだと解釈されます。そこで道元禅師の立場から、提婆はその身現をさして、集まっていた人々に告げていわく、「此《こ》れは是《こ》れ」、「此れ」というのは、『景徳伝燈録』の文脈でいえば、お月さまの姿ということです。「仏性《ぶっしょう》の相《そう》を現《げん》じて、以《もっ》て我等《われら》に示《しめ》すなり」。仏性の相を現じて示してくださったのだ。「何《なに》を以《もっ》てか之《こ》れを知《し》る」。どうしてそのことがわかるか。丸いお月さまの姿がなぜ仏性だとわかるか。

それを迦那提婆が説明するには、「蓋《けだ》し、無相三昧《むそうざんまい》は形満月《かたちまんがつ》の如《ごと》くなるを以《もっ》てなり」。ということは、無相三昧はそのまま仏性であるという了解なのでしょうか。しいて言えばそういう三昧のただ中で、しかも智慧そのものが成就している、定慧一等のそのただ中、そこに仏性を見る。それは、道元禅師の言われる透体脱落と一つの世界ということになってくるのかもしれません。

三昧というのは心を統一した世界ですね。ふつうインドでは、それと智慧の世界とを区別して説くことが多いです。そういうことからすると、三昧で仏性を表すということは、適切なのかどうか、インド的な法相の中では一つの解釈が必要になってくるでしょうが、究極の命の世界というのは満月のようだ。

「仏性《ぶっしょう》の義《ぎ》は、廓然《かくねん》として虚明《こみょう》なり」。その究極の命の世界、仏性、それは「廓然虚明なり」。からりとしていて、どこも何か形あるものとしてつかまえることのできない、虚空のようで、しかも明らかであるような、そういう世界であると提婆は説明した。

提婆のこういう言葉の表面だけを見ますと、道元禅師のお考えに照らしてどうなのかなあとも思われます。道元禅師は常に魚と水、鳥と空、その一つのところを指し示される。命の本当の実相がある、そこを指し示される。それに対して提婆は、水の世界、空の世界しか見ていない感じで、「廓然虚明」と言って済ませています。この言葉だけ見ると、本当に道元禅師がほめたたえるほどの人なのかどうかよくわからないです。ところが道元禅師の解釈によって、素晴らしい方になってしまうのですね。

それで、「いま天上人間《てんじょうにんげん》」、さっき言いましたように神々そして人間。「大千法界《だいせんほっかい》に流布《るふ》せる仏法《ぶっぽう》を見聞《けんもん》せる」、大千法界というのは、三千大千世界と見ればよろしいでしょう。世界が十億が集まった、それを一つの世界と見たものです。いわば、一つの宇宙全体をいうものです。

宇宙全体に流布している仏法を見たり聞いたり学んだりした「前後《ぜんご》の皮袋《ひたい》」、前後のというのが、何かちょっとわかりにくいですが、時間的にはるか過去から今日までの間のことをいうのでしょう。いろいろな皮袋、さまざまな人々ないし神々です。それはたくさんの人がいるでしょうね。彼らは三千大千世界に流布した仏法を目にし、耳にし、学び、あるいは修行したかもしれない。そういう多くのさまざまな人々や神々がいたとして、「たれか道取《どうしゅ》せる、『身現相《しんげんそう》は仏性《ぶっしょう》なり』と」。その中でも、いったい誰が「身現相はそのまま仏性である」と、龍樹尊者がそこに坐っている、それがそのまま仏性だということを言ったであろうか。あるいは、我々一人一人、今こうやって行住坐臥《ぎょうじゅうざが》、形をもって生きてはたらいている、それがそのまま仏性だと、そういうことをいったい誰が言ったであろうか。

ということとは、「身現円月相」という龍樹尊者の言葉に対して、提婆は龍樹自身が、実は仏性を表しているのだという意味合いの説明をしたのだとあえて受けとめるのでしょう。提婆はあくまでも「此れは是れ尊者、仏性の相を現じて、以て我等に示すなり。何を以てか之れを知る。蓋し、無相三昧は形満月の如くなるを以てなり。仏性の義は、廓然として虚明なり」と言ったのであって、そこに「身現相は仏性なり」という言葉はないわけですが、それを道元禅師の立場から解釈すれば、龍樹尊者がそこに坐られて、そこにいるということがそのまま仏性なのだと提婆が説明したのだということになるようです。提婆の先の言葉は、「身現相は仏性なり」と言ったと同じだ、この言葉は実に提婆しか言えないことだというわけです。

「大千界《だいせんかい》にはたゞ提婆尊者《だいばそんじゃ》のみ道取《どうしゅ》せるなり」。この十億地球を集めたような宇宙全体の中で、ただ提婆だけが、「身現相は仏性なり」ということを言いえたのだ。一人一人の五尺の体、身心、それがそのまま仏性なのだ。実はそこに我々の本来のあり方の秘密がある。だけどそれに気づくには、いくら教えを聞いて言葉で考えても、そこまではなかなか到達しえない。やはり只管打坐《しかんたざ》の中で打坐になり切って、透体脱落したときにそのことが、本当の意味でわかるということだと思いますが、そこから見て、道元禅師に言わせれば、身現がそのまま仏性なのです。だから、むしろこのことに即して生きていかなければならない。というか、おのずからそうなる。だから、真理が、法が十分に自分に授かれば、これでは駄目だと思って、さらに修行していこうと思うことになるのだ。自分が本来、仏だということがわかれば、だからこそ修行の世界が出てくる。身現は仏性だと聞いて、それで、ああ、いいやということにはむしろならない。逆に、だからこそ、その仏たる命を発揮させていくためにこそ、修行の世界に入っていくということになってくる。このとき、只管打坐だけでなく、行住坐臥すべてが修行だ、すべてが道だということにもなるのだろうと思います。そういう意味での「身現相は仏性なり」。これは提婆だけが言えたことだ、誰も言えないのだ。

「余者《よしゃ》はたゞ、仏性《ぶっしょう》は眼見耳聞心識等《げんけんにもんしんしきとう》にあらずとのみ道取《どうしゅ》するなり」。ほかの者は、ただ仏性というのは目に見たり、耳に聞いたりの、感覚の世界でもない、あるいは「心識」、日常の心の対象というようなものではない、現象を超えたものだとか、そんなふうにしか言わない。

「身現《しんげん》は仏性《ぶっしょう》なりとしらざるゆゑに道取《どうしゅ》せざるなり」。現成している人間の個体そのもの、命そのもの、それがそのまま仏性であるということを知らないから、「身現は仏性である」と言えないのだ。「身現は仏性だ」ということは、あなたは仏ですよということです。常不軽菩薩《じょうふぎょうぼさつ》であれば「但行礼拝《たんぎょうらいはい》」、ただ礼拝を行ずというところだと思います。この『正法眼蔵』のこの言葉も、すべてあなたに対する但行礼拝の言葉だということになるかもしれません。

「祖師《そし》のをしむにあらざれども、眼耳《げんに》ふさがれて見聞《けんもん》することあたはざるなり」。祖師はそのことを伝えようとして、けっしてそれを教えまい、隠そうと、惜しむというようなことはないのだけれども、それを受ける弟子の側で、つまり我々の側で、「眼耳ふさがれて」、目も耳も、煩悩ゆえですか、無《む》明《みょう》ゆえですか、ふさがれていて、この自己の真実、真理そのものを見聞きすることはできないのだ。

あるいは「身識《しんしき》いまだおこらずして、了別《りょうべつ》することあたはざるなり」。身識というと眼識《げんしき》、耳識《にしき》等、五識の中の身識というのが一つ考えられます。それともう一つは、「眼耳」とあって、次に「身識」とあるので、この身識は身と意識というようなことになるのでしょうか。要するに、ここの文脈では智のはたらきです。正しい意味での智のはたらきということが言外にあるでしょうが、いろいろな意味での智のはたらきが、結局は起こらないので、「了別」できない。そのことをはっきり見極めるということができないのである。

「無相三昧《むそうざんまい》の形如満月《ぎょうにょまんがつ》なるを望見《ぼうけん》し礼拝《らいはい》するに、『目未所覩《もくみしょと》』なり」。龍樹尊者がその場で無相三昧の姿をそのまま現された。満月にも等しい完全無欠の仏性そのものを現された。道元禅師にしてみれば、それは身現のところに現しているわけです。身現そのものの中に、形如満月が明らかに現れている。それを坐っている席から遠くに見て、礼拝しても、けれども結局は見ることができないのだ。「目未所覩」というのは、いまだかつて経験したことがないとか、見たことがないという言葉でしたが、ここでは彼らが結局は見ることができないという意味で、「目未所覩」なりと言われているのでしょう。

あるいは、どんなにそういうものに出会っても、いまだかつて身現がそのまま仏性であるという、そのことに気づいたことはないのだ、それを見たことはないのだ。

正法眼蔵講義　第二二講

「仏性」の巻〔一四〕

「仏性《ぶっしょう》之義《しぎ》、廓然虚明《かくねんこみょう》」なり。

しかあれば「身現《しんげん》」の説仏性《せつぶっしょう》なる、「虚明《こみょう》」なり、「廓然《かくねん》」なり。説仏性《せつぶっしょう》の「身《しん》現《げん》」なる、「以表諸仏体《いひょうしょぶったい》」なり。いづれの一仏二仏《いちぶつにぶつ》か、この以表《いひょう》を仏体《ぶったい》せざらん。仏体《ぶったい》は身現《しんげん》なり、身現《しんげん》なる仏性《ぶっしょう》あり。四大五蘊《しだいごうん》と道取《どうしゅ》し会取《えしゅ》する仏量《ぶつりょう》祖量《そりょう》も、かへりて身現《しんげん》の造次《ぞうじ》なり。すでに諸仏体《しょぶったい》といふ、蘊処界《うんじょかい》のかくのごとくなるなり。一切《いっさい》の功徳《くどく》、この功徳《くどく》なり。仏功徳《ぶつくどく》はこの身現《しんげん》を究尽《ぐうじん》し、嚢括《のうかつ》するなり。一切無量無辺《いっさいむりょうむへん》の功徳《くどく》の往来《おうらい》は、この身現《しんげん》の一造次《いちぞうじ》なり。

提婆は、「『仏性《ぶっしょう》之義《しぎ》、廓然《かくねん》虚明《こみょう》』なり」、仏性というものの内容は、廓然虚明なのだと言った。ふつうこの言葉を聞きますと、からっとしていて、何もなくて、そこに智慧がはたらいているとしても、何もとらえるもののない、広々とした虚空のようなありようをついイメージしてしまいます。しかし道元禅師によれば、提婆は「仏性は廓然虚明だ」と言ったからこそ、「『身現《しんげん》』の説仏性《せつぶっしょう》なる、『虚明《こみょう》』なり、『廓然《かくねん》』なり」。龍樹はそこに龍樹として、一つの体をもって、個体として存在している。個人として生きている。それがそのまま仏性を表現している。説仏性、つまり仏性を説いている。それが虚明なのだ。つまり何もないがらんとした世界が虚明なのではなくて、ある限定された何ものかがあって、しかもそれが絶対の、仏の命に裏付けられているというあり方、それが虚明であり、あるいは廓然なのだ。虚明、廓然という言葉を聞いて、ただ何もないがらんとした、虚空のような世界というものを考えてはいけない。個体が個体として生きながら、しかもそれを超えたものにおいて裏付けられている。仏の命の中で生きている、そこのことなのだ。

「説仏性《せつぶっしょう》の『身現《しんげん》』なる、『以表諸仏体《いひょうしょぶったい》』なり」。そういう形で、個体が個体としてそこに存在し、あるいは生きているという、それだけで十分なわけですけれども、そういう仏性を説いているその一人一人の身現が、そのまま諸々の仏体、諸仏の本体をそれでもって表しているという、そのことがあるのだ。簡単にいえば仏性はそこに見いだされるべきなのだ。

身現は仏性を説いている。つまり個人の存在がそこにあるということ、あるいは、はたらいているということ、それがそのまま仏性を説き明かしている。仏性を表現している。仏性そのものである。そういう形で読んでよいと思いますが、さらに、拈弄しますと、「説仏性」という語において、「説」は個体のはたらきで、それがそのまま仏性であるということを読むこともできます。「説なる仏性」、「説即仏性」、そういう読み方もできないことはないです。もちろんここでは「説仏性」で、仏性を説いているというように受けとめて、それで読むということで差し支えないでしょう。ただ、たとえば、『正法眼蔵』の中に「説心説性《せっしんせっしょう》」、心を説き性を説くという、そういうタイトルの巻があります。心を説き性を説くというこの言葉について道元禅師は、説が心であり、心が説である、性が説であり説が性である、と言われるのです。

「いづれの一仏《いちぶつ》二仏《にぶつ》か、この以表《いひょう》を仏体《ぶったい》せざらん」。どの仏でも、「以って表わす」ことを、その本体・本質としないものがあろうか。もって表すとは、個体が個体のあり方の中ではたらくということです。そこに仏がいるのです。「仏体《ぶったい》は身現《しんげん》なり、身現《しんげん》なる仏性《ぶっしょう》あり」。そういうわけで、仏の本体はかならず身として現じているのであり、個体として現じているところが仏性なのだ。

「四大五蘊《しだいごうん》と道取《どうしゅ》し会取《えしゅ》する仏量《ぶつりょう》祖量《そりょう》も、かへりて身現《しんげん》の造次《ぞうじ》なり」。地水火風の物質的な四元素、あるいは色受想行識の個体ないし世界を構成している五つの物質的・心理的諸要素。これらを仏祖は説かれたわけですが、それら現象世界を構成しているすべてもまた、仏性にもほかならない身現の一瞬一瞬の展開にほかならないのです。「すでに諸仏体《しょぶったい》といふ、蘊処界《うんじょかい》のかくのごとくなるなり」。身現が仏そのものである以上、他の五蘊・十二処・十八界も、すべて仏そのものなのです。「一切《いっさい》の功徳《くどく》、この功徳《くどく》なり」。あらゆる存在の一切の性能・作用等は、すべて仏性にもほかならない身現の功徳と一つです。「仏功徳《ぶつくどく》はこの身現《しんげん》を究尽《ぐうじん》し、嚢括《のうかつ》するなり」。仏の功徳というものは、この「身現」がそのすべてを発揮しているものなのです。「一切無量無辺《いっさいむりょうむへん》の功徳《くどく》の往来《おうらい》は、この身現《しんげん》の一造次《いちぞうじ》なり」。ともかくありとあらゆるすべての功徳の一つ一つの現成は、仏性にもほかならない身現の展開にほかなりません。

くり返しますが、身現即仏性ということは、対象的に、個体と仏性とを結びつけるというのではなく、透体脱落のただ中に自覚されるべきことなのでした。それは、個が個としてはたらきぬくそのただ中ということです。

しかあるに、龍樹《りゅうじゅ》・提婆師資《だいばしし》よりのち、三国《さんごく》の諸方《しょほう》にある前代後代《ぜんだいこうだい》、まゝに仏学《ぶつがく》する人物《にんもつ》、いまだ龍樹《りゅうじゅ》・提婆《だいば》のごとく道取《どうしゅ》せず。いくばくの経師論《きょうじろん》師等《じとう》か、仏祖《ぶっそ》の道《どう》を蹉過《しゃか》する。大宋国《だいそうこく》むかしよりこの因縁《いんねん》を画《が》せんとするに、身《しん》に画《が》し心《しん》に画《が》し、空《くう》に画《が》し、壁《へき》に画《が》することあたはず、いたづらに筆頭《ひっとう》に画《が》するに、法座上《ほうざじょう》に如鏡《にょきょう》なる一輪相《いちりんそう》を図《ず》して、いま龍樹《りゅうじゅ》の身現円月《しんげんえんがつ》相《そう》とせり。すでに数百歳《すひゃくさい》の霜華《そうけ》も開落《かいらく》して、人眼《にんげん》の金屑《きんせつ》をなさんとすれども、あやまるといふ人なし。あはれむべし、万事《ばんじ》の蹉跎《さた》たることかくのごときなる。もし身現円月相《しんげんえんがつそう》は一輪相《いちりんそう》なりと会取《えしゅ》せば、真箇《しんこ》の画餅一枚《がびょういちまい》なり。弄他《ろうた》せん、笑也笑殺人《しょうやしょうさいにん》なるべし。かなしむべし、大宋一国《だいそういっこく》の在家出家《ざいけしゅっけ》、いづれの一箇《いっこ》も、龍樹《りゅうじゅ》のことばをきかずしらず、提婆《だいば》の道《どう》を通《つう》ぜずみざること。いはんや身現《しんげん》に親切《しんせつ》ならんや。円月《えんがつ》にくらし、満月《まんがつ》を虧闕《きけつ》せり。これ稽古《けいこ》のおろそかなるなり、慕古《ぼこ》いたらざるなり。古仏新仏《こぶつしんぶつ》、さらに真箇《しんこ》の身現《しんげん》にあうて、画餅《がびょう》を賞翫《しょうがん》することなかれ。

「しかあるに、龍樹《りゅうじゅ》・提婆師資《だいばしし》よりのち、三国《さんごく》の諸方《しょほう》にある前代後代《ぜんだいこうだい》、まゝに仏学《ぶつがく》する人物《にんもつ》」、初めの「しかあるに」は、そういうことなのだけれども、です。この現実世界がそのまま真実の世界そのものだ、そうなのだけれども、です。龍樹が提婆に法を授けた。そして真理が伝わっていく。禅宗の中でいえば、釈尊以来法が伝わって、龍樹に伝わり、それを龍樹はさらに提婆に伝え、提婆がまた誰かに伝え、そして菩提達磨に来たということなのですが、「身現が仏性」だという、その真理を龍樹から提婆へと授けられた。そののち、インド・中国・日本の、それぞれの国のそれぞれの歴史の中にあってというのが、「諸方にある前代後代」ということでしょう。その中に、ときおり仏教を勉強しよう、そういう人物が出るけれども。

「いまだ龍樹《りゅうじゅ》・提婆《だいば》のごとく道取《どうしゅ》せず」。龍樹や提婆のように身現は円月相だとは言いはしない。そこが道元禅師の言われたいところです。実際は、龍樹は「身に円月相を現し」と言っていたわけですが、「身現は円月相だ、身現は仏体だ」、そういうことを龍樹・提婆以外、誰も言ったことがない。

「いくばくの経師論師等《きょうじろんじとう》か、仏祖《ぶっそ》の道《どう》を蹉過《しゃか》する」。経典を学んでそれを講義する者、あるいは論書を学んでそれを講義する者、つまり学僧です。どれだけの学僧らが仏祖の言われたことを踏み外してきたことか。「仏祖の道」というのは、直接的には「身現円月相云々」の句です。あるいは、仏性というのはそういう、今・ここ・自己のそのはたらきの中にあるのだという、その言葉、表現、それを、本当は仏祖が言われてきたのだけれども、あらゆる仏典はそれを表現しているのだけれども、どれだけの教相家たちが、それを踏み外してきたことであろうか。

「大宋国《だいそうこく》むかしよりこの因縁《いんねん》を画《が》せんとするに」、かの偉大なる中国において、古来この因縁を絵に描こうとするに。「この因縁」とありますから、直接的には龍樹が円月相を現して、それを消して詩を述べたというその故事、そこに表現された真理・真実、それを描こうとするに。

「身《しん》に画《が》し心《しん》に画《が》し、空《くう》に画《が》し、壁《へき》に画《が》することあたはず」、これはふつうに読めば、そのことを体をキャンバスとして描く、心をキャンバスとして描く、空をキャンバスとして描く、壁をキャンバスとして描く、ということはできなかったと読めるわけです。

ただ、次には、「いたづらに筆頭《ひっとう》に画《が》するに」、ここも「筆頭に」なのです。この「筆先に画するに」というのは、筆に対して描くのではなくて、筆でもって描くということでしょう。そうすると、「身に画し心に画し、空に画し、壁に画す」というのは、体でもって描く、心でもって描く、空でもって描く、壁でもって描く、こういうふうに受けとめてもよいのか。それとも前のほうはそれをキャンバスとして描くだけ、次の「筆頭に画するに」のほうは、それとは違って、筆でもって描くということなのか。前のほうの「に」は、そこにという意味合いの「に」で、後ろのほうの「に」は、それでもっての「に」だと、ごくふつうにはそう思うかもしれないのですが、意外と「身に画し」というのは、身でもって画すと解するのも面白いです。体で表現するというか。ある禅師が、私の肖像を描けと言ったら、ある僧はとんぼ返りをして出て行った、それが見事に師の肖像を描いたことだった、というようなこともあります。ですから、「身に画し」というのも、筆頭に画しと同じように受けとめれば、体でその真理を描く、の意味になる。さらに心でもってその真理を描く。空間でもってその真理を描く。そういう解釈ができるかもしれません。

とにかく偉大なる中国のその禅宗のお坊さんたちも、身現円月相云々、そこに表された真理そのものを描こうとして誰も描けない。わずかに筆で「法座上《ほうざじょう》に」、法座か何かの絵を描いて、そこに「如鏡《にょきょう》なる一輪相《いちりんそう》を図《ず》して」、丸い鏡のような一つの円相を描いて、「いま龍樹《りゅうじゅ》の身現円月相《しんげんえんがっそう》とせり」。それが龍樹の身現円月相だとしている。お月さまを現したというそのお月さまを、ぐるっと円を描いて示す。それは個と超個ということでいえば、超個だけを表したということです。本当は超個の個を表さなければいけないのに、超個だけを表して、これが龍樹だと言っている。道元禅師に言わせれば、それでは未だしだ、ということでしょう。では、どう描けばいいのか。実はそれは、身現がそのまま円月相なのですから、龍樹の坐っている姿のみを描けばそれでよかったわけでしょう。それを、一円相を描くか何かして、さも何か曰くありげのように描く。しかし、そんなものは徹底していないのだと言われるのです。

「すでに数百歳《すひゃくさい》の霜華《そうけ》も開落《かいらく》して」。みんな円相を描いたりして、真実のありかを示そうとしてきている。そうして、「すでに数百年の霜華」、この「霜」という字は辞書を引きますと、霜の季節は一年に一度なので、年月の意があるということです。霜だけで年月の意がある。「星霜《せいそう》を経る」、そのような言葉もあるわけです。ですから、「霜華」で、霜という花、年月という花と受けとめられるでしょう。百人一首のある歌に「心あてに折らばや折らむ初霜の置き惑《まど》わせる白菊の花」(凡河内躬恒《おおこうちのみつね》)というのもありまして、ここでは霜が降りている、それはあたかも白菊が咲いているかのようだという。霜がそのまま花だという美学があるわけで、それがどこかで響いているかもしれません。あるいは霜とおよび花という解釈もあるかもしれませんが、霜という花、年月という花、それでよいのではないかと思います。それが開落している。つまり、一年が暮れては、また新しい一年が至る。それが暮れてはまた新しい一年が来る。そうして数百歳の霜華も開落して、何百年という時が経って、いつもいつも龍樹の身現を表そうとすると一円相を描く。

しかしそれは、道元禅師に言わせれば、「人眼《にんげん》の金屑《きんせつ》をなさんとす」ることだ。人の眼の金の屑《くず》。金というのは尊いものですが、それが眼に入れば見ることを妨げてしまう。尊いものなのだけれども人間にとっては邪魔になるもの。ただ龍樹の姿を描けばよいのに、円相などを描くから、尊そうに見えて、実は人を惑わし、真実を見えなくしてしまう。しかも「あやまるといふ人なし」。にもかかわらずそれは間違いであると言う人が全然いない。

「あはれむべし、万事《ばんじ》の蹉跎《さた》たることかくのごときなる」。実に悲しむべきことである。偉大なる中国で禅修行している人々も、本当の眼を開いていない。すべてのことにおいて踏み違えている。間違って了解している。何かといえば円相を描けばそれでよいと思っている。万事が万事そういう間違いを犯している。

「もし身現円月相《しんげんえんがつそう》は一輪相《いちりんそう》なりと会取《えしゅ》せば」、身に円月相を現す、それは一つの円相そのものなのだ、もしそういうふうに理解するとするならば、「真箇《しんこ》の画餅《がびょう》一枚《いちまい》なり」。本当の画餅一枚である。画に描いた餅は飢えを満たすことができない。本当の真理を自覚させてくれるものではありえない。まったく偽物にすぎない。もっとも「画餅」という『正法眼蔵』の巻があったかと思います。そこでは現実の一つ一つが画餅だ。画餅ならざるものはないというような論旨も展開していくようですが、ここではやはり否定的にとらえているでしょう。本当のリアリティーそのものではありえない。

「弄他《ろうた》せん、笑也笑殺人《しょうやしょうさいにん》なるべし」。他を弄するとすればというのが、「弄他せん」だろうと思います。その他というのは、一輪相のことで、つまりそういう円相を描いて、その中で真理を表現しようというようなことをするとするならば、それはおかしくて笑いがとまらない。おかしすぎて仕方がない。

「かなしむべし、大宋一国《だいそういっこく》の在家出家《ざいけしゅっけ》、いづれの一箇《いっこ》も、龍樹《りゅうじゅ》のことばをきかずしらず、提婆《だいば》の道《どう》を通《つう》ぜずみざること」。本当に悲しむべきである。中国の在家も、出家も、どんな人も、龍樹の言葉の本当の意味、身に円月相を現すのではなく、身現が円月相なのだということを、聞くこともないし知ることもない。提婆も、廓然虚明などと言って、本当からいったらわかっていなかったのかもわかりませんが、道元禅師に言わせれば、身現が仏性である、仏体であるというところが廓然であり虚明である、そういう読み方の中で提婆を救っているという感じです。およそあらゆる仏教者は、その提婆の言ったことに通達していないし、それがわかっていない。本当に悲しむべきことだ。

「いはんや身現《しんげん》に親切《しんせつ》ならんや」。そういう言葉を了解できないだけではなくて、まして身現、要するに、今・ここ・自己が仏の命そのものである真実そのもの、それを本当に親しく自覚することなどあろうか。「親切」というのは、「親なること切なり」ということです。親しいことが切実であるということで、本当に身現の真理そのものを直接に知っている人がいるだろうか、まずありえない、というような意味です。龍樹や提婆の言葉を知らないだけでなく、ましてその事実そのものを体得している人は誰もいやしない。

「円月《えんがつ》にくらし、満月《まんがつ》を虧闕《きけつ》せり」。それは円月という完全なるもの、真理そのもの。それにくらし、満月を欠いている。本当の自己そのもののそっくり全体を、自覚できないでいる。

「これ稽古《けいこ》のおろそかなるなり」、それは古をかんがみるということがおろそかだからだ。「慕古《ぼこ》いたらざるなり」。古を慕うことが本当に究極まで至ってはいない。適当なところで適当にやっているだけにすぎないから、そんなことになるのだ。いかにも修行しているかのようで、本当の修行を全然していない。道元禅師にしてみればそう言われたいのでしょう。

「古仏新仏《こぶつしんぶつ》、さらに真箇《しんこ》の身現《しんげん》にあうて、画餅《がびょう》を賞翫《しょうがん》することなかれ」。昔からの仏さんも、新しい仏さんもというのですが、いつの世でも修行者たち皆さんよ、ということでしょう。なにとぞ、「さらに真箇の身現にあうて」、本当の身現、仏体である身現、つまり仏の命である自己そのものに出会って、それは道元禅師に言わせれば、只管打坐の中で開けるのだということでしょうが、偽物を喜んではいけない。本当の自己でないものを本当の自己であるかのように思って、それに関わっていてはいけない。単なる仏体もないし、単なる身現もないし。身現は仏体である。仏体は身現だ。端的にいえば「超個の個」ということ。キリスト教でいうと、神と人とは一つである。人の中に神がはたらいている、しかも人は神の中にいるという。滝沢克己先生に言わせれば、インマヌエル、神われらとともにいますとのことであり、人と神は、不可分・不可同・不可逆であるという、その端的です。そこにリアリティーがある。我々の自己の命の真実がある。それをどうか見て取ってください。仏性すなわち仏の核心というのはそういうことですよ、ということだと思います。

（下巻につづく）

あとがき

東京は芝・愛宕の青松寺《せいしょうじ》で、毎月一回、『正法眼蔵』の講義をさせていただいています。もう三年以上にもなります。聴講の方はとても多いとはいえないまでも、五、六十人は来てくださっていて、常連の方も少なくなく、毎月一回のこの講座を楽しみにしてくださっているようです。これもひとえに青松寺様の全面的なご支援によるもので、聴衆の方々とともに、この貴重な機会を提供してくださっているご住職様に厚く御礼申し上げます。当初、『正法眼蔵』七十五巻本の、最初の十巻の講義を果たすという願を立てたのでしたが、今は「即心是仏《そくしんぜぶつ》」の巻に入っています。

本書は、その講義録を元にしたもので、前回、刊行した「現成公案《げんじょうこうあん》・摩訶般若波羅蜜《まかはんにゃはらみつ》」についで、「仏性」の巻を講じたものです。「仏性」の巻は大変、長い巻で、結局、上・下二巻に分けて収録することとなりました。古来、『正法眼蔵』の重要な巻は、「辨・現・仏」といわれています。『辨道話《べんどうわ》』と、『正法眼蔵』の「現成公案」・「仏性」です。ここに、「仏性」を上梓することができましたので、『正法眼蔵』の重要な巻の講義を、すでにこれでカバーできたことになります。大法輪閣の格別のご高配にも、深く御礼申し上げたいと思います。

この巻も他と同様、道元禅師は何でそのように言われたのか、測りかねるところもないわけではありません。私の力量にあまる箇所がけっして少なくないのも実情です。しかし「仏性」の巻すべてについて、ともかくその法理の脈絡をひたすら辿ってみました。すなわち、すべてにおいて私なりの解釈を示すことを、避けなかったつもりです。世に『正法眼蔵』に関する本は多々存在していますが、意外とそういう書物は少ないように思います。全現代語訳というものでも、その意味がすべてわかるように訳されているものはほとんどないように思うのです。そういう意味では、私の解釈に疑問があろうとも、その理解を基にさらに適切な解釈がなされていくでしょうから、このような講義もなんらかの役に立つのではないかと私に窃《ひそか》に思っている次第です。

仏性というと、今日では「成仏の因」の意というのが常識になっています。この巻の冒頭に引用される『涅槃経《ねはんぎょう》』の句、「一切衆生《いっさいしゅじょう》、悉有仏性《しつうぶっしょう》」の「仏性」は、本来まさにその意の語です。しかし禅門では仏性を、「仏の本性」のような意味で受けとめるむきも少なくありませんでした。それは、仏教の世界で、法身《ほっしん》とか真如《しんにょ》とか法性《ほっしょう》とか呼ばれるものとほぼ同じものということになります。では、道元禅師はこれを「仏の本性」として受けとめられていたかというと、必ずしもそうでもないようです。この「仏性」の巻を拝読して、道元禅師の場合、しいて言えば、それはむしろ仏の核心、仏の端的だというのが適切のように私には思われました。「仏性」という言葉がもともと持っている意味にとらわれて、それにもとづいてこの巻を読んでも、それでは的確な理解ができないことになりかねないことには、注意する必要があります。

周知のように、道元禅師は「悉有仏性」の句を、「すなはち悉有は仏性なり」と読まれました。しかしこの前には、「悉有の言《ごん》は衆生なり、群有《ぐんう》也」とあることを忘れるべきではないでしょう。悉有とは、衆生の有り方を言い当てた言葉なのであり、それが仏性なのです。では、そのあり方とはどのようなものなのでしょうか。それをずばり言い取ったものが、その少し後に出る「悉有それ透体脱《とうたいだつ》落《らく》なり」でしょう。私はここに道元禅師の仏性観の根本があると見て、それを根幹にすえて、全巻の論旨を解明しようとしたのでした。

唐突ながら、最近、環境問題に多少かかわっていることから、日本で育まれた「草木国土《そうもくこくど》悉皆成《しっかいじょう》仏《ぶつ》」の思想を調べたりしてみました。それは、主に天台宗において議論されたようであり、その根本には、天台智顗《てんだいちぎ》（五三八〜五九七）の『摩訶止観《まかしかん》』の「一色一香、無非中道」（一色一香《いっしきいっこう》、中道《ちゅうどう》にあらざるなし）に由来し、中国天台宗六祖の荊渓湛然《けいけいたんねん》（七一一〜七八二）がしきりに非情《ひじょう》にも仏性があると説いたことがあるのでした。これらを受けて、日本天台宗では、非情成仏のことがさかんに議論されたのです。おそらく初めに比叡山に上られた道元禅師は、そうした動向をも十分に把握しつつ、一方で禅門でさかんに提示された仏性をめぐる問答を多く拾い上げ、それらをふまえて道元禅師ご自身の仏性観をこの巻で展開されているのだと思います。たとえば、道元禅師は、「いま仏道にいふ一《いっ》切衆生《さいしゅじょう》は、有心者《うしんしゃ》みな衆生なり、心是衆生《しんぜしゅじょう》なるがゆゑに。無心者おなじく衆生なるべし、衆生是《しゅじょうぜ》心《しん》なるがゆゑに。しかあれば、心《しん》みなこれ衆生なり、衆生みなこれ有仏性《うぶっしょう》なり。草木国土《そうもくこくど》これ心なり、心なるがゆゑに衆生なり、衆生なるがゆゑに有仏性なり。日月星辰《にちがつしょうしん》これ心なり、心なるがゆゑに衆生なり、衆生なるがゆゑに有仏性なり。国師《こくし》の道取《どうしゅ》する有仏性、それかくのごとし」と説かれたりしますが、その意味の解明は本書にゆだねるとして、こうした議論は天台の非情成仏の説を大いににらんでのものでもあったことでしょう。

　このところ時間的な余裕がなく、本書ではそうした道元思想の日本仏教思想史上の意義についての詳しい検証はできていませんが、そのことは今後の課題といたします。おそらくこの「心」の見方も受けて、この次には「身心学道《しんじんがくどう》」の巻が説かれるのですが、そこには「尽十方界真実人体《じんじっぽうかいしんじつにんたい》」の語がしきりに出てきます。こうした語は、凡夫《ぼんぶ》が従来、想定していた自己の内容の了解をくつがえすものであり、「仏性」の巻の説示ともども、真実の自己の自覚から今日の環境問題を考察していく際の、一つの重要な通路となる気がしています。その意味でも『正法眼蔵』を読むということは、けっして世間と遊離したことなのではなく、むしろ今後の時代を考えていくための大事な営為であると思うのです。

　ただし、本書では、長い巻ゆえに、講義のかなりを割愛せざるをえず、基本的な読解以上に出ることはほぼできませんでした。いつかまた、道元思想をこの世の生活に結びつけて考えてみたいと思います。ともあれ、読者諸兄諸姉には、私の解釈もさまざまな角度から検討され、さらに道元禅師の真意に迫られ、ひいてはそれを日々の生活に生かされることを、心から願う次第であります。

平成十八年十二月二十五日

つくば市　故道庵にて

竹村牧男　誌す

仏教文化講座「『正法眼蔵』に学ぶ」

本書が収録した「『正法眼蔵』に学ぶ」会の講義は、東京・青松寺にて開催されています。詳しくは青松寺までお問い合わせを。

【日時】毎月第4水曜日
19:00 ～ 20:30
【講師】竹村 牧男 先生
【会場】青松寺・玲瓏閣

萬年山 青松寺

東京都港区愛宕 2-4-7
☎ 03-3431-3514
URL http://www5.ocn.ne.jp/~seishoji/

その他の青松寺の催し （2007年1月現在）

青松講座 ～いのちにならう～
長崎県・禅心寺住職の金子真介師による、般若心経の智慧に私たちの人生を学ぶ講座。2007年の偶数月に開催。

写経の会
講師は谷村憙齋先生。毎月第2木曜日 13:00 ～ 18:00 開催。

お袈裟を縫う会
水野弥穂子先生と古川治道師を講師に、お袈裟の功徳を学ぶとともに、自らの手で一針一針お袈裟を縫っていく——。毎月第3水曜日 13:00 ～ 18:00 開催。

月例参禅会
毎月第2水曜日 19:00 から開催中。40分間の坐禅。坐禅初心者の方は18時半より指導。

※開催日時は変更されることもありますので、ご参加の際はホームページでご確認いただくか、青松寺までお問い合わせください。

竹村 牧男（たけむら・まきお）

昭和23年、東京に生まれる。東京大学文学部印度哲学科卒業。文化庁宗務課専門職員、三重大学助教授、筑波大学教授を経て、現在東洋大学教授。専攻は大乗仏教思想、日本仏教思想、西田の宗教哲学等。唯識研究で博士（文学）。学生時代より秋月龍珉老師に就いて参禅す。居士号、祖珉。

著書に『唯識三性説の研究』『唯識の探求』『華厳とは何か』（春秋社）、『親鸞と一遍』（法蔵館）、『大乗仏教入門』（佼成出版社）、『良寛さまと読む法華経』『仏教は本当に意味があるのか』『西田幾多郎と鈴木大拙』『般若心経を読みとく』（大東出版社）、『禅と唯識』（大法輪閣）など多数。

『正法眼蔵』講義
【仏 性（上）】

平成19年2月10日　初版発行

著　者　竹　村　牧　男
発行人　石　原　大　道
印刷所　三協美術印刷株式会社
製　本　株式会社　若林製本工場
発行所　有限会社　大　法　輪　閣
東京都渋谷区東2－5－36　大泉ビル2F
TEL　(03) 5466-1401(代表)
振替　00130-8-19番

ISBN978-4-8046-1247-8　C0015